HISTOIRE
DU BARREAU DU BÉNIN

Sous la direction de
Angelo A. HOUNKPATIN

HISTOIRE
DU BARREAU DU BÉNIN

L'Harmattan

5-7, rue de l'École-Polytechnique ; 75005 Paris

www.editions-harmattan.fr

ISBN : 978-2-336-57896-5
EAN : 9782336578965

« Le temps presse ; la mémoire, elle, n'attend pas. » En **cinq mois à peine**, une œuvre collective a pris forme : rechercher, vérifier, écrire, relire, recueillir la parole des aînés et ordonner l'Histoire du Barreau du Bénin. Cinq mois — durée brève pour la science, exigeante pour la méthode — au cours desquels chacun a tenu sa part avec rigueur et loyauté envers la robe. Que cet empressement n'ait rien d'une hâte : c'est une **urgence maîtrisée**, tendue vers la vérité des faits et la fidélité du serment.

À **tous ceux qui auraient pu ou dû** se joindre à cette entreprise et dont le concours a manqué, non par indifférence mais par les agendas, les charges ou l'éloignement : recevez ces pages comme une invitation. À **ceux qui demain feront**, qui compléteront, corrigeront, enrichiront et poursuivront l'ouvrage : la place est déjà dressée à votre table. L'Histoire n'est pas close ; **la mémoire est œuvre commune**, et la relève en est le pouls.

1. COMITÉ DE RÉDACTION

- Me Angelo A. HOUNKPATIN
- Monsieur Afize ADAMON
- Me Arthur A. BALLE
- Me Alexandrine Falilatou SAÏZONOU BEDIE
- Me Francis DAKO
- Me Saturnin AGBANI
- Me Armel Timothée YABIT
- Me Ornisse Dorinette APOVO TINKPON
- Me Mahunan Rodrigue DAVAKAN
- Me Wahabou Olougbémiga AKAKPO
- Me Comlan Constantin MISSAHOGBE
- Me Mahuna Alphonse DJOGBENOU

2. TÉMOIGNAGE, CONTRIBUTIONS ET RELECTURE

- Me Adrien HOUNGBEDJI
- Me Robert DOSSOU
- Me Léopold OLORY-TOGBE
- Me Guy Lambert YEKPE
- Me Jacques A. MIGAN
- Me Bernard A. PARAÏSO
- Me Bertin C. AMOUSSOU
- Me Eliane EGUE-ADOTE
- Me Gabriel A. DOSSOU
- Me Théodore ZINFLOU
- Me Elvire VIGNON
- Me Romain K. DOSSOU
- Me Simplice Comlan DATO
- Me Zakari BABA BODY
- Me Sévérin Maxime QUENUM

3. COMITÉ DE COLLECTE DE TÉMOIGNAGES

- Me Nadine DOSSOU SAKPONOU
- Me Susuli Glissonne Liliane AMOUSSOU
- Me Layo Prisca OGOUBI
- Me Okpê Colombe AKAKPO
- Me Boris AGBAHOUNDO GLELE
- Me Sèlimabou Ange Jaurès AHOUANTCHESSOU
- Me Sedomedji Michèle ZOMAHOUN
- Monsieur Hermann ANIAMBOSSOU

PRÉFACE

Chaque génération d'avocats hérite d'une dette envers la mémoire de ceux qui l'ont précédée. Cette dette n'est pas faite de biens matériels ni de privilèges, mais de combats, de fidélités et parfois de sacrifices bien souvent silencieux. Lorsque le Barreau du Bénin décide après soixante ans de livrer à l'écrit les épreuves de son histoire, il ne s'agit aucunement d'un geste de convenance académique mais de la crainte qu'au fil du temps, des grandes figures ou des évènements importants tombent dans l'oubli sinon dans la légende. L'effacement de la mémoire collective compromet la marche communautaire et inhibe la vie institutionnelle. Cette entreprise est donc une offrande de vérité et un serment renouvelé.

Un Barreau ne se raconte pas comme on retrace la chronique d'une institution ordinaire. Car l'avocat n'est jamais neutre dans l'histoire d'un peuple. Partout et toujours, il est celui qui prête sa voix à la cause fragile, celui qui oppose le droit à la force, celui qui, souvent au prix de sa sécurité, se tient entre l'État et l'individu pour que la dignité humaine ne soit pas anéantie. De la Rome antique, où déjà les *advocati* protégeaient le citoyen contre l'arbitraire, aux grandes heures des luttes démocratiques du XXe siècle, l'avocat a été ce veilleur vigilant dont la parole marque la limite du pouvoir.

Le Barreau du Bénin n'échappe pas à cette loi universelle. Son histoire, entre 1965 et 1990, épouse celle des convulsions de la nation. Quand le Dahomey devenu Bénin s'est enfoncé dans l'idéologie et la répression, les avocats n'ont pas été spectateurs : ils ont été témoins, acteurs et souvent victimes. Dans les prétoires devenus théâtre d'injonctions politiques, dans les geôles où certains des siens furent enfermés, dans l'exil qu'on imposa à d'autres, le Barreau a connu le prix de son indépendance.

Ce livre, premier du genre, vient graver notre mémoire, nos mémoires dans la pierre des mots. Dans le silence des bibliothèques comme dans le tumulte des tribunaux, il rappellera que l'avocat ne plaide pas seulement pour son temps, mais pour l'éternité de la justice. Il ne célèbre pas une gloire vaine, il n'embellit pas des heures sombres. Il dit la vérité des souffrances, mais aussi celle de la résilience. Il rappelle que, même lorsque le droit était confisqué et la justice instrumentalisée, il resta toujours des hommes et des femmes en robe qui, d'une voix obstinée, pour dire non.

Il serait mal aisé de croire que la mémoire du Barreau se résume à une succession de dates et de procès. La vérité est plus lourde, plus intime. Elle porte le poids des hommes et des femmes qui, dans la solitude de leur cabinet, dans la chaleur suffocante d'une salle d'audience verrouillée par les baïonnettes, ou dans l'humidité d'une cellule improvisée, ont continué à porter le titre d'avocat. Ce titre n'était pas seulement une profession, il était une condition de vie, parfois une condamnation, mais toujours une mission.

Les décennies qui suivirent l'indépendance du Dahomey furent marquées par des convulsions politiques incessantes. Le Barreau naissant, pourtant modeste en effectif, n'échappa à aucune de ces secousses. Dans ce contexte, il devint l'un des rares espaces où subsistait, fragile mais tenace, l'idée d'un droit supérieur à la volonté des puissants. La magistrature fut soumise à l'injonction directe des chefs militaires ; la presse fut muselée ; les syndicats furent dissous ou embrigadés ; mais les avocats, eux, ne pouvaient pas se taire sans trahir leur serment. Alors ils plaidèrent, parfois contre des murs, parfois contre des jugements déjà rédigés. Ils plaidèrent, sachant que leur voix ne changerait pas le verdict, mais qu'elle sauverait l'honneur du droit.

Cette résistance, souvent discrète, parfois héroïque, fut vécue dans la chair. Certains avocats furent interdits d'exercer, d'autres virent leurs cabinets fermés sur ordre du gouvernement. Des figures connues, furent poursuivies, harcelées, condamnées, parce qu'elles avaient accepté de défendre ceux que le pouvoir avait désignés comme ennemis. D'autres, moins célèbres mais tout aussi courageux, payèrent le prix de leur indépendance par des humiliations quotidiennes ou des menaces d'exil.

Il est de notre devoir aujourd'hui de rappeler que derrière chaque nom, derrière chaque procès instrumentalisé, se jouait une tragédie humaine. Le droit n'était plus une garantie mais une arme ; l'audience n'était plus un espace de justice mais un théâtre de propagande. Pourtant, dans ce théâtre, les avocats surent transformer leur parole en acte de résistance. Ils refusèrent le silence que voulait leur imposer le régime. Ils maintinrent, parfois au péril de leur liberté voire leur vie, la conviction que la défense est un droit absolu, indéracinable, que nul décret, nulle loi d'exception ne peut abolir.

C'est ce legs qui fonde la mémoire de notre Barreau. Non pas un legs d'infaillibilité, mais un legs de courage et de dignité. Car si l'histoire du Bénin est traversée par la peur, la violence et l'arbitraire, l'histoire du Barreau, elle, est traversée par une constante : l'attachement à la défense contre vents et marées.

La mémoire du Barreau béninois porte les cicatrices de procès qui ne furent pas de simples contentieux judiciaires, mais des drames collectifs. Il y eut des affaires où la défense fut sans ambages réduite au silence, des affaires où les verdicts étaient écrits d'avance, des causes où la voix de l'avocat était perçue comme une menace pour l'ordre établi.

Ces moments ont des noms que chacun reconnaîtra : des procès où l'exécution précéda la plaidoirie, des dossiers où la justice ordinaire fut écartée au profit de juridictions d'exception, des audiences où l'avocat, en robe, n'était plus qu'un gêneur toléré. Ils ont marqué à jamais la mémoire de notre profession. Ils disent la souffrance des justiciables privés d'une véritable défense, mais ils disent aussi la dignité d'avocats qui, malgré tout, continuèrent d'assumer leur mission, parfois au prix de leur liberté, parfois au risque de leur vie.

C'est là sans doute l'une des plus hautes leçons de cette période. Dans un contexte où l'État cherchait à soumettre toutes les institutions, le Barreau sut, même dans la douleur, demeurer ce lieu de résistance morale. Les plaidoiries de nos aînés, leurs refus silencieux d'abdiquer, leurs combats pour préserver l'identité et l'essence de l'avocat (même les corporations bâillonnées continuent d'être l'ornement de leur race) rappellent que la défense, même méprisée, demeure une institution invincible.

C'est une expérience courante que lorsque l'histoire s'assombrit, certaines institutions disparaissent, d'autres se transforment, quelques-unes résistent. Le Barreau du Bénin, durant les décennies de tempêtes politiques et de répression, a tenu son rôle non pas seulement comme une corporation d'hommes de loi, mais comme la conscience vivante d'un peuple privé de voix. Il faut mesurer la force d'un tel héritage : alors que les forces vives étaient réduites au silence, que les syndicats étaient dissous ou récupérés, que les tribunaux devenaient des chambres d'enregistrement des décisions politiques, l'avocat restait cet être fragile, seul, mais porteur d'une parole indestructible.

Il en a toujours été ainsi à travers l'histoire des peuples d'une terre à une autre aussi loin que proche de nous. Le souvenir de l'Afrique du Sud à l'ère de l'apartheid prédit les décadences et le refus de tendre vers le néant qu'opposèrent les avocats. Partout où l'histoire a vacillé, du Chili de Pinochet aux geôles de Robben Island, des avocats se sont dressés. Ils l'ont fait parce que le droit ne peut se taire sans faire ériger sur son cadavre une belle bâtisse d'injustices et d'immondices.

Nous demeurons les gardiens du temple de la Justice que nulle forfaiture ou fortune n'aura pu le long de notre histoire commune fait basculer dans le déni.

Ce livre nous invite à voir le Barreau non pas comme une simple organisation professionnelle, mais comme une institution de civilisation. Il nous rappelle que, dans les années où le Bénin vacillait, les avocats continuèrent d'incarner un idéal plus vaste que leurs causes individuelles : l'idéal d'une société où le droit limite la force, où la défense empêche la disparition de la justice, où de la contradiction jaillit l'équilibre ou la justice. Voilà pourquoi l'avocat n'appartient pas seulement à son temps, mais à toutes les époques. Voilà pourquoi il est, en tout lieu et en tout temps, une conscience vivante.

Se souvenir ne suffit pas, il faut le transcrire. La mémoire, si elle n'est pas transcrite verse dans l'oubli, l'imprécision ; si elle n'est pas vécue comme une responsabilité, elle s'éteint comme une flamme oubliée. Ce livre n'a donc pas pour seule vocation de raviver le passé, il se veut un lien, un pont entre le passé, le présent et l'avenir de notre institution.

Les pages qui suivent disent les épreuves d'un Barreau soumis à la surveillance, traversé par la peur, contraint parfois au silence. Mais elles disent aussi la fidélité d'hommes et de femmes qui, en robe, ont tenu debout.

Le Barreau du Bénin, en publiant pour la première fois son histoire, accomplit un acte d'une portée considérable. Il rappelle aux générations présentes qu'elles sont les héritières d'un combat : celui de leurs aînés qui exercèrent l'art du courage et de la fidélité en faisant des averses d'épreuves vécues et subies les fondations de notre Ordre qui croît à travers les âges…

L'avocat béninois ne doit jamais perdre de vue que l'indépendance de sa parole, l'intégrité de sa mission, la liberté de son exercice sont le fruit de sacrifices consentis par ceux qui l'ont précédé.

La vigilance du Barreau est donc une mission perpétuelle, inscrite dans son ADN.

Ce livre n'est pas seulement celui des avocats qui furent ; il est aussi, et peut-être surtout, celui des avocats qui viennent. Les jeunes confrères qui franchissent aujourd'hui les portes du Palais doivent savoir que porter la robe, ce n'est pas seulement exercer une profession, c'est assumer un héritage et en garantir la transmission avec probité, fidélité et honneur.

Qu'il soit donc entendu que ce volume n'est pas un simple ouvrage d'histoire. Il est une pierre d'angle posée dans l'édifice de notre démocratie. Il est une torche transmise de main en main, de génération en génération. Il est le rappel que, même bâillonnée, même brisée, la robe d'avocat demeure un flambeau.

Puisse ce livre éclairer la route de ceux qui, aujourd'hui et demain, auront la charge redoutable et magnifique de défendre l'homme et de dire le droit. Puisse-t-il leur rappeler que la robe n'est pas seulement un vêtement : elle est une promesse, une fidélité et parfois un sacrifice.

Qu'il soit écrit dans nos mémoires et dans nos serments : ce livre est pierre d'angle et flambeau. Qu'il éclaire la route de tous ceux qui, aujourd'hui et demain, auront pour mission redoutable et magnifique de défendre l'homme et de dire le droit.

Angelo A. HOUNKPATIN

Bâtonnier de l'Ordre des Avocats du Bénin

Première Partie

▼

La défense dans les ténèbres de l'indigénat

Par Maitre Armel Timothée YABIT

« La justice est la première dette de la souveraineté. »
— Portalis

Pourquoi ouvrir l'histoire du Barreau du Bénin sur la période coloniale, alors qu'il n'y avait ni avocats au sens strict ni ordre constitué ? Parce que notre démarche ne se limite pas à une histoire des institutions ; elle est aussi une histoire de destins par lesquels la défense s'est d'abord cherchée, puis imposée.

Au commencement, il y a des vies qui font basculer les textes. Maximilien Liontel, magistrat venu de Guyane, descendant d'esclaves, est envoyé en 1900 pour réorganiser la justice : ses rapports installent, dans un ordre encore vacillant, l'idée qu'une procédure tenue protège mieux que n'importe quel décret. Germain Crespin, d'abord magistrat puis avocat-défenseur au Dahomey, passe du siège à la barre pour donner à cette idée une voix dans les audiences. Les avocats-défenseurs, praticiens autorisés à représenter et plaider, sans ordre ni bâtonnier, souvent révocables, font exister les gestes essentiels de la défense : la contradiction, la mesure de la preuve, la dignité de la peine. Avant l'institution, il y eut une manière d'être avocat.

De là, le plan s'éclaire. Le chapitre 1 pose le cadre : la justice coloniale, ses textes, ses ambiguïtés, ce laboratoire où la règle devient peu à peu un rempart. Le chapitre 2 fait entendre les avocats-défenseurs, cette parole professionnelle en train de naître. Le chapitre 3 revisite les grands procès, moments où la colonie se juge elle-même et où la défense se mesure au pouvoir. Le chapitre 4 suit les pionniers dahoméens, tous avocats, qui portent cet héritage jusqu'au seuil de 1965.

Commencer ici, c'est refuser le mythe d'une création ex nihilo. Le Barreau ne surgit pas d'une signature : il procède d'attitudes éprouvées, de voix qui ont tenu la forme quand tout incitait à la forcer. C'est cette filiation — des vies vers l'institution — que ce livre assume et que ce préambule justifi

CHAPITRE 1

LA JUSTICE EN CONTEXTE COLONIAL

Longtemps avant de prêter serment au barreau de Cayenne, Maximilien Liontel avait déjà l'instinct de l'avocat. Chaque rapport qu'il rédigeait au Dahomey, en qualité de magistrat envoyé en mission, sonnait comme une plaidoirie pour un peuple sans défense. Chaque dénonciation d'abus lui valait une disgrâce de plus, comme si la justice coloniale l'exécutait symboliquement avec ceux qu'il tentait de protéger. La cohérence de son destin s'impose pourtant au terme du parcours : c'est en avocat qu'il choisit de mourir.

Né à Cayenne le 27 octobre 1851 d'une esclave affranchie de l'habitation Nancibo, Liontel est tôt confronté à l'épreuve : sa mère, Désirée, meurt lorsqu'il a dix ans. Élève brillant, boursier, premier prix d'honneur du collège de Cayenne, il traverse l'Atlantique, passe par le lycée Saint-Louis, intègre Saint-Cyr (promotion 1872) dont il sort réformé, puis embrasse le droit et obtient sa licence en 1874. Une anecdote, colportée dans les casernes et attribuée au maréchal de Mac-Mahon, président de la République, l'a longtemps poursuivi : passant en revue les élèves de Saint-Cyr, il aurait lancé au seul homme de couleur de la promotion, « Ah ! c'est vous, le nègre ?… Eh bien, continuez ! ». Cette légende dit peu l'essentiel : Liontel refusa d'être enfermé dans un sobriquet et choisit de parler en juriste.

Magistrat colonial dès 1875, il sert à La Réunion, Saïgon, aux Antilles, puis en Guyane et enfin à Papeete. En 1891, il est fait chevalier de la Légion d'honneur. Mais c'est au Dahomey, en 1900, que sa trajectoire se noue. Le cadre est posé à Paris : le 11 décembre 1899, le député du Sénégal, comte d'Agoult, s'alarme à la Chambre « de la lenteur des procès et des difficultés de toute sorte ». Le 22 mai 1900, le ministre des Colonies Albert Decrais arrête la solution : dépêcher un haut magistrat dans les trois colonies du Sud pour « étudier de près la réorganisation judiciaire ». Ce sera Maximilien Liontel, alors président du tribunal supérieur de Papeete. Par le même mouvement, on le nomme président du Conseil d'appel du Dahomey et chef du service judiciaire. Un civil, juriste de carrière, placé au-dessus des administrateurs : l'équilibre coutumier de la colonie s'en trouve d'emblée déplacé.

La mission africaine : requérir comme on plaide contre l'arbitraire

Dès la prise de fonctions, l'obstruction prend un tour administratif. Liontel annonce vouloir « sillonner » Abomey, Savalou, Parakou et d'autres postes, pour vérifier l'utilité d'y « installer des justices de paix confiées à des administrateurs ou résidents, mais placées sous le contrôle d'un chef du service judiciaire ». Réponse du gouverneur intérimaire Pascal : on diffère, faute « d'interprète à sa disposition » ; l'auxiliaire de langage devient ainsi l'outil de blocage. Le voyage d'inspection attendra.

Sur le fond, l'affaire qui met le feu aux poudres ressemble à un cas d'école. Des héritiers réclament près de trente mille francs « en dépôt, sans intérêt » chez une maison de commerce française. Le gouverneur a accordé, de sa propre autorité, « un moratoire de six mois » à la maison, avant toute action. Liontel note, sec : « Ici, l'on substitue la volonté du prince à la loi française, comme à la coutume indigène. » Le mot « confusion des pouvoirs » cesse d'être doctrine : il devient preuve écrite.

Quand le président du Conseil d'appel demande les dossiers nécessaires à sa mission, on les lui refuse. Dans une lettre du 11 janvier 1901 adressée au ministre des Colonies, il écrivait l'affaire d'un employé européen inculpé de faux en écriture commerciale « ayant pour but de masquer un détournement qualifié », *« qui fut mis sous mandat de dépôt. Au lieu d'incarcérer le prévenu à la maison d'arrêt, ou de louer un bâtiment comme annexe de la prison si on le jugeait nécessaire, on prit le soin de lui faire subir sa détention dans sa propre chambre, dans la factorerie où il était employé, laquelle est éloignée de toute habitation. On ne se cacha pas, d'ailleurs, de déclarer que le prestige de la France serait compromis si l'on donnait aux indigènes le spectacle d'un blanc condamné par une juridiction présidée par un homme de couleur. Aussi, le 30 décembre, après avoir, au moyen d'une sorte de souscription, désintéressé le plaignant, le prévenu était-il remis en liberté.* » Vient ensuite la pointe, à froid : *« je ne puis m'empêcher de comparer, à cette façon de comprendre le prestige de l'Européen, l'attitude de l'Empereur allemand faisant sévèrement condamner, quoique noble de naissance, un Allemand coupable d'avoir commis un homicide volontaire sur un indigène africain »*.

La riposte du gouverneur Liotard (13 janvier 1901) se veut implacable et révèle tout : *« Il n'existe à Porto-Novo ni prison, ni maison d'arrêt et il était impossible de mettre l'inculpé avec les noirs dans le local où ils sont incarcérés en attendant que la prison soit terminée... Il n'y a aucune différence de traitement entre les blancs et les noirs, et ce n'est pas en Allemagne que nous irons chercher le magnifique exemple cité par le président du Conseil d'appel. »* Autrement dit : on protège la face blanche et l'on baptise « égalité » ce qui n'est qu'un privilège.

À côté de ces atteintes frontales, l'ordinaire de l'arbitraire affleure. Dans l'héritage, l'autorité coloniale reconnaît que, selon la coutume, « ce ne sont pas les enfants qui héritent de leurs parents, mais les neveux

», puis juge « plus conforme à l'équité » d'intervenir elle-même pour fixer les parts. Dans le recouvrement des créances, l'outil pénal devient bras du commerce : *« il n'est pas douteux que des administrateurs ou des chefs de poste, je l'ai constaté maintes fois au Dahomey, comme en Guinée et en Côte d'Ivoire, sous prétexte de protéger le commerce européen, ont, par menaces ou même en mettant en prison des indigènes, obligé ceux-ci ou leurs parents, à rembourser le prix des marchandises livrées à crédit »* (lettre du 19 avril 1901).

À Porto-Novo, la justice du roi Toffa continue de fonctionner sans registres et des condamnés sont « oubliés » ; le gouverneur plaide son maintien tant que le roi Toffa est vivant au nom du traité de protectorat signé par la France avec le Royaume de Porto-Novo.

Il faut ajouter à ces résistances visibles, la stratégie du sable dans l'engrenage: refus de communiquer les pièces, invocations répétées du secret de l'instruction, inertie organisée des subalternes, et, chaque fois que Liontel rappelle qu'« il a été chargé par décret… d'étudier la réorganisation judiciaire » et de « faire des enquêtes », l'air devient plus lourd dans les bureaux. Quand il signale une affaire d'Européen « classée sans raison valable », le juge de paix répond qu'« il n'est pas tenu » de lui donner suite. Lorsqu'il propose d'ouvrir des justices de paix à l'intérieur, le voyage est encore ajourné… faute d'interprète.

Liontel finit par rédiger ce diagnostic politique, qui vaut profession de foi d'avocat avant l'heure : *« J'ai soulevé des haines implacables chez les auteurs ou bénéficiaires des abus que j'ai cru, de mon devoir, de signaler. Adversaires de toute organisation judiciaire qui, au règne de l'arbitraire, substituerait le règne de la loi, ils sont bien obligés de colorer d'un prétexte quelconque leur résistance à l'établissement d'une justice régulière. S'il fallait les en croire, le ministre des Colonies aurait commis une faute lourde en appelant, dans ce pays, un homme de race noire à la présidence du Conseil d'appel. »*

À ce point du récit, on comprend pourquoi la société coloniale dahoméenne se cabre. Le gouverneur Deschamps a donné la clé : « il n'existe pas de contrepoids autochtone à l'influence administrative ». Les indigènes n'ont pas de représentants en France ; « l'influence des colons et des gens d'affaires, surtout celle des grosses sociétés, se fait sentir fréquemment à Paris » et « fait sauter » les gouverneurs trop peu « compréhensifs ». Dans cette architecture, un magistrat de couleur qui réclame des dossiers, des interprètes, des registres, des règles et de la séparation de pouvoirs n'est pas seulement un juriste : c'est déjà un subversif ; l'avocat en lui se révèle.

Quand Liontel multiplie ses rapports, la société coloniale réplique à coups de plumes. La Dépêche coloniale se fait le porte-voix des négociants, et ses articles prennent des allures d'actes d'accusation.

Un certain Philippot, « honorable négociant », écrit le 12 juin 1901 :

« Je crois utile, explique-t-il, *de vous prévenir qu'il se produit, depuis quelque temps, dans la colonie mais surtout à Porto-Novo, une certaine agitation d'où pourrait sortir, sinon une grève, tout au moins des demandes d'augmentation de salaires pour les indigènes que nous employons, et ceux qui travaillent au chemin de fer. L'arrivée d'un haut magistrat a produit, déjà, de funestes résultats. Il affiche hautement sa protection pour le noir, plus spécialement, dans ses actes de justice. Des gens habiles, amateurs de désordre, travaillent les masses, leur conseillent de ne plus s'engager au chemin de fer pour le salaire habituel ; ils ajoutent que les blancs ne peuvent se passer d'eux, qu'il sera fait droit à leur demande d'augmentation... Si ce magistrat reste, encore quelque temps, ici, les salaires doubleront dans un an. Je vous préviens d'une situation qui déjà a atteint le commerce, et qui demain atteindra l'industrie. »*

Une semaine plus tard, le 19 juin, un autre commerçant, Albert Ramot, en rajoute une couche : *« Depuis que nous sommes établis au Dahomey, le pouvoir de Toffa, roi de Porto-Novo, n'est plus que nominal, et c'est le gouverneur qui, en réalité, règne et gouverne. Jusqu'à ces derniers temps, les ordres du chef de la Colonie n'avaient jamais été discutés. Mais il n'en est plus ainsi depuis le passage à Porto-Novo du magistrat noir, si maladroitement envoyé en mission au Dahomey par le ministre des Colonies. Ce magistrat extraordinaire a répété partout, que les noirs étaient les égaux des blancs, qu'ils avaient bien les mêmes droits que des citoyens français, et qu'il était absurde, à eux, d'obéir à leurs chefs. (...) En somme, Porto-Novo doit demeurer la capitale pour permettre aux autorités de réprimer rapidement les troubles que feront naître les idées malsaines qu'ont fait germer dans les cerveaux incomplets des nègres. »*

Ces citations disent mieux que tout, la panique sociale provoquée par un simple principe : l'égalité devant la loi. Que craignent Philippot et Ramot ? Que les indigènes cessent d'accepter l'évidence de leur subordination. Que la hiérarchie raciale se fissure si un juge noir, investi du titre de président du Conseil d'appel, applique la loi avec la même rigueur aux colons qu'aux colonisés.

Liontel, lui, avait déjà anticipé cette riposte. Dans sa lettre du 11 janvier 1901, il écrivait :

« Adversaires de toute organisation judiciaire qui, au règne de l'arbitraire, substituerait le règne de la loi, ils sont bien obligés de colorer d'un prétexte quelconque leur résistance à l'établissement d'une justice régulière. S'il fallait les en croire, le ministre des Colonies aurait commis une faute lourde en appelant, dans ce pays, un homme de race noire à la présidence du Conseil d'appel. Son maintien au Dahomey est de nature à y exciter le trouble, à porter atteinte au prestige de la race blanche. »

Quand il quitte Porto-Novo, lassé des obstructions, Liontel poursuit sa mission à Grand-Bassam puis à Conakry. Là, il mesure, par comparaison, ce qui distingue le Dahomey du reste des colonies du Sud.

En Côte d'Ivoire, il note les effets bénéfiques de l'administration Binger : *« Esprit libéral, caractère pacifique, esclave de la loi qu'il n'a pas eu de peine à faire observer aux autres puisqu'il la respectait le premier, Binger, encore adoré des indigènes, a donné à l'administration de la Côte d'Ivoire une impulsion qu'ont naturellement suivie ses successeurs. »*

Il loue aussi Villamur, ancien avocat à la Cour d'appel de Paris devenu juge de paix *:« Esprit cultivé et distingué, nourri dans le respect de la légalité, il a réussi à tirer à peu près tout le parti possible de l'organisation judiciaire rudimentaire et défectueuse encore en vigueur dans nos colonies de la Côte occidentale d'Afrique. »*

Le contraste était saisissant. Dans une lettre du 31 janvier 1901, il relevait :

« On ignore, à la Côte d'Ivoire, le procédé barbare consistant à enchaîner par le cou et les pieds des couples de détenus, prévenus ou condamnés, qu'on envoie ainsi travailler dans les rues ou même chez des particuliers, tandis que, malgré mes supplications, les autorités du Dahomey continuent cette pratique odieuse, indispensable, selon elles, à la prospérité de la colonie. »

En Guinée, il se montrait tout aussi positif. L'essor commercial, la relative bonne tenue des juges de paix, tout cela lui paraissait annoncer une organisation judiciaire plus régulière. Mais il avertissait déjà Paris : *« La multiplication des maisons de commerce a, par contrecoup, posé la nécessité d'envoyer des magistrats de carrière dans la colonie. »*

C'est donc en comparant qu'il façonne ses propositions. Le Dahomey lui apparaît comme un angle mort, crispé dans l'arbitraire administratif, alors que la Côte d'Ivoire et la Guinée montrent qu'on peut placer la loi au-dessus du commerce.

Arrivé au terme de sa mission, Liontel sait qu'il doit proposer plus qu'un constat. Mais il a appris à ses dépens que la lucidité impose des concessions. Pas de grand soir juridique, mais un plan réaliste, acceptable par le ministère.

Dans son rapport, il ne mentionne pas la justice dite « indigène » : trop de résistances, trop de sang sur les mains des administrateurs qui se croient juges. Il se concentre sur l'essentiel : garantir un minimum d'indépendance. Il demande la création d'un poste de procureur de la République, chef du service judiciaire, chargé de contrôler les administrateurs exerçant les fonctions de juges de paix ou d'officiers de police judiciaire. Ce magistrat siégerait aussi comme membre du Conseil d'administration de la colonie, afin d'assurer la collaboration entre la justice et l'exécutif.

Liontel insiste : *« L'organisation de la justice et la composition des tribunaux indigènes, si défectueuses qu'elles puissent être, exigeront la collaboration du Conseil d'administration dont fera nécessairement partie un magistrat de carrière. »*

Il plaide également pour que les postes de juges de paix ne soient confiés qu'à des magistrats professionnels, au moins dans les centres stratégiques comme Porto-Novo. Enfin, il demande l'institution d'un Conseil d'appel composé uniquement de magistrats de carrière, quitte à rattacher la Côte d'Ivoire ou la Guinée au Dahomey pour des raisons de viabilité financière.

Mais il sait son projet incomplet. Et il l'écrit sans détour au ministre : *« Vous éprouverez, sans doute, Monsieur le Ministre, ainsi que les membres de la commission chargée de la justice indigène, quelque déception en constatant combien est incomplet mon projet d'organisation judiciaire... Je ne suis certes pas fier de mon œuvre. J'ai dû faire bien des concessions. Quelques-unes m'ont beaucoup coûté, et cela se conçoit puisque si tout ce que je demande est accordé, le Dahomey se trouvera moins avancé que ne l'était, il y a vingt-deux ans, la colonie de Lagos, où depuis quelque temps déjà fonctionne le jury pour le jugement des crimes commis par tous les habitants. »*

Son projet n'est pas une victoire éclatante. Mais il est une fissure. La première brèche sérieuse dans un édifice colonial où l'administration prétendait juger à la place du juge.

Le Barreau pour finir en beauté

À son retour en métropole, on aurait pu croire Liontel récompensé pour sa rigueur. Il n'en est rien. Le Journal officiel du 10 août 1901 annonce sa nomination comme simple conseiller à la Cour d'appel de la Guadeloupe, tandis que le poste de président du Conseil d'appel du Dahomey est... supprimé. Autrement dit : on efface la fonction qu'il venait d'incarner, en l'écartant de son champ de bataille.

L'indignation est vive dans certains milieux. Benito Sylvain, juriste haïtien et chroniqueur attentif de la condition coloniale, s'étonne avec amertume :

« Nous savions, d'une source autorisée, que le ministre des Colonies, l'honorable M. Decrais, avait formellement promis à notre ami un poste de procureur général, avant même de lui confier la mission très délicate qu'il vient de remplir avec tant de distinction en Guinée, en Côte-d'Ivoire et au Dahomey. Aussi avons-nous été péniblement surpris de voir, dans le Journal Officiel du 10 août dernier, un décret nommant simple conseiller à la Cour d'appel de la Guadeloupe M. Liontel, dont

l'emploi antérieur est supprimé. Notre étonnement a été d'autant plus vif lorsque Maximilien Liontel, à son retour de mission, a été adjoint à la "Commission de la justice indigène", et que ce sont les projets élaborés par le savant magistrat noir qui ont été convertis en décret, après avoir été approuvés par ladite Commission. L'emploi de président du Conseil d'appel du Dahomey s'est trouvé supprimé précisément par l'adoption de l'organisation judiciaire que le titulaire a préparée et dont un autre sera chargé de faire l'application ! »

Derrière cette sanction déguisée, le poids des colons se devine. On reproche à Liontel d'avoir osé juger comme on plaide : sans tenir compte de la couleur, mais seulement du droit. Dans une formule cruelle rapportée par Sylvain, certains hauts fonctionnaires auraient murmuré : *« C'est malheureux que M. Liontel soit si noir ! Instruit, intelligent et distingué comme il l'est, il eût fait un excellent procureur général ; mais vraiment il est trop noir... »*

Liontel, pourtant, ne renonce pas. Après une ultime étape comme procureur général en Guyane, il prend sa retraite en 1907. Et c'est alors qu'il franchit le seuil de la profession d'avocat, en s'inscrivant au barreau de Cayenne. Fils d'esclave, magistrat respecté mais écarté pour sa franchise, il choisit la robe noire non comme un refuge, mais comme l'éclosion d'une vocation. Il plaide désormais dans la ville qui l'a vu naître, cette même Cayenne où ses premiers maîtres avaient espéré l'enchaîner au silence.

Devenu avocat, il n'a plus à subir la tutelle d'un gouverneur, ni à composer avec les humeurs d'un ministère lointain. Il retrouve la liberté de la parole, la force de la plaidoirie. Dans les salles d'audience de Cayenne, sa silhouette rappelle que la robe d'avocat peut être l'ultime lieu où l'on se dresse contre l'arbitraire.

Sa vie bascule aussi dans le malheur : un fils meurt lors de l'éruption de la Montagne Pelée en 1902, un autre se suicide en 1923. Mais Liontel, lui, demeure debout jusqu'en décembre 1924, où il s'éteint en Seine-et-Marne, à Samois.

Ce que retient la mémoire, ce n'est pas tant la disgrâce que l'héritage. Ses dénonciations, ses répliques face au gouverneur, ses rapports nourris de citations tranchantes, sont autant de gestes d'avocat avant l'heure. Il avait été magistrat, mais il plaidait déjà comme un défenseur. Et quand il devient enfin avocat, ce n'est pas un renoncement : c'est l'accomplissement naturel d'une vie placée sous le signe de la résistance au pouvoir arbitraire.

Ossature judiciaire coloniale et indigénat

Après le départ de Maximilien Liontel, la réforme cesse d'être promesse pour devenir pratique. Les décrets de 1901 et 1902 sortent des cartons : à Bingerville, Conakry et Porto-Novo, des tribunaux de première instance s'installent avec une composition lisible par tous : un président, un représentant du ministère public (à Conakry, un substitut), un juge suppléant, un greffier. Hors de ces places, l'administration conserve la main, mais sous contrôle : les gouverneurs peuvent encore investir des administrateurs comme juges de paix à compétence étendue, désormais sur proposition du parquet. Au-dessus, un Tribunal supérieur d'appel siégeant à Conakry recueille les recours temporaires : la mécanique commence à tourner.

Le 10 novembre 1903, un décret institue une Cour d'appel unique pour toute l'Afrique Occidentale Française, provisoirement à Saint-Louis, définitivement à Dakar. Le 30 août 1906, l'audience d'installation à Dakar scelle ce transfert et consacre l'ambition d'une jurisprudence uniforme pour des situations analogues. Chaque chef-lieu de colonie reçoit dorénavant son tribunal de première instance ; le reste du territoire demeure desservi par des justices de paix à compétence élargie, tenues par des commandants de cercle ou des fonctionnaires locaux avec un représentant du ministère public. Par économie et par habitude, ces justices de paix restent plus nombreuses que les tribunaux, mais elles sont désormais soumises à une plus forte supervision.

La Cour d'appel de Dakar s'équipe d'un instrument de terrain : la Chambre spéciale d'homologation. Autour de ses conseillers siègent des administrateurs et des assesseurs indigènes à voix consultative. Mission : contrôler les décisions criminelles des tribunaux de cercle ; homologuer quand la procédure est correctement instruite ; refuser et renvoyer avec motifs lorsque des vices apparaissent ; évoquer le fond quand, malgré deux renvois, rien n'a été rectifié. Ce mécanisme n'est pas un simple décor : c'est un cliquet de sauvegarde conçu pour contenir les débordements et rectifier les excès.

Parallèlement, la justice dite « indigène » subsiste ; non comme une justice propre aux indigènes, mais telle qu'appliquée aux colonisés. On y retrouve toujours le même escalier : tribunal de village (conciliation sommaire), tribunal de province puis de subdivision, tribunal de premier degré (civil ordinaire et délits), tribunal de cercle (appel et crimes) présidé par le commandant, assisté de deux notables. La procédure y est rapide : enquête sommaire, preuve orale, motivation succincte. Maurice Rolland, avocat général à la Cour d'appel de Paris, justifiera cette architecture : « Pour le barbare, la justice est l'attribut essentiel de la souveraineté ; il ne peut concevoir l'idée de séparation des pouvoirs, il conviendrait donc que l'administrateur reste investi de la puissance judiciaire, assisté de conseillers indigènes. »

Au Dahomey, l'implantation suit cette trame. Porto-Novo, puis Cotonou, deviennent tribunaux de première instance ; Abomey,

Parakou et d'autres cercles restent desservis par des justices de paix itinérantes. Sur le terrain : des administrateurs formés aux procédures, des greffiers qui apprennent les enregistrements, des audiences foraines avec un registre posé sur une table branlante, un interprète traduisant phrase à phrase. Dans les premières années, c'est le pénal qui domine : les crimes sont jugés au tribunal de cercle puis soumis à la Chambre d'homologation. Le civil (successions, créances, terres) s'immisce, mais l'« ordre public » selon l'administration fixe la cadence.

Avec le temps, des retouches stabilisent l'ensemble. Dès 1912, de plus en plus de présidences de juridictions « indigènes » sont confiées à des fonctionnaires ; des secrétaires européens apparaissent aux greffes de première instance. En 1924 puis 1931, les formations criminelles sont composées d'assesseurs européens et indigènes à voix délibérative.

Mais au-dessus de ces deux échelons s'étend un plafond invisible : l'indigénat, système né comme régime supposé transitoire mais qui se densifie avec le temps pour structurer la vie coloniale quotidienne. Sa philosophie repose sur « politesse, paix, productivité » ; philosophie qui légitime une répression administrative rapide et locale.

Les listes d'infractions s'allongent : au Dahomey, un arrêté de 1905 en énumère 21 ; en 1907, le fédéral en compte 26 pour l'A.O.F. ; en 1909, 24 contraventions d'indigénat au Congo. Sur une base fédérale, chaque lieutenant-gouverneur complète par arrêté local : couvre-feu ici, tam-tam là, interdiction de jeux ailleurs.

L'enjeu est surtout qualitatif : les infractions « irrévérence », « négligence », « rassemblement suspect », « refus de prestations » sont délibérément vagues. Ce flou n'est pas une erreur : il est un instrument de domination. Dans un cercle, deux administrateurs “voient” différemment l'irrévérence ; d'un trimestre à l'autre, un district ne sanctionne pas la même négligence. L'arbitraire devient fonctionnalité.

La ligne de partage se durcit, se racialise. On dit « indigène » quiconque réside dans la colonie sans être citoyen français, ni étranger reconnu, ou « non assimilé ». La qualité est mobile. C'est ainsi qu'un Dahoméen peut devenir "indigène malgache" à Madagascar, mais l'infériorité juridique reste. Le résultat : une vaste classe subordonnée, constamment soumise aux mêmes outils de coercition.

L'année 1946 marque un tournant. À compter du 1er juillet, la justice "indigène" est supprimée en matière pénale : désormais, dans toute l'A.O.F., les poursuites et jugements pénaux relèvent du droit français. L'administration regrette la proximité et la rapidité des anciennes formations, mais le mouvement est lancé : mêmes textes, mêmes garanties, mêmes juges pour tous. La carte des appels se rapproche des justiciables : en 1951, une Cour d'appel est installée à Abidjan pour la partie orientale ; en 1955, une chambre d'appel ouvre à Cotonou pour le Dahomey, le Togo et le Niger; en 1958, cette chambre devient une cour d'appel indépendante. À ce moment, la Cour d'appel de Dakar ne conserve dans son ressort que le Sénégal, la Mauritanie et la Guinée française — mais demeurera une cour d'appel de référence.

Pour traduire l'idéal en pratique, une circulaire de 1946 surélève le rang, les garanties et le prestige de la magistrature, désormais fondée sur la séparation des pouvoirs consacrée par la Constitution du 27 octobre 1946. On le dit sans détour : la justice n'est pas seulement chaînes d'audiences et jugements — ce sont aussi des bâtiments, logements, crédits, et créations de juridictions. En 1952, une commission propose de supprimer les justices de paix à compétence étendue (où un seul homme cumule poursuites, instructions et jugements) et de concentrer les effectifs dans des tribunaux d'instance structurés en sections.

Le décret du 19 décembre 1957 entérine ce maillage. Des « tribunaux pivots » irriguent des sections rattachées dans des chefs-lieux moins peuplés ou moins développés. Deux situations : sections sans parquet permanent (délégation ponctuelle du procureur du tribunal de rattachement) ou sections avec parquet permanent (substitut présent localement). L'inamovibilité des magistrats du siège est préservée en principe, mais modulée au niveau du ressort : être nommé dans un tribunal peut conduire à l'affectation dans l'une de ses sections.

C'est dans cette fente ténue mais constante qu'avance un nom : Germain Crespin, magistrat devenu avocat-défenseur…

CHAPITRE 2

GERMAIN CRESPIN ET L'ÉPOPÉE DES AVOCATS-DÉFENSEURS

Germain Crespin : du juge au défenseur (1901-1936)

Germain Ann Henry Crespin naît en 1876 à Saint-Louis du Sénégal, dans une famille métisse où le droit et la notabilité sont déjà une tradition. Son père, Jean-Jacques, sera deux fois maire de la ville ; son frère Georges deviendra lui aussi avocat. Envoyé à Bordeaux, il obtient sa licence en droit en 1899, puis revient à Saint-Louis où il est inscrit comme conseil commissionné. Deux ans plus tard, en 1901, il est nommé au Dahomey pour y installer le Tribunal français.

Il exerce d'abord comme procureur, puis comme juge d'instruction. Dès ses débuts, il se heurte aux autorités coloniales. Dans un dossier, l'administration lui suggère de clore la procédure par accommodement. Crespin refuse et s'obstine. Ce choix, perçue comme une insubordination, en dit long sur son sens de la loi. La réputation d'un magistrat rigoureux et indépendant s'ancre alors dans le Dahomey. À Bèdji, près d'Allada, un notable du nom d'Akoklanou revendiquait une plantation de palmiers. Le roi, puis le tribunal indigène, lui donnèrent gain de cause et condamnèrent son adversaire, Aloakénou, à une peine d'emprisonnement et à une amende de deux cents francs pour refus d'exécuter la décision. Le résident Nanduy dépêcha alors l'agent de police Kongbé afin d'escorter la partie victorieuse et de procéder aux notifications nécessaires. Malgré les avertissements d'Akoklanou, qui redoutait pour sa vie, l'agent l'emmena chez son adversaire. À l'arrivée, Aloakénou appela ses hommes armés de coupe-coupes. Akoklanou chercha refuge derrière Kongbé, lequel se déroba. La mise à mort fut d'une brutalité extrême : la tête fut tranchée, les bras et les jambes sectionnés et envoyés aux frères et alliés de la victime ; le tronc fut écorché, les parties sexuelles clouées au portique d'un féticheur, tandis qu'était proclamé que tel serait le sort de quiconque recourrait à la justice des Blancs. Les restes furent jetés dans la plantation contestée et abandonnés aux fauves. Dans son réquisitoire introductif du 10 septembre 1902, le procureur Germain Crespin consigna avec précision l'enchaînement des faits, non pour en nourrir le scandale, mais pour en établir la preuve et la portée. Sur ordre du gouverneur, Aloakénou et l'un de ses fils furent arrêtés. Poursuivie en 1903, l'instruction mit au jour la chaîne des responsabilités : les princes Agoma et Khouénou, frères de la victime, apparurent comme instigateurs soucieux de s'approprier la plantation ; le prince Djossou-Akin, Takossou, beau-frère de Khouénou, et plusieurs complices reconnurent leur participation. Crespin inculpa Aloakénou, son fils et plusieurs princes, articulant la décision des juridictions indigènes, qui avaient tranché le litige foncier, et la répression pénale relevant de la justice française. Ainsi ce crime, au-delà de la vengeance, constitua-t-il un défi adressé à l'autorité judiciaire ; la réponse de Crespin fut celle de la rigueur de l'enquête, de la qualification exacte et de la mise en cause graduée des auteurs, complices et commanditaires, afin que la parole du jugement ne demeurât pas lettre morte.

Deux ans plus tard, il se trouve confronté à un autre défi : celui du prince Zankran du royaume de Porto-Novo. Ce dernier est cité dans les rapports comme « *un des chefs de pillards, comme le prince Kodja son voisin* » [ANB, 1M65, lettre n° 122 du 16 mai 1904]. Ses bandes tendaient des embuscades aux convois de commerçants et aux marchandes circulant entre Porto-Novo et les plaines d'Allada, attaquant en groupe, armées de coupe-coupes, pour dépouiller voyageurs et transporteurs. Aux yeux de l'administration, ce n'était pas une rapine ordinaire, mais une prédation organisée qui compromettait la sécurité des échanges et remettait en cause l'autorité coloniale. Le 11 février 1904, Crespin signe un mandat d'amener contre lui et écrit au résident : « *L'importance de sa capture ne manquera pas de vous frapper, étant donné sa qualité de chef [...]. Du point de vue politique et juridique, elle me paraît nécessaire* » [ANB, 1M123(5)].

Ces dossiers, sanglants et emblématiques, forgent la réputation de Crespin. « *Aux yeux des indigènes, j'ai passé, étant magistrat, non pas pour le véritable procureur, mais, comme ils le disent dans leur langue, pour le "Roi des juges"* », confiera-t-il en 1906

Mais cette autorité inquiète l'administration, qui voit dans ce magistrat trop légaliste une entrave à la souplesse requise pour gouverner. En 1905, Crespin démissionne et ouvre un cabinet d'avocat-défenseur à Cotonou, sur l'avenue Mgr Steinmetz.

Son nouveau rôle le place dans une situation ambiguë. En 1906, il confesse à une commission d'enquête : « *Très souvent, pour ainsi dire à chaque audience, je suis interpellé par l'administrateur-adjoint, président par intérim du Tribunal, devant le public, le personnel et les plaideurs, pour donner un conseil ou un avis.* » Il rapporte avoir mis en garde ces juges improvisés : un journaliste de L'Écho du Dahomey pouvait rapporter ces pratiques et discréditer la justice. L'intérimaire répliqua qu'après tout il n'était pas « magistrat de carrière ». Crespin conclut, embarrassé : « *Cela pouvait augmenter ma clientèle, mais jetait le discrédit sur la Justice et pouvait éloigner les autochtones d'un Tribunal où, en dehors des conclusions écrites que je déposais, il arrivait qu'on me demande de rédiger le jugement. »* Aux yeux des plaideurs, le juge semblait dépendre de son avis, ce qui confortait sa réputation mais sapait la crédibilité de l'institution.

En 1907, il tente de contourner l'interdiction d'intervenir devant la justice indigène faite aux avocats-défenseurs en se présentant comme simple particulier autorisé par une partie. Le gouverneur refuse. Crespin menace : « Nous rendrons cela public », mais sans succès. Dès lors, il affine sa stratégie: saisir les juridictions civiles chaque fois que possible, multiplier les mémoires au parquet pour dénoncer les dénis de justice, relancer sans cesse, et, en dernier recours, brandir la menace de la publicité dans la presse métropolitaine.

Adossé au notable Joseph Tovalou Quenum, il transforme les griefs en écritures précises et méthodiques. Ses mémoires déclenchent parfois des inspections qui aboutissent à des sanctions : des commandants de cercle sont déplacés, le gouverneur Noufflard rappelé. Ce n'est pas par l'éloquence qu'il frappe, mais par la constance de ses écritures et sa capacité à documenter les abus.

En août 1929, une grève paralyse le wharf et la ligne de chemin de fer. On fait appel à Crespin, doyen des avocats de la colonie. Il met à plat les chiffres, clarifie les demandes des ouvriers, consigne les engagements des employeurs. Le 7 août, la reprise est actée, assortie de la promesse d'absence de représailles. La presse coloniale salue alors « une honorable figure ».

Plus tard, il prend part au grand procès de La Voix du Dahomey. Les autorités tentent d'impliquer Crespin lui-même. Parce que les rédacteurs lui soumettaient les articles pour éviter les poursuites, on l'accuse de complicité. Le commissaire Dubois dénonce une « politique d'hypocrisie ». L'instruction traîne deux ans, mais Crespin reste l'avocat le plus en vue de la défense.

Notable colonial autant qu'allié des élites africaines, il reçoit la Légion d'honneur pour son rôle dans le recrutement des indigènes au sein des troupes françaises au cours de la Première Guerre mondiale. Il lui est même offert en concession des hectares dans la ville de Cotonou. En 1928, il fait bâtir à Dakar une demeure cossue face à la cathédrale, inaugurée l'année suivante. C'est là qu'il se retire et s'éteint en 1957. Sa carrière, commencée comme magistrat aux prises avec les princes et les notables, poursuivie comme avocat-défenseur obstiné, incarne l'ambivalence de la justice coloniale: instrument d'ordre et espace de résistance procédurale. « Roi des juges » pour les uns, « honorable figure » pour la presse, Crespin laisse une mémoire complexe, à la fois celle d'un homme du système et celle d'un praticien qui sut, par la force des écritures, ouvrir des brèches dans l'édifice colonial.

Pour la petite histoire, son fils, Alain Crespin, né à Porto-Novo en 1906, deviendra avocat-défenseur à Cotonou en 1929, puis à Dakar à partir de 1942. Il ouvrira un cabinet rue Félix-Faure, présidera une association d'avocats à Dakar dans les années 1950, siègera en 1959 à la Cour arbitrale de la Communauté et, en 1963, rejoindra la Cour de cassation à Paris après un désaccord politique au Sénégal.

Pourquoi évoquer si longuement Germain Crespin ? Parce qu'il incarne la défense telle qu'elle a existé en A.O.F. : utile mais encadrée ; présente, mais tenue à l'écart d'une large partie des justiciables africains ; parfois efficace, parfois du côté du système. Métis de Saint-Louis, formé au texte, il a ouvert des brèches par la procédure et l'obstination. À travers lui, on mesure ce que pouvait et ne pouvait pas un avocat-défenseur sous la colonisation : une histoire de contraintes, de dossiers et de petites victoires qui finissent par compter.

Le statut d'avocat-défenseur en A.O.F.

Le statut de l'avocat-défenseur en Afrique occidentale française, hérité des « conseils commissionnés » institués par l'arrêté du 5 mars 1859 à Saint-Louis, se présente moins comme une profession libérale que comme une charge publique concédée par l'autorité coloniale. L'arrêté fondateur limitait à cinq le nombre de ces conseils, exigeait d'eux qu'ils fussent citoyens français, âgés d'au moins vingt-cinq ans, licenciés en droit ou reçus à un examen public « sur les lois et ordonnances en vigueur dans la colonie », et les plaçait sous l'autorité directe du procureur général. Leur fonction avait déjà les traits d'un office ministériel : on les nommait, on les surveillait, on pouvait les révoquer.

Le décret du 10 novembre 1903, puis surtout l'arrêté général du 26 décembre 1905, ont donné au corps sa forme définitive. Désormais, les avocats-défenseurs sont définis comme « officiers ministériels chargés de postuler et de plaider dans le ressort de la Cour », titulaires d'une charge attribuée par le gouverneur général, qui fixe leur nombre, arrête leur résidence, et règle leurs conditions d'exercice. La profession est fermée : « Nul ne peut être nommé avocat-défenseur s'il n'est licencié en droit et s'il ne jouit de ses droits civils et politiques. » Depuis le décret du 24 août 1910, les arrêtés locaux réglant la profession ne sont exécutoires qu'après approbation du ministre des Colonies ; les gouverneurs soumettent même leurs projets à Paris par prudence. En A.O.F., la nomination appartient au Gouverneur général : il fixe le nombre, les attributions, la discipline. L'idée de fond, explicitée par la Cour (délibération du 7 juin 1924) : dans un espace où l'ignorance juridique expose les populations aux « agents d'affaires » peu scrupuleux, on filtre le recrutement pour garantir capacité, moralité et dévouement. D'où ce statut hybride : libéral dans sa pratique quotidienne, mais « tenu » par la chaîne de nomination et par la tarification avec, en contrepartie, l'exigence cardinale d'indépendance.

Les obligations professionnelles s'ouvrent par un serment dont le texte, fixé dès 1876 et repris dans les arrêtés ultérieurs, met au premier plan l'allégeance aux institutions coloniales : *« Je jure de ne rien dire ou publier de contraire aux lois, ordonnances, décrets, arrêtés et règlements, aux bonnes mœurs, à la sûreté de l'État et à la paix publique ; de ne jamais m'écarter du respect dû aux Tribunaux et aux autorités publiques, et de ne plaider aucune cause que je ne croirai pas juste en mon âme et conscience. »* La liberté de l'avocat est ainsi contenue par un double impératif de loyauté politique et de fidélité morale, où le respect des autorités publiques prime sur la défense du justiciable.

À cette fidélité, la discipline ajoute une rigueur minutieuse. L'article 10 de l'arrêté du 26 décembre 1905 proclame : *« Interdiction de faire avec les parties des conventions aléatoires ou subordonnées à l'événement du procès. »* Il interdit également à l'avocat-défenseur de *« se rendre adjudicataire d'un bien vendu au terme d'une procédure qu'il a suivie »*, de *« devenir cessionnaire des droits litigieux du client »*, ou d'« associer des offices comme une entreprise commerciale ». L'avocat-défenseur est donc tenu à une probité absolue dans ses rapports avec la clientèle, sous peine de voir sa charge frappée de nullité.

Les honoraires, eux, sont strictement encadrés. Les actes de procédure sont tarifés par arrêtés ; les consultations et plaidoiries donnent lieu à des honoraires libres, mais sous surveillance.

La robe, symbole de dignité, est également codifiée. L'arrêté du 30 décembre 1876 impose *« l'habillement noir, la cravate en batiste tombante et plissée, le petit manteau et le bonnet carré en étoffe de laine noire »*. Les licenciés en droit *« ont le droit de porter la robe, la chausse et la toque de laine noire, bordée d'un galon de velours »*. La tenue est moins l'expression d'une liberté que le signe d'un office ministériel, chargé de représenter l'autorité judiciaire française aux yeux des justiciables.

La discipline relève intégralement du parquet général. Faute d'ordre autonome doté de la personnalité morale, c'est le Procureur général, chef du service judiciaire, qui *« surveille, avertit, réprimande et propose au Gouverneur général les sanctions les plus lourdes ».* La règle de conduite, déjà énoncée dans l'arrêté de 1859, demeure inchangée : « *Ne jamais s'écarter du respect dû aux institutions religieuses et à la Justice, ne point attaquer les principes de l'Empire, ne point manquer au respect dû aux magistrats devant lesquels ils exercent. »*

Le champ d'action, enfin, est strictement limité. L'article 85 du décret du 10 novembre 1903 exclut les avocats-défenseurs des juridictions indigènes. Le décret du 16 mai 1928, en organisant la défense criminelle des autochtones, confie la mission non pas aux avocats, mais à des « fonctionnaires ou agents européens résidant dans la localité » ou, à défaut, à des notables africains. Le décret du 3 décembre 1931 le confirme : *« Toute intervention des avocats-défenseurs est exclue devant les juridictions indigènes de premier et de deuxième degré. »* Seule la Chambre d'annulation de la Cour d'appel leur reconnaît une pleine compétence.

Ainsi, l'avocat-défenseur apparaît moins comme un professionnel indépendant que comme un auxiliaire intégré au système colonial. Nommé, limité en nombre, surveillé dans ses honoraires, ses congés, sa tenue et ses interventions, il ne possède pas d'ordre autonome. Sa mission est de concourir à un service public de justice étroitement contrôlé.

L'épreuve du réel

À Saint-Louis du Sénégal, la justice coloniale du XIXe siècle hésite encore entre improvisation et affirmation d'un monopole de la robe. En 1833, une femme métisse, Betty Pellegrin, se présenta devant la

Cour contre Édouard Ohara et François Pellegrin. Comme beaucoup de femmes indigènes de son temps, elle n'alla pas seule : elle choisit de se faire représenter, inaugurant une pratique encore mal encadrée où la parole des femmes trouvait relais dans les prétoires. Quelques années plus tard, en 1847, Louis Alsace confia la défense de ses intérêts à son neveu, Louis Georges Alsace, sans robe ni formation juridique, qui monta à la barre en qualité de fondé de pouvoir. La justice coloniale tolérait encore que la famille supplée l'avocat.

L'usage déborda rapidement du cercle domestique. Ainsi, Ludovic Paulinier, directeur par intérim de l'école d'enseignement mutuel de Saint-Louis, prit la cause des Signares dans leur litige contre les détaillants patentés : l'homme d'école devenait homme de loi. Le commerce, lui aussi, s'invitait à l'audience: un négociant comme Hilaire Maurel ou un commis de marine tel Bousigorio se muèrent en conseils improvisés pour défendre un associé ou un aide-traitant. Dans ces prétoires d'hommes de plume et de négoce, la parole juridique se façonnait au gré des hasards.

Mais parmi ces hommes de loi improvisés, Letel laissa un souvenir particulièrement vif. En 1829, il fut chargé par François Pellegrin de le représenter contre un négociant, Pesnel, à propos de 1 503 livres de gommes arabiques payées en trop. L'affaire semblait banale, mais elle dégénéra lorsque Letel, dans le feu des audiences, contesta l'autorité même du président. Le dossier d'archives rapporte :*« À la première audience, le juge Héricé fut désigné comme rapporteur de l'affaire. Lors de l'audience suivante, celle du 4 avril 1829, le président, en invitant les parties à proposer leurs moyens de défense avant l'audition du rapport, demanda l'exhibition des titres sur lesquels le demandeur étayait son action. C'est alors que Letel l'interrompit, pour s'enquérir du nombre de rapporteurs qu'avait l'affaire. Une observation du Président faisant remarquer l'inconvenance de la question, Letel la réitéra. »*

La scène fit scandale : un auxiliaire de justice osant interrompre et imposer silence au président ! Les juges conclurent que son attitude visait à *« imposer silence au président »* et que cela était *« contraire au droit que les lois et les règlements accordaient aux chefs de juridictions de diriger l'instruction publique des causes »*. Ce n'était pas la première fois : *« Aux audiences des 7 et 27 mars de la même année, Letel s'était attiré les injonctions du président pour des incorrections de parole et une conduite irrespectueuse. »* Le tribunal de première instance décida donc de le suspendre pour un mois de sa qualité de postuler.

Le 6 avril 1829, le Conseil d'appel confirma la décision et l'aggrava : *« Le jugement de première instance suspendant Letel pendant un mois de la postulation qu'il exerce devant le Tribunal de Saint-Louis est confirmé, et l'interdiction étendue à tous les tribunaux de la colonie. »* (Conseil d'appel, 6 avril 1829, registre des délibérations, vol. I, 1822–1829, arrêt n° 101).

Cette affaire constitue la première trace claire d'une sanction disciplinaire contre un auxiliaire de justice dans l'Afrique coloniale.

À la même époque, la question des honoraires soulevait déjà de vives tensions. En 1829, Letel réclama pour ses services une rémunération extravagante, évaluée en gommes arabiques : « 1 070 kg ». Le tribunal appliqua calmement le tarif officiel :

« Le tarif étant de quinze francs la plaidoirie en première instance et du double en appel, dès lors il ne revient à Letel pour les honoraires dans l'affaire Ledoux que 45 francs pour trois plaidoiries en première instance et 30 francs pour une plaidoirie en appel. La somme de 100 francs paraît avoir été remise volontairement par Potin à Letel pour solder cet objet, bien qu'elle excède la taxe à acquitter et demeure donc acquise. »

La Cour confirma. À la poésie des gommes succédait l'arithmétique des francs.

Un siècle plus tard, la fragilité du statut d'avocat-défenseur apparaissait encore. En 1911, le président de la Chambre de commerce de Dakar se plaignit du coût jugé excessif des honoraires. Selon lui, les commerçants, souvent aux prises avec de petits débiteurs insolvables, étaient contraints de payer cher pour recouvrer des créances minimes. Il demanda que leurs fondés de pouvoir puissent postuler en justice. La réponse du Procureur général fut sèche : ce privilège n'était pas négociable. La jeune corporation avait attendu trop longtemps son autonomie pour que l'on vienne rogner ses droits.

La même logique animait les prétoires. À Conakry, en 1913, Maître Facciendini tenta d'écarter un agent de la SCOA qui plaidait pour la société. Le tribunal le débouta : un agent commercial pouvait encore représenter son employeur. Ce revers soulignait la fragilité d'une profession qui peinait à s'imposer. Pourtant, en 1920, un revirement éclatant eut lieu : la Cour affirma que les avocats-défenseurs détenaient désormais le privilège exclusif de plaider et de représenter devant les juridictions de l'Afrique occidentale française, sauf rares exceptions pour les proches ou les tuteurs.

À Cotonou, Maître Barboni tenta une innovation. Le 17 avril 1912, il signa un contrat d'abonnement avec la Colonie du Dahomey, avenant du 25 avril 1912. Il s'était engagé à assister l'administration locale et le Gouvernement général de l'A.O.F. *« pour toutes affaires contentieuses, litigieuses ou autres, et pour ses plaidoiries devant toutes juridictions et tous les ressorts existant dans la colonie».* En contrepartie, la colonie lui verserait *« une indemnité forfaitaire mensuelle de 250 francs, étant entendu que, dans ladite indemnité sont compris tous les conseils, diligences, plaidoiries, sans qu'aucun des soins que prendra Maître*

Barboni pour toutes les affaires, si importantes soient-elles, puisse donner lieu à des honoraires supplémentaires ». S'y ajoutaient le remboursement des frais de voyage et un billet gratuit *« de Cotonou à Ajaccio, aller et retour, tous les deux ans ».*

Mais dès 1913, le Gouverneur général refusa de ratifier l'accord, le jugeant illégal. Barboni assigna la colonie et, par jugement du 20 mai 1914, le tribunal de Cotonou lui donna raison, condamnant l'administration à payer *« 1 000 francs pour les quatre mensualités, avec intérêt à partir du jour de la demande, et 5 000 francs à titre de dommages-intérêts ».* La Cour de Dakar, en 1916, renversa le jugement : *« Un tel engagement, contraire aux règles d'indépendance et de dignité de leur profession, ainsi qu'au serment qui leur est imposé par la loi, est illicite, et doit être annulé aux termes des articles 1131 et 1133 du Code Civil. »*

En mars 1915, à Dakar, Maître Widal, avocat-défenseur, se trouva en butte à la sévérité de la Cour d'appel. Une audience civile devait se tenir le 5 mars. Le président Blondeau lui avait adressé plusieurs invitations pressantes à comparaître. Mais Widal s'obstina : il refusa de se présenter, sans fournir de motif valable. Le président releva son absence comme un *« manquement professionnel et une attitude incorrecte ».* L'affaire remonta au Procureur général, chef du service judiciaire, qui prit une décision immédiate :

« Maître Widal, à l'encontre de qui le Président de la Cour d'Appel de Dakar relève un manquement professionnel et une attitude incorrecte, pour avoir refusé, sans motifs justifiés et malgré les avis réitérés du Président Blondeau, de se présenter à l'audience civile du 5 mars 1915, se voit infliger, par le Procureur Général, la peine de la censure avec réprimande. » (ANRS, Série M 32, Affaire Widal, avocat-défenseur).

Mais cette sanction fit scandale jusque dans la magistrature. Un conseiller de la Cour, Claviers-Marius, indigné, adressa une lettre le 17 mars 1915 au chef de cabinet du Gouverneur général. Il y dénonçait une mesure « indigne », étrangère aux textes :*« ... empêcher qu'à cette décision indigne on ajoutât sa publication à l'Officiel, alors que,* écrivait-il, *l'arrêté du 20 décembre 1905 sur les avocats-défenseurs ne prévoit pas cette mesure qui vient de germer dans un cerveau embrouillé par des vapeurs alcooliques. »* (ANRS, Série M 32, Pièce n°65).

Le ton brutal, visant directement le Procureur général Lanas, témoignait de la gravité de l'affaire. Le résultat fut immédiat : dès le lendemain, le Procureur général rapporta sa propre décision. Le registre rapporte que *« la peine de la censure avec réprimande infligée à Maître Widal est rapportée. »* (ANRS, Série M 32, Pièce n°70).

Ainsi, en quelques jours, une sanction disciplinaire avait été prononcée, contestée de manière virulente, puis annulée. L'épisode illustre l'arbitraire qui pouvait frapper les avocats-défenseurs, mais aussi les résistances internes dans la magistrature coloniale.

Douze ans plus tard, en 1927, l'affaire Carpot révéla d'autres tensions. En janvier, le Procureur général de Dakar reçut une plainte inhabituelle : elle venait d'un détenu, Chérif N'Diaye, qui accusait son avocat-défenseur, Maître François Carpot, d'avoir perçu des honoraires sans exécuter la mission promise.

N'Diaye expliquait avoir confié à Carpot, dès 1925, la somme de 300 francs, puis 100 francs supplémentaires, *« à valoir sur ses honoraires fixés à 500 francs »*, pour déposer une demande de libération conditionnelle. Mais deux ans plus tard, rien n'avait été fait. Invité à s'expliquer, Carpot reconnut avoir perçu l'argent, mais soutint que la demande n'avait pas été déposée parce que son client n'était pas éligible

: *« Je n'ai pas cru devoir déposer la requête avant janvier 1927, puisque jusqu'à cette date, compte tenu des antécédents défavorables de Chérif N'Diaye, il ne remplissait pas les conditions de la loi du 14 août 1885. Je lui ai d'ailleurs clairement indiqué que sa demande n'avait guère de chances d'aboutir. »* (Lettre du 15 janvier 1927).

Le Chef du service judiciaire estima la justification insuffisante. Le 21 janvier, il enjoignit à Carpot de restituer 250 francs sur les 400 encaissés *:« Puisque la demande n'a pas encore été faite, et que vous reconnaissez vous-même qu'elle n'a aucune chance d'être accueillie, vous devez restituer à Chérif N'Diaye la somme de deux cent cinquante francs sur les quatre cents francs versés, cent cinquante francs vous paraissant largement suffisants pour vous rémunérer. »* (Lettre n°131 du 21 janvier 1927).

Mais Carpot refusa catégoriquement. Dans une lettre du 23 janvier 1927, il protesta avec violence *:« Il ne saurait appartenir au Procureur général, ni comme Chef du Service judiciaire, ni comme bâtonnier d'un Ordre des Avocats qui n'existe pas dans la colonie, de s'immiscer dans des conventions légalement passées entre les parties. [...] De quel droit venez-vous discuter mes honoraires et fixer la somme qui peut me revenir pour mes peines et soins dans une affaire à laquelle vous êtes complètement étranger ? C'est là un précédent que je ne saurais admettre à aucun prix. »*

Et, visant personnellement le magistrat, il ajouta *:« Vous faites preuve à mon égard d'une animosité évidente, me suspectant à tout propos et donnant au moindre fait une importance exagérée, alors qu'autour de vous se passent des choses graves que vous ne pouvez ignorer et qui mériteraient bien davantage votre attention.»*

Ces « termes outrageants » dépassèrent les bornes. Le 11 février 1927, la Cour d'appel de Dakar, réunie en Conseil de discipline, jugea

:« *Maître Carpot encourt une peine d'une exceptionnelle sévérité, de par son manquement au désintéressement et aux convenances de la profession d'avocat, par son oubli de la déférence due à la magistrature, plus encore par les avocats que par les parties elles-mêmes, et par l'inconvenance indécente de sa lettre adressée au Chef du Service judiciaire. Son attitude à la séance de la Cour, son absence complète de regret, l'arrogance de ses propos, clamant une indifférence injurieuse pour l'avis de la Cour, ne plaident pas en sa faveur.* » (Greffe de la Cour de Dakar, Registre des délibérations, 1927).

Tenant compte toutefois de son âge avancé et de son état de santé, Carpot souffrait d'une double cataracte, la Cour adoucit la sanction : il fut suspendu trois mois. L'histoire ne s'arrêta pas là : Carpot adressa une réclamation au ministre des Colonies et alla jusqu'à provoquer le Procureur général en duel ! La réponse de ce dernier fut sèche et ironique à la fois :« *Non seulement les combats singuliers sont passés de mode, mais il ne serait pas honorable de voir des Français se battre entre eux au moment où les nations, hier ennemies, s'embrassent à Genève pour assurer, croit-on, la paix de l'Europe et du monde.* » (Lettre du 6 octobre 1927, n°662 G).

La même période vit un autre type de conflit : celui qui opposa Me Jean-Louis Bourjac à l'administration coloniale.

Au début de 1926, Bourjac, avocat-défenseur installé à Cotonou depuis peu, se plaignit d'être la cible d'une « surveillance inadmissible » du Lieutenant-gouverneur du Dahomey : « *Je me trouve en butte à une surveillance vexatoire que rien, dans mon attitude, ne peut motiver* » (Lettre du 11 février 1926, ANRS, Série moderne M 82). Le Procureur général prit sa défense : il transmit la réclamation et rappela au Gouverneur général que toute entrave au libre exercice de la défense serait « dangereuse » pour une profession « chargée d'intérêts si multiples et si délicats ».

Invité à répondre, le Gouverneur Fourn nia toute immixtion : *« Je ne me suis jamais immiscé dans les affaires de Maître Bourjac, dont il serait superflu de discuter les assertions. »* Et, pour discréditer l'avocat, il ajouta perfidement : *«L'état d'esprit de Maître Bourjac est tel qu'il se croit pourchassé de toutes parts. Il m'a confié lui-même qu'ayant eu à plusieurs reprises de vives coliques, il était persuadé d'avoir subi un commencement d'empoisonnement. »* (Lettre du 30 juillet 1927, Porto-Novo).

L'échange rebondit en 1927 : le Journal officiel du Dahomey du 15 juin publia les statuts de l'Entreprise Transatlantique (Entra), où Bourjac figurait comme administrateur à Cotonou. Le Procureur général Adriani s'émut de l'incompatibilité : comment un avocat-défenseur, officier ministériel, pouvait-il être administrateur d'une société anonyme, partie fréquente aux procès ? Sous la pression, Bourjac démissionna le 8 octobre 1927. Mais il répliqua avec vigueur *:« Je n'ai jamais exercé les fonctions d'administrateur délégué, comme le Gouverneur du Dahomey a feint de le croire. Ces fonctions sont exercées par Georges Bourjac, mon oncle, à Bordeaux. J'ai accepté les fonctions qui m'étaient offertes en considération de deux précédents : d'abord, au barreau de l'A.O.F., plusieurs confrères ont été administrateurs ou liquidateurs de sociétés ; ensuite, les textes ne prévoient aucune incompatibilité en la matière. L'arrêté du Conseil de l'Ordre de Paris du 25 juin 1865 ne visait que le barreau de la Seine. »*

Ainsi, dans un premier temps (1926), le Procureur général avait protégé Bourjac contre les tracasseries administratives. Dans un second temps (1927), il exigea de lui le respect strict de l'indépendance, jusqu'à obtenir sa démission d'un poste jugé incompatible. La même main protégea la liberté de la robe et sanctionna ses écarts.

En Côte d'Ivoire, au début des années 1930, la robe entra en collision directe avec la presse. À Grand-Bassam, chef-lieu de la colonie, les relations entre magistrats et avocats-défenseurs étaient souvent tendues. Mais rarement un défenseur s'attira autant d'ennuis que Maître Guérillon. Engagé dans les querelles locales, il choisit son camp : celui du président du tribunal Neiet, dont il partageait rancunes et inimitiés. Plus grave encore, il mit sa plume au service de ces querelles.

Dans le journal Le Courrier de l'Ouest-Africain, il publia des chroniques judiciaires où, à côté de son propre éloge, abondaient des attaques contre le parquet et l'instruction. Le Procureur général s'en alarma. Dans une lettre datée du 13 janvier 1931, il lui reprocha d'avoir, *« sans retenue, approuvé et servi les rancunes du président du Tribunal »*, et d'avoir fait paraître des chroniques *« contenant, à côté de votre propre éloge, des expressions ironiques et malveillantes à l'égard des magistrats du Parquet et de l'Instruction, qui pouvaient faire douter de leur zèle et de leur connaissance des lois »* (ANRS, Série moderne M 54, versement 112, Lettre n°44 AJ).

Les fautes de plume furent aggravées par des gestes d'insubordination. Convoqué par le juge d'instruction, Guérillon refusa de se rendre à l'audience, prétextant des « incidents d'ordre privé ». Dans sa lettre de justification, il employa des « expressions très outrageantes » à l'égard du magistrat. Le Procureur général conclut que son comportement n'était plus tenable : il violait la déférence due à la justice, se conduisait en polémiste et non en auxiliaire du droit. La sanction fut mesurée : un simple rappel à l'ordre ; mais l'affaire eut des conséquences considérables. Pour apaiser la situation, le Procureur général fit muter l'ensemble du personnel de la magistrature de Côte d'Ivoire, le président Neiet y compris. Ainsi, par la plume de Guérillon, un tribunal entier fut recomposé.

En Guinée, l'été 1916 avait déjà offert une scène singulière. Le négociant syrien Rezk Habib fut verbalisé à Bissikrima pour expédition de caoutchouc sans permis. Faute d'avocat-défenseur, un administrateur, Beurnier, prit sa cause et plaida devant la simple police de Conakry. Avec méthode, il disséqua la réglementation et obtint la mainlevée de la saisie. Le Gouverneur général s'en indigna :*« Comment comprendre qu'un fonctionnaire combatte devant le Tribunal, au profit du délinquant qui le paie, l'application d'une réglementation faite dans un cercle par un fonctionnaire du même ordre ? »*

L'ordre fut donné de mettre fin à « l'immixtion des fonctionnaires ». Rarement l'absence de robe avait entraîné une telle confusion des genres.

Plus au sud, en Côte d'Ivoire, à Assinie en 1905-1906, deux noms avaient déjà marqué les esprits : Maître Ostench et Maître Clément. Le premier promit au roi de Krinjabo d'« intercéder auprès du Président de la République » contre 25 000 francs pour obtenir la suppression de la capitation. Le second, Clément, s'adjoignit John Faye, « noir, fort, intelligent, élevé au Sénégal », dont chaque passage était accompagné d'une recrudescence de procès entre indigènes. Aux yeux de l'administration, ces pratiques symbolisaient le cauchemar : une robe qui, au lieu de canaliser les contestations, enflammait la contestation fiscale. C'est de là que s'alimenta, pour longtemps, l'argument du numerus clausus, présenté comme un instrument de régulation et de frein aux « entreprises d'hommes d'affaires ».

Au sortir de la Seconde Guerre mondiale, d'autres tensions apparurent. En 1942, à Conakry, l'affaire Salimon Cissé mit en cause Maître Pinto Ignacio. Cissé avait versé 2 000 francs « pour plaidoirie ». Mais l'avocat s'était borné à présenter une requête au procureur, se réservant d'intervenir devant la Chambre d'annulation « le cas échéant ». Le Chef du service judiciaire rectifia sèchement : on ne plaide pas « par avance » devant une instance qui n'existe pas encore ; intervenir en amont d'un tribunal indigène du premier degré était irrégulier. Conseiller, oui ; forcer la porte, non.

La double affaire Cadore (1941-1947) illustra enfin les tensions liées à la justice indigène. Adjoint principal mis en disponibilité, Cadore avait choisi d'aider des plaignants, prêtant plume à leurs dénonciations. Bandiougou Keïta accusa son chef de canton de « déshonorer son commandement par des exactions et des abus de pouvoir chaque jour insupportables ». Quelques mois plus tard, Momo M'Bayo Touré, négociant, contesta le montant de sa patente dans un style jugé « violent ». Dans les deux cas, Cadore assuma de rédiger les requêtes au nom des plaignants.

L'Administration vit dans ces démarches un danger : elles laissaient croire que « seule l'intervention d'un Défenseur permettra d'obtenir justice », et « mettaient en cause l'intégrité et la conscience des administrateurs ». Le parquet général admit que ces pratiques avaient été « longtemps tolérées » comme « sources d'information utiles », mais rappela qu'elles étaient illégales « sans doute » et désormais « sévèrement interdites ». La sanction resta mesurée. Mais la doctrine d'ensemble fut fixée : devant les juridictions indigènes de premier et de deuxième degré, l'avocat-défenseur n'avait pas sa place ; devant le criminel, la défense d'office revenait à un fonctionnaire ou, à défaut, à un notable ; le tribunal colonial d'appel statuait sur pièces ; et ce n'était que devant la Chambre d'annulation de la Cour d'appel, juridiction suprême indigène, que le ministère des avocats-défenseurs s'exerçait dans sa plénitude. Ces histoires, mises bout à bout, donnent une photographie précise. Quand l'avocat manque, l'administration s'y substitue et s'y brûle. Quand l'avocat s'avance sur le terrain fiscal ou politique, il touche des ressorts que l'autorité tient d'où le numerus clausus. Quand il tente d'introduire sa technique dans la justice indigène, le rappel tombe : ce sera à l'ultime étage, devant la Chambre d'annulation. Lorsqu'un ancien fonctionnaire devenu défenseur prête plume aux plaignants, l'administration proteste et la magistrature dose : tolérance hier, interdiction demain. Par-dessus tout, il y a la longue hésitation entre fermeture et ouverture, où coexistent la peur d'une « agence d'affaires » et l'idée qu'« une profession qui n'évolue pas se fige ». On comprend alors pourquoi la limitation de la faculté de plaider fut, pour l'administration, plus qu'un outil de gestion : c'était un instrument d'équilibre. Elle encadrait une parole puissante, parfois turbulente, et, ce faisant, définissait la place de l'avocat-défenseur : officier ministériel, oui ; avocat politique, non. Quant à la tenue de la robe en l'absence d'Ordre constitué, elle fut assurée par une main précise, celle du Procureur général, Chef du service judiciaire : on l'a vu frapper, se corriger quand l'alcool est évoqué, protéger la profession contre « toute entrave » venue d'un gouverneur trop pressant. Une phrase résume ce fil : *« La fonction du Défenseur concourt ainsi au service public ; elle mérite la considération. »*

Des mémoires aux prétoires, tout est prêt ; que viennent les grandes causes.

CHAPITRE 3

LES GRANDS PROCÈS DE L'ÉPOQUE

Les rotatives de *La Voix du Dahomey* se mettent à crépiter : lignes encrées, séchées, lancées au vent et l'Administration s'en offusque. Mais pour comprendre cette cadence, il faut remonter l'enchevêtrement des mécanismes et la piste des sons : le craquement d'une palmeraie disputée à Logbozounkpa, le sifflement de la chicotte à Allada, le brouhaha d'Athiémé où l'on juge vite et fort. Alors seulement, en 1936, au silence réclamé par la Sûreté répond une plaidoirie qui fait reculer l'arbitraire. Quatre procès pour une seule question: comment la défense s'invente-t-elle sous la colonisation ? En tenant la preuve contre la force, la forme contre l'urgence, la parole contre la peur. Voilà l'histoire que racontent Adjovi, Combe, Johnson et La Voix du Dahomey. `

1. L'Affaire Adjovi : le procès d'Akanwanou (1903-1913)

Lorsque, le 20 juillet 1903, le tribunal français de Porto-Novo rendit un jugement en faveur d'Akanwanou Adjovi, chef de la puissante collectivité de Ouidah, il sembla d'abord que l'affaire était close. Le litige paraissait simple : les Kenné, descendants d'anciens fermiers royaux, s'étaient installés sur une palmeraie de Logbozounkpa, que les Adjovi considéraient comme leur bien héréditaire. Pendant des années, les Kenné avaient payé une redevance ; puis, cessant tout versement, ils avaient forcé Adjovi à saisir la justice coloniale. Les témoignages confirmèrent l'ancienneté des droits de la famille ; le tribunal lui donna raison. L'affaire aurait dû s'arrêter là. Mais, dans le Dahomey des années 1900, aucune victoire judiciaire des grands lignages n'était acquise. Le gouverneur Liotard s'alarma de ce qu'il appelait un « précédent dangereux»: si l'on validait la propriété privée indigène, n'ouvrirait-on pas la voie à une remise en cause du domaine colonial ? Par dépêche du 14 octobre 1904, il demanda à son supérieur, le gouverneur général Roume, de trouver un moyen d'« annuler » le jugement de 1903. Selon lui, « des territoires entiers » risquaient de passer aux mains de quelques familles de Ouidah, au détriment de l'État conquérant. Dès lors, une véritable guerre s'ouvrit. Adjovi s'obstina à réclamer l'exécution du jugement. Les Kenné refusèrent d'évacuer la palmeraie ; ils furent condamnés à la contrainte par corps, puis libérés sur ordre du gouverneur. Liotard proposa même que l'administration se substitue aux juges, sursoyant à l'exécution tant qu'elle n'aurait pas « fait valoir ses propres droits domaniaux ». Dans les semaines qui suivirent, la tension monta jusqu'à l'occupation symbolique de la palmeraie par une quarantaine d'Adjovi armés de machettes, bientôt dispersés par les forces de l'ordre. C'est alors qu'apparut Germain Crespin. Alors magistrat à Cotonou, il osa, en octobre 1904, prendre des actes qui heurtaient l'Administration notamment des mandats d'amener contre Kenné et ses alliés, accusés de vol de régimes de palme. Le geste frappa les esprits : un magistrat colonial osait s'ériger en protecteur d'un notable africain contre l'État lui-même. Ayant quitté la magistrature en 1905, il s'installa comme avocat. En 1906, lorsque l'État, par un arrêté du 26 avril, concéda « provisoirement » la palmeraie aux Kenné avec effet rétroactif, Adjovi le choisit pour le défendre.

La partie était inégale : face à eux, ce n'était plus une simple famille de cultivateurs, mais la machine administrative coloniale, résolue à transformer un litige privé en affaire de souveraineté foncière.

Le procès s'ouvrit devant le tribunal de Cotonou en juillet 1908. La thèse de l'État, soutenue par le procureur et reprise par le juge président Chêne, était implacable : avant la conquête, affirmait-on, il n'existait pas de propriété privée au Dahomey. Le roi possédait seul la terre, qu'il distribuait à ses sujets en simple jouissance. Par la conquête, la France avait hérité de ces prérogatives : elle seule pouvait concéder et immatriculer.

Les Adjovi, en réclamant un droit de propriété, n'étaient que des usurpateurs face au domaine du conquérant. Crespin, en défense, bâtit une plaidoirie qui fit date. Il commença par rappeler que la décision de 1903 était définitive et ne pouvait être balayée d'un trait d'arrêté. *« La justice a parlé au nom du peuple français, et l'administration n'a pas qualité pour la faire taire »*, lança-t-il, dénonçant une atteinte grave au principe de séparation des pouvoirs.

Puis il attaqua le cœur de la thèse coloniale : l'idée que le Dahomey n'aurait pas connu la propriété privée. S'appuyant sur des témoignages anciens, mais aussi sur l'ouvrage de Brunet et Giethlen, *Dahomey et Dépendances* (1900), il démontra que le régime foncier précolonial distinguait bel et bien des possessions lignagères et familiales. *« Les Adjovi ne prétendent pas au titre écrit,* ajouta-t-il, *mais ils offrent ce que le Code civil lui-même reconnaît : la preuve de la possession paisible et continue. »* Son argument prit une dimension politique lorsqu'il cita la proclamation du général Dodds qui conquit le Royaume du Dahomey au nom de la République française : *« Ceux de vous qui viendront à moi seront protégés dans leurs familles et dans leurs biens ».* Et Crespin d'ajouter : *« Si l'on conteste aujourd'hui aux Adjovi le droit de propriété, alors cette promesse n'était qu'un parjure. »*

Le tribunal suivit la défense. Dans son jugement du 24 juillet 1908, il proclama que la propriété privée existait au Dahomey avant la conquête, qu'elle pouvait être prouvée par témoignages et possession, et que seules les terres réellement vacantes faisaient retour au domaine.

L'État fut condamné à une amende et à 2 000 francs de dommages-intérêts envers Adjovi. Cette victoire, retentissante, provoqua la fureur de l'administration. Les administrateurs flétrirent le juge Chêne et dénoncèrent Crespin comme un « agitateur ». Liotard multiplia les vexations contre Adjovi, allant jusqu'à le faire arrêter pour « tenue malhonnête » dans une audience coutumière. De son côté, l'État interjeta appel. L'un de ses recours fut rejeté en 1910 pour irrecevabilité ; l'autre, introduit en 1908, n'était toujours pas jugé en 1913, lorsque la mort d'Akanwanou Adjovi mit un terme à la première phase du conflit.

Mais déjà, l'essentiel était acquis : pour la première fois, un tribunal colonial avait reconnu qu'un Africain pouvait, en son nom propre, se prévaloir d'un droit de propriété transmissible et opposable à l'État. Cette brèche, ouverte par la ténacité d'Adjovi et la voix de Crespin, marquait un tournant silencieux dans l'histoire du droit au Dahomey.

2. Le procès Combe : quand la défense fissure l'arbitraire colonial (1914-1919)

L'année 1914 avait ouvert une séquence brutale pour les habitants du Dahomey. Tandis que l'Europe s'embrasait dans la guerre, la colonie devenait une arrière-cour de réquisitions, de prélèvements fiscaux et de recrutements forcés. Dans le cercle d'Allada, les pratiques du commandant de cercle Léonce Combe atteignirent une intensité telle qu'elles éveillèrent l'attention jusque dans les couloirs de Dakar et de Paris. Combe, jeune administrateur envoyé dans ce territoire réputé rétif, se forgea rapidement la réputation d'un homme violent. Les témoignages accumulés à son sujet évoquent des scènes d'une crudité glaçante : chefs ligotés aux poteaux du marché, soumis à la chicotte sous les yeux de leurs administrés ; cases incendiées pour contraindre au paiement de l'impôt ; notables traînés de force à la résidence pour « insoumission » ou « mauvais esprit ». L'interprète Boris, son principal auxiliaire, relayait la fureur du commandant et s'enorgueillissait d'exécuter les bastonnades avec un zèle qui ajoutait à la terreur. Ces excès ne restèrent pas confinés aux rumeurs de brousse. Les notables d'Allada, héritiers d'une longue tradition politique, consignèrent les abus dans des cahiers méticuleusement tenus. Des figures comme Louis Hunkanrin et Joseph Tovalou Quenum encouragèrent la mise en forme de plaintes écrites. Les premières lettres adressées au gouverneur général Roume et à la Ligue des droits de l'homme en métropole reprenaient un vocabulaire précis : « arrestations arbitraires », « travaux forcés », « perte de récoltes ». Pour la première fois, les abus de l'administration locale se voyaient décrits dans les termes mêmes du droit.

C'est dans ce travail de formalisation qu'apparaît l'ombre de Germain Crespin. Depuis sa démission de la magistrature en 1905, il avait choisi la robe d'avocat. Son nom circulait encore dans les cercles africains comme celui de l'homme qui avait osé, dix ans plus tôt, défier l'administration au procès Adjovi. À Allada, Crespin conseilla discrètement les plaignants : il relut les requêtes, corrigea les formulations, insista pour que les faits soient rapportés avec précision, sans colère mais avec la rigueur d'une preuve judiciaire. L'effet fut immédiat. En 1917, l'administration, sous la pression des dénonciations répétées et de la rumeur publique, ordonna une inspection. Les administrateurs Kair et Bourgine débarquèrent à Allada. Ils recueillirent des dizaines de témoignages. Des cultivateurs montrèrent leurs cicatrices, les épaules barrées de stries violacées ; des femmes racontèrent la fuite de leurs maris, réfugiés dans les forêts pour échapper aux réquisitions. Le rapport, sobre mais implacable, conclut que *« les excès de l'administrateur Combe dépassent la mesure tolérable et compromettent l'autorité morale de la France dans la colonie ».*

La nouvelle se répandit comme une traînée de poudre. Quand le procès s'ouvrit en 1919 à Cotonou, la salle fut comble. Les notables d'Allada avaient envoyé une délégation impressionnante. Derrière eux, des commerçants de Porto-Novo, des interprètes, des lettrés, et une foule anonyme venue voir si, pour une fois, le Blanc serait jugé. L'atmosphère était électrique.

À la barre, les témoins se succédèrent. Un vieil homme, la voix tremblante, raconta comment il avait été battu jusqu'à l'évanouissement pour un retard d'impôt de deux francs. Une femme montra sa case brûlée, réduite en cendres après qu'elle eut refusé de livrer son fils au recrutement. Un chef de village témoigna avoir été attaché à un poteau « comme un malfaiteur », devant toute sa communauté. Le greffier notait, la plume hésitante, tandis que le murmure du public gonflait après chaque déposition. La stratégie de la défense, inspirée par Crespin, fut claire : il fallait montrer que les brutalités de Combe ne relevaient pas de simples « excès personnels », mais violaient l'esprit même du droit colonial français. On rappela la proclamation du général Dodds, en 1892, qui promettait la protection des familles et des biens des Dahoméens placés sous la tutelle française. On cita la jurisprudence de Porto-Novo et de Cotonou, qui avait déjà admis l'existence de droits privés des indigènes sur leurs terres et leurs personnes. Et l'on souligna que l'autorité coloniale, si elle voulait conserver une légitimité, devait se soumettre au principe de légalité.

Combe, quant à lui, se défendit en invoquant l'« état de guerre » et la nécessité de discipline. « Sans rigueur, affirma-t-il, le cercle serait ingouvernable. » Mais ses mots sonnaient creux face aux cicatrices vivantes qui défilaient devant le tribunal. Même les magistrats, pourtant liés à l'ordre colonial, semblaient embarrassés. Le verdict tomba comme une gifle partagée : dix-huit mois de prison avec sursis.

Une condamnation, certes, mais vidée de toute peine réelle. Pour l'administration, il fallait « sauver la face » : reconnaître publiquement l'abus, tout en protégeant l'un des siens.

Pour les notables, ce fut malgré tout une victoire : pour la première fois, un commandant de cercle français avait été déclaré coupable de violences arbitraires. Dans les années suivantes, l'« affaire Combe » circula comme un récit de résistance. Les journaux africains s'en emparèrent, les lettrés la citèrent dans leurs pétitions, et les chefs de famille y virent la preuve que la chicotte pouvait, parfois, être renvoyée à l'expéditeur. Crespin, resté dans l'ombre, avait encore une fois rappelé que la défense, même fragile et partielle, pouvait fissurer l'édifice colonial.

3. L'affaire Pierre Johnson

Pierre Johnson naît en 1881 à Agoué, sur la côte du golfe de Guinée, dans ce qui s'appelle alors le Dahomey, colonie française intégrée à l'Afrique-Occidentale française (AOF). Négociant prospère et propriétaire foncier, il appartient à l'élite noire instruite que l'administration appelle volontiers les « évolués ». À Cotonou, port principal, il siège au conseil d'administration de la colonie (un organe consultatif dominé par des Européens), préside la Chambre de commerce et soutient financièrement *La Voix du Dahomey*, journal local très lu. Cette visibilité lui vaut une surveillance de police. En 1931, un rapport officiel le taxe d'« individu louche et dangereux » et suggère de modifier les textes pour écarter des fonctions publiques toute personne au casier judiciaire entaché. Le signal est clair : Johnson est dans le collimateur.

Le contexte social est tendu. La fiscalité coloniale repose, entre autres, sur la capitation, un impôt individuel payé en espèces par chaque adulte.

Dans les zones rurales, sa perception s'accompagne d'abus : ventes forcées d'animaux, saisies de palmeraies, mariages imposés pour solder des arriérés. En 1932, dans le cercle du Mono, au sud-ouest du pays, des femmes se mobilisent contre ces pratiques. Le « cercle » est l'échelon territorial dirigé par un commandant de cercle, fonctionnaire français coiffant des chefs de canton nommés ou confirmés par l'administration. Des correspondances officielles font état d'au moins cent soixante-cinq plaintes. Une inspection venue en 1932 recommande de déplacer ou de révoquer certains chefs. Mais l'administration locale privilégie une lecture politique : si les femmes bougent, c'est qu'un notable les manipule. Le nom de Johnson s'impose comme explication commode.

En 1934, survient ce que les acteurs appellent l'« affaire des 14 000 francs ». La Voix du Dahomey publie une courte mention demandant si une enquête a été ouverte sur une somme de quatorze mille francs qu'un chef de canton, Djibodé Aplogan, aurait versée au commandant de cercle d'Allada, un Européen nommé Mary, « pour le museler ». Pour un lecteur d'aujourd'hui, c'est l'insinuation d'un pot-de-vin : un chef coutumier achèterait la bienveillance d'un haut fonctionnaire. La réaction administrative est immédiate : perquisitions au journal et chez ses administrateurs, saisies de documents, poursuites mixtes de droit de la presse et de droit commun. Parce qu'il est administrateur et bailleur du journal, Johnson se trouve juridiquement exposé dans ce deuxième dossier, qui sera jugé à Cotonou par la « justice française » de droit commun, plus protectrice que les juridictions dites « indigènes ».C'est toutefois à Athiémé, petite ville du Mono, que se joue l'essentiel pour lui. Le 2 janvier 1936, s'ouvre le procès de Johnson devant le tribunal criminel indigène. Dans l'architecture coloniale, la « justice indigène » est un ordre juridictionnel inférieur, réservé aux « sujets » et appliquant un mélange de droit écrit et de coutumes sous la tutelle de l'administration ; les garanties y sont réduites, l'interprétariat y est décisif, et le contradictoire, sommaire. L'acte d'accusation campe Johnson en « gouverneur noir » qui se serait imposé à des « paysans simples et crédules ». Les griefs retenus sont ceux qu'autorise la grammaire de l'ordre public colonial : provocation à la désobéissance fiscale des femmes en 1932, organisation d'attroupements, entrave à des mesures d'administration (notamment le déplacement du marché de Foncomé et la perception de l'impôt), et complicité morale dans des violences qualifiées de tentative de meurtre contre le chef de canton Sogbossi. Deux femmes, Kaï, cultivatrice, et Aledjessi, féticheuse, sont poursuivies pour l'avoir aidé.

L'instruction et l'audience suivent une logique à sens unique. Défilent d'abord, comme témoins à charge, les mêmes chefs que l'inspection de 1932 avait pointés pour abus ; ils invoquent des « renseignements certains ». Puis plus de deux cents femmes, cultivatrices et marchandes, répètent une version quasi identique impliquant Johnson. Quand des contradictions surgissent sur le montant des cotisations supposément levées ou sur la présence de l'accusé au marché, la présidence les minore en rappelant qu'« il y a quatre ans que les faits se sont passés » et en évoquant la difficulté, pour des « femmes venues de la brousse », à se souvenir de détails. Deux dépositions déplacent pourtant le regard. Kouadé, d'abord, et Kaï, surtout, expliquent que la rumeur d'une exemption d'impôt pour les femmes a circulé depuis la côte, attribuée au « bon dieu » ou à « Mahou », sans lien avec Johnson. Kaï raconte aussi la brutalité vécue à la résidence d'Athiémé, lorsque, sur ordre de chefs, l'interprète a fait lever des bâtons sur les manifestantes ; c'est cette violence, dit-elle, qui a déclenché une collecte pour aller porter la requête au gouverneur à Porto-Novo et conduit à désigner des cheffesses dans les villages. Ces voix n'infléchissent pas la trajectoire du procès. Sur le terrain des garanties procédurales, tout se passe comme si le sort de l'accusé est scelé. L'interprète Zitti, en conflit ouvert avec Johnson, n'est pas récusé. Des témoins à décharge sont refusés ou entendus chichement ; la convocation du gouverneur Blacher est écartée. Quand Johnson et certains soutiens contestent les traductions et refusent de s'exprimer en français ou en fon, les minutes consignent une « attitude insolente ». Un seul défenseur, un Européen nommé Caniquet, est commis d'office cinq jours avant l'ouverture pour défendre à la fois Johnson et Aledjessi, pourtant citée à charge contre lui ; il proteste de l'impossibilité matérielle de préparer utilement la cause, mais le président répond qu'il applique les règlements. La plume du jugement trahit la pente accusatoire lorsqu'un chef s'ouvre par : « Ce n'était pas encore assez. Pierre Johnson s'acharnait à l'élimination de Sogbossi. » Après douze jours d'audience (durée exceptionnellement longue pour cette juridiction) la sentence tombe, le 16 janvier 1936 : dix ans d'emprisonnement et dix ans d'interdiction de séjour, fondés sur un faisceau de présomptions et la masse des témoignages stéréotypés. Kaï et Aledjessi sont acquittées au motif qu'elles auraient agi « en état d'irresponsabilité presque complète, sous l'empire de la crainte ». Johnson est transféré au pénitencier de Fotoba, dans l'archipel des Îles de Loos, au large de la Guinée, l'un des lieux de détention de l'AOF.

Pendant ce temps, à Cotonou, le dossier de presse né des « 14 000 francs » suit son cours devant la justice française. Ici, les débats sont publics, les scellés discutés, les traductions vérifiées, la contradiction réelle. Lorsque le procureur Piétri s'oppose à l'adjonction d'une pièce en soutenant que « la justice a déjà statué » à Athiémé, Me Crespin répond qu'on juge sur un dossier judiciaire et non sur un dossier administratif et rappelle que la décision d'une juridiction indigène n'épuise pas le contentieux. Ce changement de forum ne réécrit pas Athiémé, mais rétablit les conditions minimales d'un examen contradictoire et donne de l'écho aux soutiens qui se manifestent alors. À partir de 1937, l'affaire sort des seuls prétoires. Des intellectuels dahoméens, comme Jean Adjovi, interviennent. À Paris, le député de Guadeloupe Maurice Satineau s'en empare. Le 25 juin 1938, La Dépêche coloniale parle d'une « petite affaire Dreyfus au Dahomey », image destinée à frapper une opinion métropolitaine familière du précédent français. Ces relais ont un effet politique. En 1938, un décret présidentiel accorde la remise de la moitié de la peine de Johnson. Le 16 mars 1939, un arrêté du gouverneur général de l'AOF lui octroie la libération conditionnelle. Il sort sans révision formelle de sa condamnation, mais soulagé par des mesures de grâce et d'aménagement.

4. Le procès de La Voix du Dahomey

En août 1927, dans une colonie encore secouée par les émeutes de Porto-Novo et la dissolution brutale du *Guide du Dahomey*, naît un journal : *La Voix du Dahomey*. Dorothée Lima, José Firmin Santos, Georges Tovalou Quenum, Macaire d'Almeida et quelques autres jeunes évolués annoncent la couleur : créer un organe qui, tout en respectant l'Autorité, dénoncerait les abus du système colonial. L'éditorial inaugural du 15 août 1927 promet *« d'éclairer le peuple, de l'éduquer civiquement, et de rappeler à nos dirigeants les principes de justice et d'équité ».*

Le succès est immédiat parce que le journal met les mots sur les plaies. À propos de la capitation, on lit dès 1928 : *« Ce cauchemar pèse sur nos têtes, il arrache des enfants à leurs familles, des terres à leurs propriétaires, et contraint nos frères à l'exil. »* Puis vient l'exode vers le Nigeria et la Gold Coast, « seule échappatoire pour nos paysans pressurés ». Sur les traitements, la formule claque : « Trente-neuf Européens perçoivent ensemble cent vingt-trois mille francs par mois. Mille soixante-et-onze indigènes n'en reçoivent pas deux cent mille. Voilà l'injustice. »

Le point sensible est la justice indigène. Le journal la nomme sans détour : *« Plaie hideuse, instrument de chicotte et d'humiliation, ce tribunal coutumier n'est qu'un théâtre où se joue la comédie du droit. »* Et encore : *« La justice coutumière est une caricature de justice. Elle ne protège pas, elle opprime. Elle est un fouet, une chicotte, un théâtre où les humbles jouent malgré eux le rôle de coupables. »* En 1930, le diagnostic se fait systémique : *« Qu'est-ce que cette justice indigène ? C'est l'humiliation organisée. Le juge n'est pas le garant de la loi, il est l'instrument de l'administrateur. Le verdict n'est pas un jugement, c'est un ordre. »* Les colonnes accumulent des cas précis : *« Nous voyons des hommes fouettés pour un retard d'impôt, des familles ruinées parce qu'un chef a voulu complaire à son commandant. Et l'on ose appeler cela justice ! »*

La stratégie du journal est claire : opposer au « régime de la chicotte » une idée moderne de la loi, et rappeler, à la lumière du sang versé, la promesse d'égalité. *« Nous ne sommes pas des sujets, mais des citoyens. Le sang versé en 1914-1918 a payé notre droit à la justice. Or, que voyons-nous ? Une justice à deux vitesses : l'une pour l'Européen, l'autre pour l'indigène. Cette inégalité est une tache sur le drapeau tricolore. »*

L'administration comprend que La Voix frappe au cœur, car la justice indigène est un relais essentiel de sa domination. Un gouverneur note en 1933 que « ce journal se permet trop souvent d'attaquer nos institutions judiciaires, ce qui est de nature à envenimer les rapports entre Européens et indigènes ».

L'étincelle judiciaire part d'un bref entrefilet publié à l'été 1934. Le journal demande s'il est vrai qu'« une somme de quatorze mille francs aurait été mise à la disposition d'un haut fonctionnaire par quelques chefs de canton et par l'intermédiaire de leur commandant de cercle », et « pour quel usage ». À Porto-Novo et Cotonou, l'effet est celui d'une gifle. Le 22 août 1934, le secrétaire général Desanti adresse au procureur une plainte formelle au titre du décret du 27 mars 1928 (modifiant celui du 4 août 1921 sur la presse en A.O.F.). Le 11 septembre 1934, un plan minuté réunit autour du procureur le juge d'instruction, l'administrateur d'Allada et le chef de la Sûreté, Henri Dubois. Huit perquisitions, « à onze heures et quart » précises, sont exécutées le même jour : chez Joseph Santos (par le juge d'instruction), au siège du journal (par Dubois en personne), au domicile de Dorothée Lima à Allada (par l'administrateur de Gentille), à sa résidence de Zinvié (par l'administrateur Claverie), chez Macaire d'Almeida (par l'adjoint au commandant de cercle de Cotonou), chez François Olympio à Cotonou (par le commissaire Hylari), chez Georges Tovalou Quenum (par le commissaire Géraux) et chez Joseph Nobimè (par l'administrateur Gayon). Au siège du journal, la Sûreté saisit « près de cinquante kilos » de documents, répartis sous trois scellés, déposés au cabinet du juge puis remis à Dubois pour exploitation. L'instruction s'ouvre en septembre 1934 et s'étire sur seize mois. Les premières conclusions du 8 novembre 1934 étonnent par leur mesure : « Nous avons examiné attentivement un certain nombre de numéros de *La Voix du Dahomey* et plus spécialement ceux de l'année 1934. Nous n'y avons trouvé jusqu'au mois de septembre aucun numéro de nature à porter atteinte au respect dû à l'autorité française, exception faite des entrefilets qui ont motivé l'information en cours. » Mais le parquet réclame un examen plus large, en particulier des années 1933-1934. Le 9 février 1935, une nouvelle ordonnance élargit l'inculpation à Santos, Lima, Jean Adjovi, Pierre Mensah, Georges Tovalou Quenum, Joseph Nobimè, Fernando d'Almeida et d'autres ; le 11 février, s'ajoute la « constitution illégale d'association ».

Le journal répond par la plume et fait de sa défense une campagne publique: « Arrestations tyranniques », « Aux héros de la prison », « La Voix du Dahomey persécutée. Vengeance pour le passé ? ou sécurité pour l'avenir », « Les dessous de la persécution de La Voix du Dahomey », « La Voix du Dahomey doit disparaître, tel est le pivot de sa persécution ».

L'atmosphère s'électrise. Le 29 janvier 1936, l'audience s'ouvre au tribunal de première instance de Cotonou, sous la présidence de Mathieu Mattei. Magistrat de quarante et un ans, médaillé de la Grande Guerre, passé par Marseille puis Fort-de-France, le Sénégal et Chandernagor, Mattei a la réputation d'un professionnel « passionné » et « indépendant », aux idées progressistes, ce qui lui vaudra plus tard des déboires sous Vichy. Pour l'heure, il tient à rester extérieur aux pressions. Face à lui, le procureur Piétri ; à la défense, deux robes : Me Germain Crespin, qui conseille aussi le journal, et Me Bourjac.

Trente-cinq prévenus se présentent à la barre pour recel de documents officiels, atteinte au respect dû à l'autorité et association illégale. L'atmosphère est électrique. Santos lance d'une voix ferme : « Nous n'avons fait que dénoncer des abus et rappeler à l'administration ses devoirs. Si cela est un crime, alors la vérité est un crime. » La salle frémit, le procureur se crispe.

Dès les premières séances, Mattei lit à haute voix les rapports de police. Les prévenus et leurs avocats contestent minutieusement. Dominique Titus rectifie : « Le rapport est faux : je n'ai jamais été l'élève du père Aupiais, je ne suis qu'un ami d'école de M. Hunkanrin. » Bourjac lâche : « Les renseignements de la police sont toujours approximatifs. » Crespin, à propos d'un dossier sur Johnson, assène que le rapport « est tellement inexact qu'il constitue un feuilleton de roman », déclenchant des rires. Le président lui-même ironise, après un rapport présentant Ambroise Dossou Yovo comme un « bon enfant » : « Nous considérons tout cela comme une distribution de prime. » Ce que révèlent ces lectures, c'est une typologie policière où l'on distingue surtout « les bons collaborateurs » des « mauvais critiques ». Vient le temps des pièces. On découvre que les « cinquante kilos » saisis ont été manipulés : scellés ouverts, paquetages en vrac dans une malle, mélanges de brouillons et d'originaux, « qui semblent ne pas avoir été toujours faits suivant les formes en usage et avec le souci d'assurer aux inculpés les garanties indispensables ». Le volumineux rapport secret du directeur adjoint de la police, Dubois, est étrillé : il déborde largement l'affaire et prête des intentions politiques à tout ce qui touche les évolués, la presse, le Togo voisin, jusqu'au spectre d'une « propagande communiste ». En audience, certaines pages sont démenties ou qualifiées de « fantaisistes ».

Plus tard, le jugement ira très loin : *« On ne saurait s'arrêter aux affirmations touchant l'association "comité de La Voix du Dahomey" contenues dans le rapport du directeur adjoint de police Dubois, rapport qui, dépourvu d'objectivité, s'apparente davantage à la plus mauvaise littérature policière qu'à un exposé sérieux dont un tribunal puisse tenir compte, et qui est en lui-même un véritable danger, puisqu'il est la cause primordiale de l'ampleur atteinte par la présente affaire. »*

Pendant ce temps, l'administration ne désarme pas. Le service des Renseignements, dirigé par Léo Antoine, tente de retourner certains acteurs du journal, instrumentalisant les rivalités d'anciens compagnons. On exploite la situation singulière de Louis Hunkanrin, interné dix ans en Mauritanie et revenu en 1933 avec un emploi d'étude des coutumes : on espère qu'il « ne sera pas contre nous ». À l'audience, les prévenus rapportent qu'on leur a fait dire, par l'entremise de Hunkanrin, que les charges seraient allégées si l'on parvenait à faire inculper Crespin lui-même comme inspirateur de la campagne « anti-française ». La manœuvre échoue.

Au cœur du procès, un nœud de droit : l'infraction d'« atteinte au respect dû à l'autorité française ». Le parquet s'appuie notamment sur l'entrefilet de 1934, qu'il accuse de « semer le doute dans l'esprit des populations sur l'autorité de la France ». Crespin réplique : *« Ce n'est pas un crime que d'écrire la vérité. Ce n'est pas une atteinte au respect dû à l'autorité que de critiquer des abus manifestes. Ce qui est visé ici, ce n'est pas le respect de l'autorité, mais l'étouffement de la voix d'un peuple qui veut être entendu. »*

La salle applaudit, les gendarmes font taire. Dans une plaidoirie de près de quatre heures, il replace le Dahomey dans les promesses mêmes de la France : *« La République a promis la protection des familles et des biens. Elle a promis la liberté et la dignité. Ici, au Dahomey, nous voyons l'inverse : des hommes traînés devant les tribunaux pour avoir écrit. L'histoire jugera sévèrement ce reniement. »* Sur la « constitution d'association illégale », Bourjac démonte patiemment le dossier : il n'y a ni statuts, ni cotisations régulières, ni bureau formé. *« Il est difficile de voir une société secrète dans quelques amis réunis autour d'un journal. »* Puis il résume en une formule qui fait mouche : *« Dix-huit mois de tripotages et de manipulations pour construire une montagne dans laquelle on ne trouve qu'un embryon de larves. »*

Quarante-trois audiences se succèdent de janvier à juin. Au fil des séances, les titres de *La Voix* servent d'échos à la salle : « La Voix du Dahomey persécutée », « Vengeance pour le passé ? ou sécurité pour l'avenir », tandis que l'administration suit l'affaire de près. On lit, côté gouvernement : *« L'influence de ce journal, qui tend à envenimer les rapports entre Européens et indigènes, ne doit pas être sous-estimée. La répression doit être exemplaire.»* Mais la rue se reconnaît dans les prévenus. De petites affiches manuscrites circulent : *« Touchez à Santos, touchez à nous tous. »* Le 5 juin 1936, le tribunal rend sa décision. Les inculpés sont relaxés du chef principal d'atteinte au respect dû à l'autorité ; il reste quelques peines légères pour des documents jugés « irréguliers » ou des réunions non autorisées, déjà couvertes par la préventive. Les attendus prennent une portée qui dépasse l'affaire : l'incrimination d'« atteinte » est jugée « des plus indéterminées », un outil réglementaire abandonné à l'administration, « arme dangereuse » qui a « trop tendance à s'ingérer dans la matière judiciaire ». Quant au rapport du directeur adjoint de police Dubois, le jugement le tient, on l'a vu, pour de la « mauvaise littérature policière ».

À la sortie, la foule acclame les prévenus, les porte presque en triomphe dans Cotonou. Un contemporain résume l'instant : *« Jamais, depuis la conquête, on n'avait vu pareil enthousiasme populaire pour des accusés. Le peuple avait compris que c'était sa voix que l'on avait voulu bâillonner. »*

Ce procès aura jugé bien plus que des journalistes. Il aura mis en cause la police des idées, testé la solidité des scellés et des formes, offert à la défense un théâtre public où démonter les approximations et rappeler que la critique n'est pas l'insulte. Surtout, il aura opposé à la justice indigène à la procédure française, avec ses lenteurs et ses garanties, et rappelé, par la voix des avocats, qu'on ne gouverne durablement ni contre les faits, ni contre le droit, ni contre la parole. Il faut rendre justice au juge d'instruction Billaud. Au cœur d'une instruction lourde de soupçons, ses premières conclusions du 8 novembre 1934 détonnent par leur exactitude méthodique : *« Nous avons examiné attentivement un certain nombre de numéros de La Voix du Dahomey [...] Nous n'y avons trouvé jusqu'au mois de septembre aucun numéro de nature à porter atteinte au respect dû à l'autorité française, exception faite des entrefilets qui ont motivé l'information en cours. »* Cette phrase, sèche et précise, rappelle qu'une instruction n'est pas l'antichambre d'une condamnation mais la vérification d'allégations. Qu'il ait, sur réquisition du parquet, élargi ensuite le périmètre et inculpé plus largement n'enlève rien à ce premier regard de probité : au milieu de la tourmente, il aura posé la pierre d'un doute raisonnable et fait respecter la hiérarchie des preuves.

Hommage, aussi, à la présidence de Mathieu Mattei. À l'audience ouverte le 29 janvier 1936, il fait vivre l'oralité du procès : lecture intégrale des rapports de police, confrontation des « appréciations » administratives avec les personnes, et ce coup d'œil qui dégonfle les postures. Après un rapport décrivant un prévenu comme un « bon enfant » aux « qualités rares », il lâche cette ironie qui vaut recadrage : *« nous considérons tout cela comme une distribution de prime »*. Surtout, il tient la forme là où elle protège le fond : scellés ouverts, pièces mélangées en vrac, « manipulations successives » tout est porté à la lumière. Sous sa présidence, le jugement du 5 juin 1936 dira l'essentiel : l'incrimination d'« atteinte au respect dû à l'autorité française » est « des plus indéterminées », et le volumineux rapport de Dubois *« s'apparente davantage à la plus mauvaise littérature policière qu'à un exposé sérieux dont un tribunal puisse tenir compte »*.

En rappelant que la règle prime sur la rumeur et que le dossier est fait de pièces et non d'épithètes, Mattei aura donné à la défense son théâtre, et à la justice coloniale un rare moment de vérité.

Au total, sans ces magistrats, l'un à l'instruction et l'autre au jugement, la cause aurait pu se dissoudre dans le vacarme des soupçons. Le premier aura fixé la barre de la preuve ; le second, en audience publique, aura fait respecter la grammaire du procès. Entre eux, la défense a trouvé de quoi tenir sa place, et le pays, matière à croire encore que le droit pouvait, parfois, tenir tête à l'arbitraire.

CHAPITRE 4

LES PIONNIERS DAHOMEENS

Ils sont quatre, nés au tournant des XIXe et XXe siècles, et leur destin ouvre la voie à la profession d'avocat dans l'espace dahoméen : Ouanilo Béhanzin, fils du futur roi Béhanzin et premier Africain noir inscrit au barreau de Paris; Kojo Tovalou Houénou, lettré cosmopolite, orateur infatigable et fondateur du journal *Les Continents* ; Louis Ignacio-Pinto, juriste méticuleux, avocat-défenseur en Guinée et au Dahomey, futur ministre et juge à la Cour internationale de Justice ; et enfin Léon-Louis Boissier-Palun, Dahoméen devenu avocat-défenseur à Dakar, figure des grands procès politiques de l'après-guerre, et acteur politique et diplomatique de premier plan. Leur parcours n'est pas uniforme : l'un vient d'un palais royal, un autre d'une famille alliée aux vainqueurs, un troisième d'une bourgeoisie afro-brésilienne commerçante, le dernier d'un métissage franco-dahoméen. Mais tous empruntent la même voie : celle des études supérieures en France, de la découverte des usages du barreau et, pour ceux qui reviennent en Afrique, de la confrontation avec les limites imposées par le système colonial.

Ils exercent, pour la plupart, sous le statut contraignant d'« avocat-défenseur », création des textes coloniaux qui les placent sous la surveillance du parquet et restreignent leur liberté de plaider. Exception notable : Maître Ouanilo Béhanzin, qui n'exerça ni en colonie, ni au

Dahomey et dont la carrière au barreau fut brève, avant son passage au contentieux ferroviaire.

Par leur présence, la profession d'avocat prend au Dahomey un visage dahoméen, sans ignorer qu'ailleurs en A.O.F., d'autres visages africains, notamment sénégalais, s'étaient déjà imposés et, au-delà de la pratique, un sens : ils ont ouvert la brèche qui permettra, dans les décennies suivantes, l'émergence d'un véritable Barreau béninois.

1. Maître Ouanilo Béhanzin

Par où commence une vie quand elle porte, dès le berceau, un nom-programme ? En fon, « Ouanilo » est une exhortation : *Que tout acte posé entre dans l'histoire*. Le 15 décembre 1885, au palais de Gbèkon-Houègbo, l'enfant qui reçoit ce prénom ne sait rien des responsabilités qui l'attendent. Son grand-père, le roi Glèlè, réputé proche des Européens, règne encore (il décèdera en 1889), et son père, alors nommé Kondo, n'est pas encore Béhanzin.

Novembre 1892 : les colonnes françaises entrent à Abomey. Le palais bruît, les autels sont couverts, on cache ce qu'on peut sauver. Béhanzin refuse la reddition immédiate et prend le maquis. Le roi n'emmène pas tous ses fils ; il emmène Ouanilo, sept ans, comme on prend avec soi un talisman ou un témoin. Pendant deux ans, l'enfant apprend à silence ouvert ce que c'est que tenir : marcher de nuit, écouter parler les lieutenants, retenir des noms de villages comme on mémorise des prières. Le 25 janvier 1894, face au général Dodds, Béhanzin se rend pour épargner des vies. La guerre s'achève, l'exil commence.

La Martinique est d'abord une odeur : sel et tamarin. Fort Tartenson, puis les « Bosquets » sur les hauteurs de Fort-de-France. On met le prince à l'école des Frères de Ploërmel, puis au lycée Schoelcher. Il s'assied au premier rang, apprend vite, écrit mieux.

Déjà, les journaux s'en émeuvent : *« Un petit prodige noir fait pour l'instant l'admiration de nos colons de la Martinique. (...) Premier prix d'excellence, de langue française, de langue anglaise, de récitation, de géographie ; deuxième prix de lecture, de calcul, d'écriture, de dessin ; premier accessit d'histoire, d'éléments de sciences, de gymnastique. (...) Bravo ! jeune nègre ; continuez ! »* (*L'Écho de Paris*, août 1896).

Le contraste frappe d'autant plus qu'en Europe, on continue de présenter son père comme le symbole même de la barbarie. Mais la presse parisienne retourne le stigmate : *« Il s'appelle Ouanilo et il est le propre fils de Béhanzin, l'ex-roi du Dahomey, de ce Béhanzin qui passe en Europe pour le type achevé de la barbarie africaine. (...) Deux ans ont suffi à la progéniture de cette "bête de proie" pour surpasser, dans l'ordre intellectuel, les fils des plus orgueilleux colons. »* (*L'Écho de Paris*, 1896). La comparaison n'est pas neuve : un siècle plus tôt déjà, des observateurs européens, surpris par l'élévation intellectuelle des anciens esclaves de Saint-Domingue, avaient formulé cette constatation.

Le général Pamphile de Lacroix écrivait :*« Sous le rapport de la dignité et de la fermeté dans l'emploi du commandement, ils se montrent en général supérieurs au commun des hommes de l'Europe. »* (Mémoires, 1819).

Et au commissaire civil Roume d'ajouter :*« Il serait impossible de trouver, parmi les blancs, des généraux qui commandassent avec plus de sang-froid, de fermeté, d'honnêteté et d'impartialité que ne le font les chefs noirs et jaunes de Saint-Domingue. »*

Un siècle plus tard, la trajectoire de Ouanilo confirme cette ligne : pourvu que l'administration coloniale lui ouvre des portes, il deviendrait *« un citoyen éminent qui fera honneur à la France et réhabilitera le nom de son père »* (*L'Écho de Paris*, ibid.). Dans la maison, c'est lui, très tôt, le secrétaire de son père : il dresse des requêtes, copie des lettres aux autorités, polit les phrases comme on polit un cuivre. À mesure que l'encre sèche, il comprend que le papier, parfois, pèse plus qu'une lance. En 1906, Paris autorise un « rapprochement»: non le retour, mais le transfert en Algérie. L'Afrique, mais pas la sienne. Quelques mois plus tard, à Blida, Béhanzin meurt au petit matin. On referme la chambre. La cour est renvoyée au Dahomey. Ouanilo, lui, demeure : le deuil dans le cœur et un baccalauréat à prendre.

Alger lui offre des livres, le silence d'une bibliothèque, la clarté sèche des matins d'hiver. Il rêve un moment d'entrer à Saint-Cyr ; on lui fait comprendre que l'uniforme, sur lui, inquiéterait. Il choisit alors le droit : à Bordeaux, à partir de 1909, il apprend les codes, la mécanique des actes, la grammaire des audiences. Juillet 1912, licence obtenue.

La guerre, l'année suivante, le rattrape. Il s'engage. Comme beaucoup d'Africains de son siècle, il « paie son droit à la France » en uniforme, et obtient la nationalité. Il a vu assez de boue pour ne pas confondre la bravoure avec le bruit. Un matin de 1915, Paris a cette lumière grise qui polit les pierres de l'Île de la Cité. Dans les couloirs du Palais, on marche bas. On n'entend d'abord que le froissement d'un tissu neuf : une robe d'avocat, encore raide d'amidon, qu'il ajuste sur des épaules longtemps occupées à d'autres charges. Ouanilo attend son tour, carnet plié dans la main. On prête serment ; on n'endosse pas seulement un métier, on entre dans une langue et dans une tenue.

Un huissier prononce les noms. Les regards, d'abord, glissent sur lui comme sur un détail déplacé, puis s'arrêtent. Peu de visages, ici, ont jamais vu un Noir sous la robe. L'instant ne le grise pas ; il l'ordonne. Il pense aux lettres des Bosquets, au trône fabriqué en exil, à la recommandation du père : prendre le savoir sans s'y perdre. Il relève la tête, répond d'une voix claire. Dans cette salle où l'écho est bref, le fils d'Abomey, le bachelier d'Alger, le licencié de Bordeaux deviennent une seule personne publique : Maître Ouanilo Béhanzin, tenu et promis pour l'Africain noir inscrit au barreau de Paris. La robe pèse, mais elle tient. La suite est moins théâtrale : on apprend une salle d'audience, des couloirs, des usages. On essuie des rires trop appuyés, des regards trop longs. Il regagne Bordeaux et choisit, sans renier, une autre manière d'exercer : chef du contentieux d'une compagnie ferroviaire. On pourrait croire la scène mineure ; elle ne l'est pas. Le contentieux oblige à lire les faits de près, à fabriquer des solutions, à convaincre sans galerie. C'est une discipline qui lui convient : la victoire par la pièce plutôt que par la posture.

Il ne fit jamais carrière au Dahomey, ni d'ailleurs dans une colonie : il ne revint qu'à l'occasion des funérailles de Béhanzin, dont il organisa le retour. En 1928, par ses démarches et celles de son frère Awagbè, la dépouille quitte enfin Alger. Le convoi touche Cotonou. Le pays reprend à voix basse ses grands gestes. À Djimè, les tambours appellent, les libations coulent. Des panthères sont brodées, des pagnes changent de mains, les chants réinventent l'ancienne exactitude. Ouanilo est là, au centre et à côté : au centre parce qu'il a voulu cette cérémonie ; à côté parce que l'exil a fait de lui un homme d'une autre tenue. On le regarde comme on jauge un revenant. Il comprend la gêne, il la partage : la France a fait de lui un professionnel de la forme ; le pays lui rappelle qu'il est aussi l'enfant d'un fleuve cérémoniel. Entre les deux, il tient — encore.

Les funérailles achevées, il reprend la route vers la Métropole avec Maria-Valentina. À Dakar, la pneumonie le saisit. Le 19 mai 1928, l'homme de deux mondes meurt à quarante-deux ans, sur un seuil, entre deux voyages. On l'enterre d'abord à Bel-Air, puis, en octobre, à Bordeaux, chez son épouse. L'histoire pourrait s'arrêter là, dans un caveau de pierre. Elle a un dernier mouvement : en 2006, grâce à la ténacité d'un parent lointain, la ville de Bordeaux rend le corps. Le prince retrouve la terre paternelle, côte à côte avec Béhanzin. Son prénom a tenu parole.

On a souvent besoin d'images pour comprendre une vie. Pour Ouanilo, il en est deux. La première est celle d'un enfant qui, au Fort Tartenson, copie au net les lettres d'un roi prisonnier. Sa main, alors, apprend que le monde se plie parfois à l'écriture ; que la justesse d'une phrase peut desserrer une porte, ou préparer un retour.

Cette habitude d'écrire avant de s'indigner ne le quittera pas. La seconde est celle du matin de 1915. Un homme noir prononce un serment dans la ville qui l'a conquis et qu'il refuse de laisser l'absorber. La robe n'est pas un costume ; c'est un verbe.

Il ne la gardera pas à Paris, mais elle ne le quittera jamais : c'est par elle, par ce qu'elle exige de tenue et d'exactitude, qu'il ramènera son père à Djimè. On voudrait, parfois, des héros sans hésitation, des résistances tonnantes, des destins sans ombre. Ouanilo n'est pas cela. Il a connu l'exil enfant, la mort d'un roi à l'étranger, la suspicion sur deux continents, les plafonds bas de la couleur et de l'époque. Il a traversé. Il n'a pas fait de la plaidoirie une scène ; il en a fait une méthode : réunir les pièces, rappeler les règles, convaincre l'institution qu'elle doit tenir ses promesses. C'est sobre, c'est lent, c'est efficace.

On l'a dit prince dépossédé ; il le fut. On l'a dit premier avocat noir du barreau de Paris; il le fut, à sa manière discrète, comme on pose une borne.

Le nom, enfin, referme le cercle. Ouanilo : que tout acte posé entre dans l'histoire. Sa lignée, elle, se poursuit au prétoire : le Barreau du Bénin compte aujourd'hui un héritier de sa lignée royale : Maître Filbert Béhanzin dont l'autre prénom Tohidè (l'ancêtre qui a exaucé les prières) ressemble à un hommage à l'illustre disparu.

2. Maître Kojo Tovalou Houénou

Son père, Joseph Tovalou Quenum — dit Afomagba-Gango —, était un notable d'ancienne manière et d'époque nouvelle, riche, chef d'une très large collectivité Houénou, chevalier de la Légion d'honneur, « le grand ami et le guide du général Dodds », comme l'écrira plus tard son fils. Un paradoxe vivant de la conquête : allié et interprète des vainqueurs, mais pris dans les grandes parentèles du Sud fon où les liens d'alliance traversaient camps et saisons.

Par la famille étendue, les Houénou touchaient à la lignée royale de Béhanzin ; au lycée Montaigne de Bordeaux, l'adolescent Kojo fréquentait ainsi « son cousin Ouanilo Béhanzin ». Dans la maison de Porto-Novo, le pouvoir ne se transmettait plus par les sabres mais par des lettres françaises impeccablement tracées. Le père, « bastion de la cause française au Dahomey », avait compris que la plume serait le sceptre des temps nouveaux. Il montrait fièrement les relevés de notes de son fils aux officiers de passage, payait sans broncher les pensions salées, et confia d'un même geste deux garçons Kojo et son aîné Augustin, aux Frères de Saint-Genès, à Bordeaux.

Avant cela, il y avait eu l'école des « Padri » à Porto-Novo, ce catéchisme serré à la grammaire, cette promesse qu'en apprenant la langue on apprendrait la place. Rose, la petite sœur, gardera l'image d'un enfant « d'une intelligence remarquable » et d'une « opiniâtreté peu courante ». Puis le bateau, la Gironde, la longue adolescence rue Saint-Genès : onze ans, rien que ça, à polir la langue, la tenue, les nerfs ; laboratoire et jardin botanique, bibliothèque et « académie » du dimanche où l'on se jugeait entre camarades. Le professeur star s'appelait Frère Lifard-Fortuné : une érudition calme, des citations qui tombaient comme des pièces de monnaie, Racine dans la bouche et les sciences naturelles en poche. Kojo, lui, avait des prix de maintien et de diction, une basse solide à la chorale, un piano droit pour la rigueur. L'été, on l'envoyait à Londres pour que l'anglais cesse d'être un exercice et devienne une oreille.

Il enregistrait tout « une cire vierge », dira plus tard une amie et cette mémoire allait se transformer, au barreau, en géométrie de la phrase.

À dix-huit ans, il a déjà sa première partie de bac ; l'année suivante, la philosophie. Il entame des études médicales à Bordeaux; 1907, baccalauréat en droit ; 1908, licence ; inscription au barreau de Bordeaux. Il pousse, par goût d'exactitude, jusqu'aux « physiques-chimies-naturelles », prend des leçons de latin, de grec, de sanskrit — on ne plaide pas sans racines.

Puis la guerre coupe le fil. Août 1914, il s'engage à Bordeaux comme médecin auxiliaire au 1er Génie. On le signale en Argonne, puis blessé, malade, réformé n° 1 avec pension. Plus tard, il résumera l'essentiel d'une phrase qu'on croirait écrite pour un dossier et non pour la postérité : « Spontanément, j'ai assuré le devoir de tout citoyen, et j'ai exposé ma vie comme tous les Français. » Cette ligne, posée avec sobriété, le libère : désormais, quand il parlera d'égalité civique, nul ne pourra lui opposer le soupçon de duplicité.

L'uniforme, pour lui, a été un argument.

Après la boue, Montparnasse. Il s'installe au 90, boulevard, rez-de-chaussée sur Notre-Dame-des-Champs ; le piano droit et les livres envahissent un appartement modeste ; sur un mur, Modigliani a laissé son portrait. On le voit, col cassé, chapeau melon, gants à l'anglaise, mince volume en main — « il attendait son tramway en lisant Euripide », se souviendra Gaston Monnerville. La galerie marchande du Palais devient sa cour intérieure. Il y tisse ses alliances : César Campinchi, les secrétaires de rédaction, les députés de passage ; il y glane aussi l'idée qu'un avocat d'outre-mer doit se doter d'un journal. Alors il fonde *Les Continents*, pour que la parole quitte l'audience et circule par milliers ; il y attaque l'indigénat, défend les lettrés africains, s'adosse à la Ligue des droits de l'homme, frappe à la porte des loges, entre en 1924 à la Société de géographie. Chaque adhésion est un outil ; chaque outil, une stratégie. Le monde noir frémit, à Paris, Londres, Harlem.

Kojo traverse l'Atlantique, et la prudence l'accompagne : « Dans ce pays de lynchage », dit-il sans emphase, « mon premier geste était une visite de déférence au consul français. Le mobile était intéressé, j'en conviens. » Il dépose une couronne à Chicago au pied de Lincoln avec le Dr Moton de Tuskegee, Cleveland Hall et Sir Robert Abbott du *Chicago Defender*. Puis il monte sur scène. Au Liberty Hall, devant la foule garveyiste, il fait du droit avec de la braise. Les phrases sont longues, emportées, mais toujours équilibrées, comme un mémoire bien bâti qui prend feu. « Ce n'est pas à moi que s'adressait cet hommage », commence-t-il ; « c'est à la reine des martyrs, à la souffrante, à la douloureuse, mais à la toujours rayonnante Afrique. » Il accuse sans détour « les bandits européens » qui ont converti l'esclavage d'exportation en « esclavage à domicile » sous le nom de colonisation. Il rit jaune : « Donnez-moi l'arsenic, je vous cède les Nègres ! Bon appétit, messieurs ! » Puis il fixe la direction : « Avant d'être des Américains, des Anglais, des Français, des Belges, nous sommes des Nègres, nous sommes des Africains. » Il n'interdit pas l'hospitalité — « La terre appartient à tous les hommes » — mais refuse la tutelle : « Ce que nous ne voulons plus tolérer, c'est leur gouvernement qui nous gruge et nous gangrène. » Et l'analogie, assumée, tombe : « Votre association, M. le Président Marcus Garvey, est le sionisme de la race noire. » Il finit par l'essentiel, souverain et bref : « L'Afrique aux Africains. » On reconnaît l'élève de Saint-Genès : même quand la phrase va à la corde, elle reste architecturée.

Ces mots vont lui revenir, comme un boomerang, deux ans plus tard. Le 28 avril 1926, à Lomé, il plaide « contre un avocat, ver solitaire. C'est une spécialité des colonies », l'ironie ne masque pas la gravité. En pleine audience, on lit un télégramme chiffré ; on l'arrête. Le jour même, on l'embarque sur l'*Asie* vers Cotonou, « en prévention », pour une vieille créance déjà soldée qui ressurgit comme par magie. Alors il fait ce que font les juristes quand on leur coupe la voix : il écrit.

La lettre au Garde des Sceaux du 1er septembre 1926 est un modèle de mise en cause sans injure. Il y aligne les faits : « Je fus arrêté au milieu de ma plaidoirie… » ; « Aucune charge n'a été relevée contre moi. L'inculpation est purement gratuite. » Il y expose son corps : « Ma détention, dans une cabine isolée, chaude, humide, sans aucune possibilité de sortie, m'affaiblit de jour en jour. » Il y qualifie l'atteinte : « Ma détention… flaire une vengeance politique. S'il se commet des abus dans la Métropole, à plus forte raison dans les colonies ! » Il écarte les faux procès : « J'ai la réputation d'un communiste. Je n'ai jamais frayé avec les communistes. (…) On m'accuse de garveysme. Or Marcus Garvey déclencha une violente campagne de presse contre moi parce que j'ai fréquenté ses ennemis mortels : Dr Du Bois (NAACP) et Sir Robert Abbott (*Chicago Defender*). » Il y rappelle sa filiation et sa charge : « Chef de la grande famille et collectivité Houénou, le plus solide bastion de la cause française au Dahomey, successeur de mon père, Afomagba-Gango (Tovalou Houénou) chevalier de la Légion d'honneur, le grand ami et le guide du général Dodds… » Et il finit en juriste républicain : « Élevé à l'École de droit, plus que tout autre, je me soumets à la seule Majesté républicaine, la Loi. Courbez-les, Monsieur le Ministre, sous son sceptre que vous tenez, et montrez qu'elle est égale pour tous. » Cette page dit tout de sa méthode : l'indignation serrée dans la forme, la filiation assumée (père allié de Dodds) et les affinités (cousinage avec les Béhanzin) tenues ensemble, non pour se contredire mais pour rappeler la complexité des appartenances africaines.

L'enfant du « bastion de la cause française » parle en même temps, depuis une parentèle qui garde la mémoire des rois d'Abomey. Il avance dans la contradiction sans la fuir : républicain par la loi, africain par la lignée, moderne par l'imprimerie, traditionnel par l'écoute des chefs. C'est peut-être là son tour de force.

Les années 1928-1932 sont de labeur plus discret. Il revient aux réunions, retrouve la Ligue de défense de la race noire ; le 30 juin 1928, au 216 faubourg Saint-Honoré, il emporte cette joute : pour réussir, la Ligue doit « respecter les traditions africaines ». Il rêve de redonner vie au journal *Les Continents*, travaille avec Tiemoko Garan Kouyaté, croise René Maran dans des soirées littéraires ; en octobre 1932, il se marie avec la cantatrice afro-américaine Roberta Dodd Crawford sous l'œil bienveillant de témoins très Troisième République — Pierre Cathala, Jacques Benoist-Méchin —, comme si l'élégance parisienne voulait sceller l'union d'un militant et d'une voix.

En décembre 1933, il rentre à Cotonou « pour affaires personnelles », muni d'un mot d'Albert Sarraut ; très vite, il recommence à faire ce qu'il a toujours fait : intervenir. À Allada, il tranche en faveur d'un paysan contre un jugement ; à Adjohoun, il apaise mal une rixe ; surtout, il s'enflamme pour la presse locale. Quand Simon Akindès est condamné coup sur coup à des peines lourdes pour « injures publiques » à l'égard d'un chef de canton, Kojo télégraphie et écrit à Laval et au ministre des Colonies : « Relâchement pur et simple » ; il désigne aussi « les vrais responsables » et les nomme — l'administrateur Mary, le chef Djibodé Aplogan. Fidèle à sa méthode : publiciser pour protéger, et faire du droit une digue contre l'arbitraire.

Et puis il y a un jour noir : 14 mars 1934, tribunal de Cotonou. Il est défendeur dans une affaire privée ; son vieil adversaire Germain Crespin s'immisce ; une gifle part — geste de trop, geste d'homme.

Tumulte, bagarre, jugement « par défaut » l'après-midi même : deux mois d'emprisonnement, 100 francs d'amende pour « tumulte à l'audience » et « coups et blessures ». Il repart à Dakar pour tenter une réformation ; le 19 avril 1935, on l'arrête à l'Hôtel du Palais, on l'écroue. Les archives, là, deviennent floues : certaines parlent d'une peine plus longue ; d'autres n'en gardent pas trace ; des témoins le voient encore à la veille des municipales de 1936 aux côtés de Lamine Guèye contre Galandou Diouf. On entre dans la partie mal éclairée d'une vie pourtant si publique.

La fin est moins épique comme un communiqué : 2 juillet 1936, 5 h 10, ambulance du cap Manuel à Dakar ; « fièvre typhoïde » ; « alors qu'il purgeait une peine de prison ». Au pays, des rumeurs murmurent un empoisonnement ; dans les bureaux, des administrateurs recommandent de « situer » le décès « au regard de la personnalité du défunt et de son orageux passé politique ». L'historien, honnête, s'arrête à l'incertitude. On sait seulement que sous les tropiques, en 1936, la typhoïde emportait encore des hommes forts ; on sait aussi que la parole a des prix que la loi ne prévoit pas toujours.

Reste l'ossature : un père exceptionnel, pivot entre Dodds et Porto-Novo, qui fait passer ses fils du palais lignager au prétoire moderne ; une parentèle qui touche aux Béhanzin, rappel constant que Kojo ne fut jamais hors sol ; une formation bordelaise d'une intensité rare ; la robe à Paris, la presse pour bras droit, les ligues pour levier ; la grande harangue au Liberty Hall et dans le *Negro World* « L'Afrique aux Africains », « L'union fait la force », « *Vox populi, vox Dei* » ; la lettre au Garde des Sceaux où l'indigné tient sa colère dans le corset du droit : « Je fus arrêté au milieu de ma plaidoirie » ; « Ma détention… flaire une vengeance politique » ; « Élevé à l'École de droit… je me soumets à la seule Majesté républicaine, la Loi. »

En 1942, on a ramené sa dépouille à Ouidah. À Cotonou, une avenue porte son nom. Ce sont des marque-pages dans une biographie qui, elle, tient par ses propres citations.

Si l'on devait n'en garder que deux, peut-être celles-ci suffiraient-elles à dire l'armature d'un homme pris entre le palais des ancêtres et le prétoire républicain : « L'Afrique aux Africains », pour l'horizon ; et, pour la méthode, cette ligne écrite d'une main ferme depuis une cabine étouffante : « Je me soumets à la seule Majesté républicaine, la Loi. » Entre ces deux phrases — la terre et la règle —, il aura passé sa vie à construire un pont.

Il n'est pas inutile, mais simplement juste, d'indiquer ici que cette exigence de forme et de droit ne s'est pas éteinte avec lui. Séverin Maxime Quenum non pas un descendant direct (Kojo n'eut pas de progéniture), mais un parent lointain deviendra à son tour avocat, puis Garde des Sceaux de l'État béninois indépendant. Il n'y a là ni l'ombre d'une dynastie, ni un motif d'emphase : seulement la continuité, d'une génération à l'autre, d'un rapport particulier à la loi. Ce rappel tient lieu d'hommage : il signale que, dans une histoire mouvementée, certaines lignes demeurent.

On l'a caricaturé en « danseur mondain » ; il aimait la fête, c'est vrai, mais menait une vie très réglée, entre piano et dossiers. On l'a dit « noir de visage, blanc d'esprit » formule d'époque, involontairement raciste, qui tente d'expliquer qu'il parlait la langue de la République avec une précision qui désarmait la condescendance. On a surtout vu, chez ceux qui l'ont bien connu, une chose qui manque souvent aux orateurs : le courage d'aller jusqu'au bout de ses phrases. Il savait que, dans un empire où son propre père avait été l'allié des vainqueurs, où ses cousins portaient le nom des vaincus, la dignité ne pouvait passer que par des formes : un journal, une ligue, un télégramme, une requête, une plaidoirie. Il ne demandait pas qu'on l'aime, mais que la loi s'applique à lui comme aux autres. C'est, au fond, la définition la plus serrée de la liberté.

3. Maitre Louis Ignacio-Pinto

On l'imagine enfant, le 21 juin 1903, dans la lumière de Porto-Novo, capitale d'un Dahomey encore colonie d'AOF. Louis Pinto, il deviendra Ignacio-Pinto plus tard, appartient à ces familles « Aguda », Afro-brésiliennes revenues du tournant des esclavages, commerçantes, catholiques, polyglottes, convaincues que l'école est une fortune transmissible. La mission de sa ville lui donne ses premiers livres ; Bordeaux, au collège de Saint-Genès, lui offre la rigueur des humanités ; Lyon, enfin, lui délivre un doctorat en droit et une licence ès lettres. Dans les interstices de cette formation, Paris l'aimante : il y fréquente *La Voix du Dahomey*, dont il devient rédacteur en chef, et s'emploie à combattre le code de l'indigénat, « tout en prônant l'assimilation et une gestion coloniale équitable ». Déjà, l'on voit se dessiner ce fil qui ne le quittera plus : faire du droit un instrument d'égalité sans le détacher de la prudence des institutions.

Un décret du 18 juin 1930, signé par le président Doumergue, change son destin : la naturalisation le fait citoyen français et lui ouvre les portes fermées des juridictions coloniales. La robe noire n'est pas qu'un symbole. D'abord inscrit à Paris, il apprend les arcanes du contentieux, la liturgie des délais, l'obsession des formes. Bientôt, il s'éloigne de la Seine pour rejoindre l'Atlantique : Conakry en Guinée, puis Cotonou au Dahomey, où il exerce la profession d'« avocat-défenseur », cette création d'un arrêté du 26 décembre 1905, qui, sauf dérogation, réservait l'accès aux seuls citoyens français et limitait sa plaidoirie aux juridictions de l'empire.

Ignacio-Pinto se distingue dans le corps par une minutie presque notariale : une assignation mal datée n'est pas une peccadille ; un défaut de compétence, une faute. Il lit les dossiers comme des vies, explique les jugements dans les langues que parlent ses clients et, d'une main ferme, traduit entre les mondes.

L'entre-deux-guerres passe, les certitudes s'effritent, et l'heure des rassemblements vient. Le 12 septembre 1946, près de Paris, à Ermont, huit grandes figures africaines publient un manifeste qui appelle à une réunion d'ampleur : il faut mettre fin aux discriminations de statut, abolir l'ombre de l'indigénat, inscrire l'égalité des droits dans l'Union française consentie et non subie. En octobre, Bamako devient le théâtre de ce vœu. Le 18, dans le réfectoire de l'École primaire supérieure Terrasson-de-Fougères, au pied de la colline de Koulouba, près des casernes de la gendarmerie, près de mille délégués prennent place. Un avion fourni par Charles Tillon, ministre de l'Armement, a déposé Houphouët-Boigny, Sourou-Migan Apithy, Gabriel d'Arboussier. Ignacio-Pinto est là, membre de la délégation dahoméenne, signalé comme avocat inscrit au barreau de Conakry : il n'a pas qu'une patrie, il a des rives, et sa double appartenance en fait un passeur naturel entre Dahoméens et Guinéens.

Les commissions s'installent (politique, économique, sociale et culturelle) et le débat est vif. Les « maximalistes » veulent des ruptures immédiates, les « modérés » redoutent les désastres inutiles. L'avocat écoute, tranche des virgules, substitue un verbe à un autre, sait qu'un adverbe engage une assemblée autant qu'un programme. Les 20 et 21 octobre, quatre textes sont adoptés : trois rapports et une résolution générale qui fondent le Rassemblement démocratique africain. Houphouët-Boigny en devient le président, Fily Dabo Sissoko le secrétaire général ; d'Arboussier, Konaté, Apithy, Tchicaya sont vice-présidents. Le symbole retenu, l'éléphant, dit la mémoire et la patience.

À Paris, les élus s'apparenteront d'abord aux communistes pour peser sur les votes ; en Afrique, les sections du RDA se déploieront, avec un mot d'ordre : égalité des droits, libertés garanties, règle de la majorité dans les assemblées locales. Ignacio-Pinto repart de Bamako riche de contacts et d'une méthode : coaliser, écrire clairement, installer des procédures, qui lui servira bientôt dans la politique et la diplomatie.

À peine trois mois passent que, le 13 janvier 1947, il est élu sénateur du Dahomey au Conseil de la République. Là encore, la pratique de l'« officier public » irrigue l'homme politique : il ne promet pas la lune, il bâtit des dossiers. Ses interventions portent sur les rapports entre la métropole et les territoires d'outre-mer, sur la formation des élus, sur l'état sanitaire des populations. En 1950, il lance même une « croisière de la santé » en A.O.F., manière on ne peut plus concrète d'articuler droits et réalités. Trois fois, en 1948, 1949 et 1955, il occupe la fonction de secrétaire du Conseil. Les groupes parlementaires auxquels il s'apparente évoluent au rythme chaotique de la IVe République : communistes au tout début, puis Républicains indépendants, puis Indépendants d'outre-mer. La discipline du barreau se glisse dans la politique : il aime les commissions, siègera à la Justice, aux Finances, à la France d'outre-mer, à la Presse et à la Radio. En 1955, il n'est pas réélu. Il rentre.

Les années suivantes s'ouvrent sur des responsabilités alternées, mais toujours ascendantes. Au Dahomey, il est ministre à plusieurs reprises, aux Finances en 1957, premier titulaire de la Justice en 1958, lorsque la République du Dahomey est proclamée. Après l'indépendance, obtenue en 1960, le pays entre dans une période de régimes brefs, appuyés sur des clientélismes régionaux dont les Aguda, minoritaires au Sud, sont souvent tenus à l'écart. Ignacio-Pinto fait exception : envoyé à New York comme représentant permanent auprès des Nations Unies, ambassadeur aussi à Washington, Ottawa, Brasilia, Port-au-Prince, il pratique la grammaire du monde. On le retrouve dans un comité chargé, en 1968, de réorganiser le Secrétariat de l'ONU ; on le nomme à la Commission du droit international où, entre 1967 et 1969, aux 19e, 20e et 21e sessions, il participe aux travaux délicats sur les successions d'États. C'est la même exigence de termes justes, d'alinéas nécessaires, de compromis opératoires. Le 13 janvier 1967, il est nommé président de la Cour suprême du Dahomey, fonction qu'il occupe jusqu'au 31 janvier 1970 : il pose chez lui, un état de droit qu'il voudrait durable.

L'année 1970 marque l'apogée et l'envol. Élu à la Cour internationale de Justice, il y siégera jusqu'en 1979. Au sortir des indépendances, la présence d'Africains au Palais de la Paix à La Haye n'est plus une curiosité mais la trace d'un monde recomposé : après le Sénégalais Isaac Forster et le Nigérian Charles D. Onyeama, son élection confirme que la Cour veut être « mondiale». La même année, la Cour rend l'arrêt Barcelona Traction du 5 février 1970 : l'identification d'obligations erga omnes, au bénéfice de la communauté internationale dans son ensemble, ouvre un pan neuf de la jurisprudence, corrigeant le parfum d'injustice laissé par le Sud-Ouest africain en 1966. On lira plus tard son opinion individuelle dans l'affaire des Essais nucléaires (20 décembre 1974) et sa déclaration jointe à l'avis Sahara occidental (16 octobre 1975) : même retenue, même fermeté, même manière d'aller à l'essentiel sans hausser la voix. Sa robe, ici encore, n'aura rien perdu de sa fonction : exposer les faits, énoncer la règle, circonscrire le désaccord, décider.

Tout cela, pourtant, avait commencé par une naturalisation et un barreau. Il faut y revenir, car c'est le nerf secret de la trajectoire. Dans l'empire français, l'« avocat-défenseur » n'était pas un titre décoratif : il supposait une capacité technique et un statut, et conférait une autorité silencieuse dans les villes côtières où l'on tranchait la vie des gens à travers la procédure. Conakry et Cotonou furent l'école de sa précision. Elles furent aussi l'école de sa traduction : Ignacio-Pinto, issu d'une communauté où l'on passe sans peine du portugais à l'anglais de Lagos, du français administratif aux langues de commerce du Golfe de Guinée, avait ce talent rare d'expliquer le droit à chacun dans les mots qu'il comprend. À Bamako, cette compétence fit merveille : ramener les grandes options à des textes adoptables, inscrire les rêves dans des alinéas qui tiennent.

Il y eut des décorations, françaises et dahoméennes, qui saluent les services rendus ; il y eut, surtout, une signature constante : la probité du juriste. On a pu écrire de lui qu'il fut un « gentleman politicien du droit ». La formule dit l'allure mais ne suffit pas. Ignacio-Pinto avait l'entêtement de ceux qui préfèrent gagner une phrase juste plutôt qu'un article flamboyant, et cette entente intime avec la temporalité des institutions : ni la hâte des impatiences, ni l'immobilité des principes, mais cet art lent d'obtenir aujourd'hui le texte qui permettra demain le pas de côté.

Il mourut à Dourdan, en France, le 24 mai 1984. Ce n'était pas une sortie de route, mais plutôt le terme logique d'une vie tenue entre deux rives. Il avait été dahoméen, puis béninois, mais aussi français : ses papiers avaient changé d'entête, pas sa manière de servir. Aux jeunes juristes d'Afrique, sa trajectoire laisse plus qu'un exemple : une méthode. Il leur dit que l'accès au barreau fût-il d'empire peut devenir un tremplin pour faire de la politique autrement, que les congrès exaltés gagnent à être nourris par des hommes de procédure, que la justice internationale s'écrit aussi à la première personne du singulier quand une conscience accepte de signer. Et que parfois, dans un réfectoire d'école à Bamako, à la faveur d'une virgule disputée, commence la longue marche d'un continent vers l'égalité des droits.

4. Maitre Léon Louis Boissier-Palun

Il naît le 29 juin 1916, à Djougou, au nord du Dahomey. Son père, Jean Boissier-Palun, est français ; sa mère, Joséphine Facamé-Gbaguidi, est de Savalou. De ce double héritage, il gardera toute sa vie une stature d'homme de frontière : assez métropolitain pour fréquenter Bordeaux et les bancs de l'Université, assez africain pour comprendre les humiliations quotidiennes de ses compatriotes.

Élève précoce, il suit ses études primaires à Porto-Novo avant de rejoindre le lycée Faidherbe de Saint-Louis, ce creuset où la France coloniale formait ses élites africaines. De là, il prend le chemin de Bordeaux : les humanités classiques (latin, grec, philosophie), puis le droit. Il s'aguerrit à Saint-Maixent dans une école d'officiers de réserve et combat dans la guerre de 1939-1940 comme capitaine de réserve. La défaite, la captivité d'un temps, la discipline militaire lui laissent le goût de l'ordre, mais aussi le pressentiment que le droit, mieux que les armes, façonne l'avenir.

En 1944, il revient en Afrique ; pas au Dahomey, mais à Dakar, capitale judiciaire de l'Afrique occidentale française. Il y prête serment commc avocat-défenseur, sous le régime instauré par l'arrêté de 1935 : pas un avocat libre comme à Paris, mais un officier ministériel soumis à la tutelle du parquet et du gouverneur général. C'est dans cette camisole coloniale qu'il entre en robe.

Très tôt, il se fait remarquer. En 1947-1948, la grande grève des cheminots du Dakar-Niger secoue l'AOF. Des centaines de travailleurs sont poursuivis, menacés de sanctions. Boissier-Palun devient leur conseiller juridique. Aux côtés d'Ibrahima Sarr et des syndicalistes, il plaide la légitimité des revendications sociales et obtient des relaxes. Ce combat fonde sa réputation: il est désormais « l'avocat des Africains ».

L'épreuve décisive vient bientôt. Le 6 février 1949, des heurts éclatent à Treichville entre forces coloniales et militants du Rassemblement Démocratique Africain (RDA). La répression est sanglante ; des centaines d'arrestations suivent. Le procès s'ouvre en mars 1950 à Grand-Bassam : c'est le procès politique le plus retentissant de l'AOF.

Le collectif de défense compte de grandes figures venues de Paris (Henri Douzon, Marcel Willard, Renée et Pierre Stibbe, Blanche Matarasso). Mais parmi ces défenseurs, un seul Africain : Boissier-Palun. Sa présence bouleverse la symbolique du procès : l'accusation coloniale fait face, non seulement à des avocats métropolitains « importés », mais à un Africain en robe.

Sa plaidoirie résonne : *» L'avocat général a essayé de vous avoir à la séduction. L'avocat de la partie civile a essayé de vous avoir à l'usure. Mais ni la partie civile ni l'avocat général ne savent au juste quoi nous reprocher. »*

Par ces mots, il résume l'inconsistance des charges et transforme le prétoire en tribune politique. Il poursuit à Dimbokro en 1951, soulevant des nullités, dénonçant la détention arbitraire. On le voit aussi, avec André Guillabert, convaincre le procureur général de l'AOF d'annuler un mandat d'arrêt lancé contre Houphouët-Boigny, sauvant ainsi le président du RDA d'une arrestation qui aurait pu embraser l'Afrique de l'Ouest.

Cette notoriété le conduit à la politique. En 1952, il est élu au Grand Conseil de l'AOF, cette assemblée fédérale regroupant Sénégal, Mauritanie, Soudan, Haute-Volta, Niger, Côte d'Ivoire, Guinée et Dahomey. Il en devient le président (1952-1957).

Il est proche de Léopold Sédar Senghor et de Mamadou Dia, avec qui il fonde le Bloc Démocratique Sénégalais. Homme de dossiers, il est aussi ministre de l'Économie générale et des Relations interterritoriales du Sénégal (1957-1958). Ses talents de juriste lui valent de siéger comme administrateur de l'Institut d'émission pour l'AOF et le Togo, où se préparent les grandes réformes monétaires.

L'indépendance venue, Boissier-Palun ne se limite pas au Sénégal. Fidèle à ses racines dahoméennes, il se porte candidat à l'élection présidentielle au Dahomey dans les années 1960, mais ses ambitions se heurtent aux turbulences politiques du pays. Il choisit alors la voie diplomatique : ambassadeur du Sénégal à Londres, Vienne, Oslo, Stockholm, puis à Paris, il représente aussi son pays auprès de l'UNESCO. Plus tard, il devient ambassadeur du Dahomey auprès de l'UNESCO, preuve d'une double légitimité, béninoise et sénégalaise.

Sa carrière prend parfois des détours inattendus. On le retrouve conseiller juridique de Bokassa, l'empereur fantasque de Centrafrique. Avocat d'affaires redoutable, il gère même, au nom du fils de Bokassa, l'achat du château de Bridoire, en Dordogne. Certains lui reprochent ces fréquentations ; d'autres y voient la continuité d'un homme qui n'a jamais craint de s'aventurer dans les zones d'ombre du pouvoir.

Boissier-Palun meurt à Paris en 2007. Derrière lui, une carrière à facettes : l'avocat-défenseur qui osa plaider contre le système colonial à Grand-Bassam;

l'homme politique de l'AOF, président d'une assemblée fédérale où l'Afrique francophone chercha une unité ; le diplomate, représentant le Sénégal et le Dahomey dans les plus hautes enceintes internationales ; l'homme de réseaux, lié à Senghor comme à Bokassa, familier des palais africains et des chancelleries européennes.

De Djougou à Paris, de la salle d'audience de Dakar aux salons de l'UNESCO, sa trajectoire incarne une vérité : le droit fut pour lui le premier instrument de l'émancipation africaine.

CONCLUSION

Au terme de ce parcours, une évidence s'impose : la défense au Dahomey n'est pas née dans la lumière des principes, mais dans l'ombre d'un régime d'exception. L'indigénat, imaginé comme provisoire, a duré comme un mode de gouvernement ordinaire : incriminations vagues, arbitraire administratif, justice subordonnée. Dans cet espace de contraintes, le droit n'a survécu que par des gestes modestes mais obstinés.

La défense s'y est ménagé une place étroite mais réelle. Liontel a fixé les règles minimales : un parquet de contrôle, des degrés de juridiction, une chambre d'homologation. Crespin en a fait une méthode : insister sur la forme pour protéger le fond, refuser que les motifs d'opportunité remplacent la règle de droit. Ainsi, la toge ne triomphe pas mais insiste et l'insistance devient jurisprudence.

De là, l'héritage : à la veille des indépendances, le Dahomey possède une ossature judiciaire : des greffes, des juges identifiables, des voies d'appel praticables. La défense, rare mais tenace, a contribué à faire passer la colonie de l'arbitraire à la règle discutée. On ne bâtit pas un État de droit sans archives ni conscience des mots qui obligent : c'est cela que la robe a légué.

Faut-il juger l'indigénat seulement à l'aune de l'oppression qu'il a organisée ? Oui, pour les principes : l'exception ne saurait être une école de liberté. Mais il faut reconnaître que, dans cet espace contraint, la résistance de gens de justice a préparé la conversion des promesses en institutions. En régime d'inégalité, c'est déjà beaucoup que la règle s'interpose, fût-ce par interstices, entre la force et la personne.

Ce Titre aura donc poursuivi une thèse simple : dans les ténèbres de l'indigénat, la défense n'a pas seulement protégé des justiciables ; elle a protégé la possibilité même du droit. À défaut de faire taire la chicotte, elle a appris au pays à parler procédure. Et c'est ainsi que l'histoire avance : par des écritures efficaces, des délais respectés, des jugements motivés ; autant de petites victoires qui, mises bout à bout, desserrent une société.

Deuxième partie

▼

Naissance du Barreau du Dahomey (1965-1972)

par Monsieur Afize ADAMON

La présente partie se déploie selon une logique d'édification et d'épreuve. Le chapitre 1, « Indépendance nationale et justice », replace d'abord l'aube de la souveraineté dans sa vérité institutionnelle : promesses constitutionnelles, heurts de la pratique, lente maturation d'un ordre judiciaire capable d'abriter une défense véritable. Le chapitre 2, « La fatalité vaincue : la loi n° 65-06 du 20 avril 1965 instituant le Barreau du Dahomey », présente ensuite l'acte fondateur non comme un simple texte, mais comme une charpente : il met fin au régime des avocats-défenseurs, érige un Ordre, lui confère organes, tableau, serment et discipline, et l'articule aux lois de structure adoptées dans le même mouvement.

Vient alors le chapitre 3, « Pionnier ou précurseur de la loi n° 65-06 », qui rappelle, sans emphase, les figures et les responsabilités : la pensée qui prépare, l'action qui institue, la continuité qui fait durer. Il ne s'agit pas d'hagiographie, mais d'une mise en perspective nécessaire : une institution naît de volontés ordonnées, d'arbitrages éclairés et d'un sens de l'État qui sait joindre le dessein et l'exécution. Le chapitre 4, « Les grands procès de la période de 1960 à 1972 », met enfin l'édifice à l'épreuve du prétoire. Car c'est devant le juge, dans la publicité de l'audience, l'accès loyal au dossier et l'effectivité du contradictoire, que se mesure la portée réelle d'une réforme : là où la robe tient son rang, l'État de droit respire ; là où elle est empêchée, la raison d'État l'emporte et la promesse se défait.

Ainsi s'explique l'ordre retenu et se justifie la démarche : partir du contexte pour comprendre la nécessité, présenter la règle pour en saisir l'esprit, nommer les artisans pour reconnaître l'origine, éprouver les procès pour vérifier la tenue. Cette progression, volontairement sobre et solennelle, n'entend ni magnifier ni dénigrer, mais établir. Elle vise à montrer comment, en un temps d'instabilité politique, la loi a donné à la robe non seulement un statut, mais une demeure, et comment cette demeure, dès l'origine, fut appelée à prouver sa solidité.

CHAPITRE 1.

INDEPENDANCE NATIONALE ET JUSTICE

Le Barreau du Dahomey naquit tardivement lorsque la souveraineté recouvrée depuis le 1er août 1960 avait déjà pris demeure dans les esprits. D'où une interrogation simple et tenace : pourquoi cinq années d'intervalle entre l'Indépendance et l'avènement de l'Ordre ? La comparaison accroît l'étonnement : la Côte d'Ivoire s'était dotée d'un barreau dès 1959, le Sénégal en 1960. La réponse ne tient pas à une défaillance d'inspiration, mais à la fabrique politique d'un territoire que l'Administration coloniale tenait pour remuant. Bruno Amoussou l'a noté d'une formule sèche comme un registre : *« le Dahomey avait consommé trente-deux gouverneurs de 1900 à 1960, pour dix-neuf gouverneurs généraux à Dakar »*. L'Indépendance ne dissipa pas d'un trait cette agitation : entre 1957 — lorsque la loi-cadre du 23 juin 1956 introduisit une autonomie encore parcimonieuse — et 1960, le pays usa de trois constitutions ; en 1964, la Troisième République s'ouvrait et l'on comptait déjà sept gouvernements depuis la proclamation de la République le 4 décembre 1958. C'était trop de secousses pour qu'une institution de mesure et de durée, telle qu'un barreau, pût s'asseoir sans peine.

Les commencements confirment l'hypothèse. Les trois premiers gouvernements, alors dits conseils de gouvernement, ne connaissaient point de ministère de la Justice : Justice et Défense demeuraient réservées au Pouvoir colonial, comme si l'Autonomie n'osait toucher ni aux clefs du Palais ni à celles de la geôle. Ce n'est qu'en avril 1959 qu'apparut, pour la première fois, un ministre de la Justice au Dahomey, en la personne d'Émile Poisson (1905-1999). Et, en novembre 1960, Me Joseph Adjignon Kèkè (1927-2017), avocat-défenseur, entra au gouvernement comme ministre de la Justice et de la Législation : signe avant-coureur, sans doute, mais encore insuffisant pour fixer la maison. À l'échelle de l'ancienne Afrique-Occidentale française (A.O.F.), la priorité allait ailleurs : à l'État qui s'assemble, à l'unité nationale et, si possible, africaine, au développement économique et social. L'architecture patiente des garanties attendrait.

L'indépendance, proclamée le 1er août 1960, fit naître une espérance ardente: celle d'un État moderne, fondé sur la reconnaissance des droits fondamentaux et la protection des libertés publiques. Dans la ferveur du moment inaugural, le droit, et, à travers lui, la figure de l'avocat, apparaissaient comme des piliers naturels de la jeune République. Pourtant, la promesse demeura tôt lettre morte : dès les premières années, un écart originel s'installa entre les proclamations solennelles et la pratique quotidienne du pouvoir. De 1960 à 1972, les textes constitutionnels se succédèrent, chacun était porteur d'un renouveau annoncé, invoquant la Déclaration universelle des droits de l'homme (1948) comme socle éthique. Liberté d'expression, droit de réunion, inviolabilité du domicile, interdiction de l'arbitraire : autant de principes répétés comme un refrain souvent creux. Au nom des « nécessités de l'ordre public », les autorités neutralisèrent ces garanties ; les constitutions devinrent trop fréquemment des vitrines sans substance. La duplicité était aussi bien politique que psychologique : civils comme militaires redoutaient de perdre la maîtrise d'un État fragile ; dans cet inconscient de gouvernement, la liberté paraissait moins fondement que menace. Le droit était toléré tant qu'il consolidait l'autorité ; il devenait subversif dès qu'il protégeait le citoyen.

La traduction la plus brutale de cette logique fut l'arsenal de 1961 : la loi n° 61-7 du 20 février 1961 sur la sécurité publique, complétée par la loi n° 61-32 du 14 mars 1961. Le pouvoir exécutif s'y octroyait la faculté d'éloigner, d'assigner à résidence, d'interner, d'exiler ou d'expulser tout citoyen jugé « dangereux » pour l'ordre et la sécurité — non des crimes légalement établis, mais des intentions supposées, des attitudes suspectes, des soupçons. Spécifiquement, l'article 2 de la loi modifiée franchissait un seuil : les nullités prévues par les lois de procédure ne pouvaient plus être invoquées contre les actes accomplis sur ordre du ministre de l'Intérieur. Pour le Barreau, ce fut une injure à la raison juridique : l'avocat, gardien des formes, voyait d'un trait de plume ses armes neutralisées. La procédure, instrument de liberté, devenait l'otage de la raison d'État. Le pays bascula, selon la formule des anciens détenus, dans une sorte d'« état de siège permanent » : arrestations et détentions arbitraires se multiplièrent, les exils forcés devinrent monnaie courante, et la justice fut sommée de légitimer a posteriori des décisions politiques.

Dans ce climat heurté, l'organisation judiciaire porta encore, durant les premières années, la marque d'un ordre en transition. Les juridictions de première instance, héritées pour partie du maillage colonial, continuèrent de juger au quotidien ; la carte fut progressivement rationalisée, puis confirmée par la loi n° 64-28 du 9 décembre 1964 portant organisation judiciaire, avant d'être précisée par la loi n° 65-18 du 21 juin 1965 pour les tribunaux de première instance. La Cour d'appel de Cotonou s'affirma comme sommet de l'ordre judiciaire ordinaire, préludant à l'érection, par la loi n° 65-35 du 7 octobre 1965, d'une Cour suprême dotée de compétences de cassation et d'unification

— signe que la souveraineté juridique, longtemps relayée à Dakar, se reconstituait désormais à Cotonou. Dans l'intervalle, des justices de paix à compétence étendue et des vestiges de juridictions coutumières, voués à l'absorption par l'unification judiciaire, continuaient de produire des décisions au plus près des justiciables, pendant que greffes et parquets apprenaient, non sans heurts, la langue d'un droit redevenu national.

C'est dans cet entre-deux institutionnel que survécut le régime des avocats-défenseurs. Nés de l'arrêté général du 12 janvier 1935 et insérés dans la hiérarchie de l'A.O.F., ils avaient relevé, hier, du Procureur général près la Cour d'appel de Dakar ; après l'Indépendance, ils furent rattachés au ministre de la Justice du Dahomey, sans bénéficier encore d'un Ordre constitué. Leur inscription n'était pas tenue par un Conseil de l'Ordre, mais par l'Administration ; la discipline relevait, pour l'essentiel de la Chancellerie ; le stage n'obéissait pas à un régime autonome et un cautionnement financier pouvait être requis à l'entrée ; la déontologie (secret, conflits d'intérêts, publicité, maniement des fonds) se déduisait de textes épars et d'usages plutôt que d'un règlement intérieur élaboré par la profession. La Robe existait, mais sans Maison : elle plaidait, elle conseillait, elle défendait mais elle n'était pas encore libérée par son propre Ordre.

Entre 1960 et 1965, la scène intérieure accentua encore le trait. En mai 1961, l'accusation de complot contre la sûreté de l'État ouvrit la voie à la création d'un parti unique, censé rassembler tous les citoyens autour d'une mission exclusive : « travailler au développement économique et social du pays », sous l'égide d'un leader nanti de pouvoirs trop étendus. La machine broya vite les oppositions ; un régionalisme latent, tapi dans les interstices d'une unité proclamée, s'infiltra au cœur même du discours sur le développement. Dans ce climat se produisit ce qu'on appela l'« affaire du député assassin ». Pour la première fois, il s'agissait de livrer à la justice un parlementaire, Christophe Bohiki.

Le procureur de la République demanda la levée de son immunité ; l'Assemblée s'y refusa, au nom d'une solidarité des élus qui, mal dite, supplantait l'exigence pénale. Les populations de la région du fonctionnaire assassiné, chauffées par leurs notables membres du parti unique, parfois députés eux-mêmes, descendirent dans la rue et crièrent leur colère. En octobre 1963 éclata le premier coup d'État militaire : le colonel Christophe Soglo (1909-1983), chef d'état-major des Forces armées dahoméennes, s'empara d'un pouvoir juvénile. Plutôt que d'écarter les trois leaders qui s'entre-déchiraient, il les réunit dans un gouvernement provisoire. Une nouvelle Constitution fut rédigée ; mais, avant même que les élections n'installent durablement une équipe, Hubert Maga (1916-2000), premier président élu démocratiquement, fut mis en accusation pour malversations, et embastillé quelque part dans le pays. En janvier 1964, Sourou-Migan Apithy (1913-1989) et Justin Tométin Ahomadégbé (1917-2002) arrivèrent aux affaires, à la tête d'un parti unique de fait, qui n'encourageait guère la contradiction.

La décennie entière, dans tout l'espace hérité de l'A.O.F., confirma que la Justice n'était pas au premier rang : 1963, 1965, 1967, 1969, puis 1970 rythment les convulsions politiques. Chaque changement de régime s'accompagna d'arrestations, de détentions, de procédures expéditives. Les avocats oscillèrent entre prudence et engagement : les uns, soucieux de préserver leurs cabinets et leur sécurité ; les autres, plus audacieux, se firent les défenseurs d'opposants, rappelant par leur seule présence au prétoire que la justice ne saurait être l'instrument d'une vengeance publique. Paradoxe d'époque : tandis que les constitutions invoquaient la Déclaration universelle, la raison d'État organisait le réel. Le Barreau évolua dans cet espace schizophrène, porteur d'un idéal universel et confronté, souvent, à sa dénégation. De cette première décennie, deux traits demeurent : la place singulière de la défense comme contre-pouvoir moral fût-il embryonnaire, dans une République traversée de secousses ; et l'expérience précoce d'une confrontation à la raison d'État, qui marqua durablement la conscience professionnelle.

Ainsi se comprennent la lenteur apparente et la nécessité profonde : il fallut que l'État cessât de trembler pour que la robe pût s'asseoir. Lorsque, enfin, les conditions politiques cessèrent de se contredire elles-mêmes, la Nation put donner à sa Justice l'instrument qui lui manquait. La loi n° 65-06 du 20 avril 1965 n'ajouta pas seulement une page au Journal officiel ; elle institua un Ordre et reconnut à la défense son rang.

CHAPITRE 2.

LA FATALITE VAINCUE : LA LOI N° 65-06 DU 20 AVRIL 1965 INSTITUANT LE BARREAU DU DAHOMEY

Dans le tumulte encore tiède qui suit les premières années de l'indépendance, une figure s'avance et impose une méthode : Sènou Alexandre Adandé (1912-1993). Formé aux ardeurs réformatrices d'après-guerre, on le voit au congrès constitutif du Rassemblement démocratique africain (R.D.A.) en 1946, puis, en 1947, à l'ouvrage pour implanter une section dahoméenne du mouvement, il apporte à la Justice naissante moins des mots que des charpentes. Nommé à la tête du ministère de la Justice et de la Législation, il met en branle une réforme d'ensemble où chaque texte appelle le suivant, comme on pose des pierres d'angle pour tenir un fronton.

Le Parlement, installé au début de 1964, adopte d'abord la loi n° 64-28 du 9 décembre 1964 portant organisation judiciaire. Autour du ministre se rassemblent des praticiens avertis : Me François Amorin et Me Benjamin d'Almeida (1928-2000), esprit méthodique, dont la main sûre conduit un projet « de la salle des commissions à la page du Journal officiel ». Ces «ouvriers de la Loi» n'écrivent pas seuls, mais ils donnent au texte sa tenue.

Trois projets se présentent ensuite devant la Chambre, qui les instruit avec la gravité des jours utiles (Commission technique permanente, séances publiques, présentation par le Président du Conseil, assistance du Garde des Sceaux) : la composition et le fonctionnement du Conseil supérieur de la magistrature, le Statut de la magistrature, et l'institution d'un Barreau. La première session ordinaire de 1965 se conclut par une moisson d'un seul tenant, le 20 avril 1965 : loi n° 65-03 (Conseil supérieur de la magistrature), loi n° 65-05 (Statut de la magistrature dahoméenne) et, surtout, loi n° 65-06 instituant le Barreau du Dahomey. L'ossature est complétée dans l'année : loi n° 65-18 du 21 juin 1965 (tribunaux de première instance), loi n° 65-25 du 14 août 1965 (propriété foncière), loi n° 65-35 du 7 octobre 1965(Cour suprême), et loi n° 65-36 (parachèvement du statut des magistrats). L'État, qui sortait de l'instabilité, se remet debout par la charpente des lois.

On a pu écrire que Me François Amorin fut l'unique rédacteur de la loi n° 65-25 sur la propriété foncière. C'est trop dire ; c'est déjà beaucoup de dire qu'il y prit part. Sa proximité avec le ministre, on se souvient de sa défense du Président du Conseil en novembre 1961, en faisait un contributeur naturel. Mais d'autres mains ont œuvré, avec au premier rang Me Benjamin d'Almeida, dont la précision fit passer le texte du brouillon à la norme. Derrière ces lois, il y a cette confraternité d'atelier où l'on polit la règle pour qu'elle devienne Loi.

L'esprit de la loi n° 65-06 se lit clairement : rompre avec l'arrêté général du 12 janvier 1935 et sortir d'une dépendance héritée, le temps des avocats-défenseurs, au nombre de neuf puis de dix, soumis au Procureur général près la Cour d'appel de l'Afrique-Occidentale française (A.O.F.), puis à la Cour d'appel de Dakar, et, depuis l'Indépendance, au ministre de la Justice du Dahomey. Il s'agit de « grouper en un corps constitué » la profession et de lui reconnaître la dignité d'un Ordre. L'idée est simple et forte : aucune justice digne de ce nom sans une défense indépendante.

La trame retenue, annoncée dès le décret n° 221/PR/SGG du 14 octobre 1964, s'inscrit dans la continuité régionale ouverte par le Sénégal et la Côte d'Ivoire : définition des fonctions de l'avocat inscrit (tout en laissant au plaideur la faculté de se présenter lui-même), ouverture encadrée aux avocats étrangers (jusqu'à l'inscription possible sur autorisation du Conseil des ministres), instauration d'un Tableau de l'Ordre par ancienneté, omissions et discipline, organisation et administration de l'Ordre selon un modèle compatible avec les expériences française, ivoirienne et sénégalaise, règlement intérieur obligatoire, admission au stage subordonnée au Certificat d'Aptitude à la Profession d'Avocat en abrégé « C.A.P.A » (un décret ultérieur devant fixer les conditions d'organisation de l'enseignement et l'examen), répression des manquements à l'audience, protection stricte du secret professionnel, commissions d'office (notamment devant la Cour d'assises et pour les mineurs), incompatibilités gardiennes de l'indépendance, et dispositions transitoires ménageant la situation des avocats-défenseurs et de leurs secrétaires, avec dispense provisoire du C.A.P.A. tant que l'enseignement et l'examen ne seraient pas organisés.

Par l'application de l'article 47 de la loi n° 65-06 du 20 avril 1965, les avocats-défenseurs devinrent ipso facto des avocats inscrits au tableau du barreau de Cotonou près la Cour d'appel de Cotonou. Une première assemblée générale désigna les membres du Conseil de l'ordre et élut, au cours de l'année 1965, le premier bâtonnier de l'ordre des avocats du Dahomey en la personne de Me Jean Louis Bourjac, avocat-défenseur près la Cour d'appel de Cotonou depuis 1938, qui s'éteindra l'année suivante. De nationalité française, Me Bourjac avait été avocat-défenseur à Cotonou à partir de 1938, puis avocat au barreau de Cotonou avec l'entrée en vigueur de la loi instituant le barreau du Dahomey. Candidat malheureux de l'administration et d'une bourgeoisie coloniale en recomposition face au révérend Francis Aupiais et à Sourou Migan Apithy lors de l'élection des députés à l'Assemblée constituante française du 21 octobre 1945, il retourna ensuite pleinement à sa pratique. Élu en 1965 pour un mandat de deux ans, il exerça très peu, la maladie l'ayant frappé rapidement. Retenu par l'âge et la santé, il confia de fait la conduite quotidienne de l'Ordre à Me François Amorin, qui assura l'intérim officieux au sein du Conseil de l'ordre. Me Bourjac quitta le Dahomey pour la France et mourut à Nice à la fin de l'année 1966.

Autour du bâtonnier, durant ce bref magistère, se tenaient des figures déjà bien connues, au premier rang desquelles Me François Amorin, et Me Benjamin d'Almeida. Le Conseil compta aussi, parmi ses membres titulaires de la première formation, Me Maurice de Lavaissière, né en 1917, dont l'arrivée fut fixée par l'arrêté n° 167 MJL SDJ du 20 novembre 1964 autorisant ce dernier, alors avocat-défenseur près la Cour d'appel de Lomé avec résidence à Lomé, à établir sa résidence à Cotonou. L'arrêté précisait qu'avant d'entrer en fonction et pour être admis au serment professionnel, l'intéressé devait justifier du versement à la Caisse du Trésorier-payeur du Dahomey d'une somme de cinq mille francs à titre de cautionnement. Ainsi introduit, Me de Lavaissière siégea, plaida et prit sa part des usages, artisan patient d'une véritable œuvre de pionnier.

Me Pierre Bartoli, né à Grand-Popo en 1916 et de nationalité française, s'enracina durablement à Cotonou. Membre du Conseil de l'Ordre à partir de 1965, tantôt suppléant tantôt titulaire, il fut de ceux dont la constance fit tenir la maison. Sa famille est tenue pour l'ancienne propriétaire de l'Hôtel de la Plage à Cotonou, établissement ultérieurement nationalisé. Un recours formé en 1996 par dame Marie-Jeanne Bartoli, épouse Ferré, et Pierre Bartoli devant la Cour constitutionnelle du Bénin, tendant à la restitution de l'hôtel sur le fondement de la loi d'amnistie n° 90-028 du 9 octobre 1990, échoua, la Cour s'étant déclarée incompétente. Bartoli reçut de nombreuses distinctions, notamment l'élévation au grade d'officier avec rang du 1er août 1965 par décret n° 394 PR CH du 27 octobre 1966. Affaibli en 1972, il adressa le 26 octobre sa démission du Conseil et du Barreau à Me Maurice de Lavaissière, alors bâtonnier. Le Conseil en prit acte avec regret, exprima des vœux d'honorariat et souhaita le prompt rétablissement du confrère.

La génération des infatigables comprenait également Me Louis-Maurice Fortuné, avocat d'origine antillaise, de nationalité française, dont la biographie demeure incomplète mais dont l'empreinte procédurale est certaine. Présent aux audiences les plus suivies, y compris devant la Cour suprême, il siégea au Conseil dès 1965, et aida à fixer les usages du jeune Ordre par une rigueur d'audience unanimement remarquée. Il fut reçu chevalier hors contingent, à titre exceptionnel et étranger, dans l'Ordre national du Dahomey par décret n° 394 PR CH du 31 décembre 1968, pour compter du 1er janvier 1969.

À la même époque, Me Ruth Katz s'imposa par un travail soutenu dans le contentieux civil et commercial, loin des assises spectaculaires mais au cœur des instances où se construisent les jurisprudences utiles. Elle fut promue officier de l'Ordre du Mérite du Bénin par décret n° 71-164 du 22 septembre 1971, avec rang du 13 août 1971, signé par le Président du Conseil présidentiel Hubert Maga. Son cabinet accueillit le stage d'Adrien Houngbédji en 1967-1968, magistrat démissionnaire devenu avocat, qui y fut d'abord son stagiaire puis, après autorisation du Conseil en 1970, son associé. Cette association, emblématique de la transmission par le travail, illustre la manière dont le Barreau sut attirer et former des talents appelés à compter.

Dans cette constellation de noms qui donnèrent corps à l'institution, Me Joseph Adjignon Kèkè, prêta serment en 1959, mena une carrière politique de 1960 à 1963 comme ministre de la Justice et de la Législation, sans toutefois conduire le texte instituant le Barreau, puis revint aux affaires et siégea avec assiduité au Conseil de 1965 à 1970. Nommé ensuite ministre de l'Économie et du Plan dans l'unique gouvernement du Conseil présidentiel, de 1970 à 1972, il fut arrêté lors du coup d'État du 26 octobre 1972. Le Conseil de l'Ordre, réuni au début de novembre 1972, lui témoigna son agissante sympathie, geste confraternel qui honore la profession. Me Bertin Borna, 1930-2007, prêta serment à Dakar en 1959, occupa successivement les fonctions de ministre de la Fonction publique et du Travail, puis des Finances et des Affaires économiques entre 1960 et 1963, avant de rejoindre, après la loi du 20 avril 1965, le Barreau du Dahomey où il siégea au Conseil.

Ainsi s'édifia, pierre après pierre, un Ordre qui, sans emphase, trouva ses premiers équilibres. Les textes fournirent la charpente, mais la tenue vint des hommes. Bourjac donna le visage inaugural, Amorin assura l'intendance et le souffle, d'Almeida apporta la méthode, de Lavaissière l'assiduité, Bartoli la constance, Fortuné la rigueur d'audience, Katz l'exigence du contentieux civil et commercial, Kèkè et Borna la continuité entre l'État et la robe. De cette alchimie naquit un Barreau capable d'habiter la loi nouvelle sans renier la mémoire des prétoires d'hier.

La fatalité, ici, n'était qu'un autre nom de l'habitude : elle a été vaincue une première fois en 1965 ; elle le sera de nouveau, chaque fois que la loi saura se mettre à la hauteur de la robe.

Encadré n° 1 Organisation du barreau béninois

L'Ordre des Avocats est une institution nationale dotée de la personnalité civile et de l'autonomie financière.

Il dispose d'un patrimoine propre provenant des cotisations de ses membres, des droits de plaidoirie ainsi que de dons et legs.

Il peut créer ou subventionner des œuvres intéressant la profession.

Conseil de l'ordre

Le Conseil de l'Ordre des avocats est l'organe d'administration du barreau au Bénin. Ses membres sont élus au scrutin uninominal, à la majorité absolue des suffrages des membres présents ou mandatés, et parmi les avocats inscrits au Tableau depuis au moins quatre ans.

Le Conseil de l'Ordre élit entre ses membres, un Secrétaire chargé de rédiger les procès-verbaux des séances, d'adresser les convocations ainsi que d'autres tâches de ses ressorts. De même, un trésorier est désigné pour s'occuper des finances de l'organisation.

Le Doyen du Conseil de l'Ordre, quant à lui, n'est pas élu. Ce statut revient, professionnellement, au plus ancien des membres du Conseil de l'Ordre. Il supplée généralement le bâtonnier dans certaines activités, surtout en cas d'empêchement.

Le Conseil de l'Ordre exerce ses attributions, de concert avec le bâtonnier. Entre autres, il « arrête ou modifie le règlement intérieur du Barreau, statue sur l'admission au stage et l'inscription au tableau des avocats, détermine le rang des avocats qui reprennent leurs fonctions après une omission, veille au maintien des principes gouvernant la profession, assure la discipline des avocats et statue en conseil de discipline, gère les biens de l'Ordre, autorise le Bâtonnier à ester en justice, traite toute question intéressant l'exercice de la profession, assure la défense des droits des avocats, et l'observance de leurs devoirs ».

Bâtonnier

Le bâtonnier est le représentant légal et légitime de l'Ordre des avocats dans tous les actes de la vie civile et devant les juridictions.

L'ordre des avocats du Bénin est dirigé successivement depuis sa création par plusieurs bâtonniers dont une seule femme, Hélène Kèkè-Aholou : Jean- Louis Bourjac, François Amorin, Maurice de Lavaissière, Benjamin d'Almeida, Joseph A. Kèkè, Jean Florentin Fèliho Luiz Angelo, Robert Dossou, Hélène Kèkè Aholou, Raoul Assogba, Alfred Pognon, Jacques Migan, Sévérin Hounnou, Gabriel Archange Dossou, Arthur Balle, Cyrille Yaovi Djikui, Yvon Détchénou, Prosper Ahounou.

Élu bâtonnier, le 18 décembre 2021, Angelo Hounkpatin, succède à Prosper Ahounou, le 5 janvier 2023, à la direction de l'ordre, pour un mandat de trois ans.

Établi par les auteurs

CHAPITRE 3.

PIONNIER OU PRECURSEUR DE LA LOI N°65-06 DU 20 AVRIL 1965 INSTITUANT LE BARREAU DU DAHOMEY

En histoire des institutions, le pionnier se reconnaît à l'œuvre accomplie et le précurseur à l'élan intellectuel qui prépare cette œuvre. Le premier agit et ouvre la voie, le second élabore les idées, rassemble les arguments, fixe une architecture. Le Barreau du Dahomey, créé le 20 avril 1965, procède de cette conjonction entre actes décisifs et maturation doctrinale. L'intention ne se confond pas avec l'édification, et seuls méritent ici le titre de pionniers ceux dont l'action a conduit à l'institution durable d'un Ordre organisé, doté d'organes, de règles et d'une personnalité reconnue par la loi.

Dans cette perspective, l'itinéraire de François Amorin s'impose. Étudiant en droit à Lyon puis à Paris, il rejoint des cercles d'Africains décidés à dénoncer la traite, l'esclavage et la colonisation, et vise explicitement la réforme du système des avocats-défenseurs, dispositif propre aux territoires d'outre-mer, afin que l'Afrique accède à une profession d'avocat libre, indépendante et ordonnée autour d'un véritable Ordre. Benjamin d'Almeida prolonge ce dessein par la pratique et l'influence. Leur combat rencontre ensuite un relais décisif au sein de l'appareil d'État avec Sènou Alexandre Adandé, nommé en janvier

1964 Garde des Sceaux, ministre de la Justice et de la Législation, qui convertit la revendication en norme. Parce que la phase parlementaire conditionne la naissance juridique du Barreau, son portrait trouve ici sa place.

Sènou Alexandre Adandé fixe lui-même, à l'issue de recherches, son année de naissance à 1912. Originaire de Porto-Novo, au sein d'une collectivité gun de Xogbonu-Ajashè, quartier Zèbou, il gravit très tôt les degrés de l'excellence scolaire. Reçu à l'École William-Ponty de Dakar, pépinière des cadres ouest-africains, il est orienté vers l'Institut d'ethnologie de l'Université de Paris et se spécialise en archivistique, bibliothéconomie, ethnographie et muséographie. Des stages au Musée de l'Homme et des séjours d'étude au Musée royal de l'Afrique centrale de Tervuren ainsi qu'à Bruxelles et à Amsterdam affinent sa méthode et son regard.

À l'Institut français d'Afrique noire (IFAN), où il dirige de 1948 à 1960 le département d'ethnographie, Alexandre Sènou Adandé organise des expositions d'art africain, siège au comité de *Présence africaine*, fonde et anime *Gbédjinonvi*, organe de l'Union du Bénin à Dakar. Sa bibliographie embrasse musique, théâtre, rites, littérature et économie. On y lit notamment: *« Historique de Mabissayé, chant nago du Bas-Dahomey »*, in *L'Éducation africaine*, nos 90-91, 1935, p. 196-199 ; *« L'évolution de la musique africaine »*, in *Bulletin de l'IFAN / Revue de l'IFAN*, 1952 ; *« La naissance de Toholou »*, in *Notes africaines*, no 53, 1952, p. 11-12 ; *« La tradition gnomique des populations du Bas-Dahomey »*, in *Présence africaine*, nos 8-9, 1950, p. 323-332 ; *« Une association d'entraide : Ajonu »* (sous le pseudonyme Ewawo), in *Notes africaines*, no 17, janvier 1943, p. 9 ; *« Regard rétrospectif sur l'économie africaine et perspectives de développement agricole au Dahomey »*, in *Études dahoméennes*, 1963. S'y ajoutent des textes de synthèse comme *« Les masques et leur importance dans les sociétés africaines* » (1952) et des notes muséologiques, notamment « *Les besoins essentiels des musées africains* » (1954). Une même ligne directrice s'y affirme : restituer une autonomie intellectuelle dahoméenne et, plus largement, africaine, et démontrer une véritable capacité d'auto-organisation institutionnelle.

L'après-guerre élargit son champ d'action au politique. En 1946, il siège à Bamako au congrès constitutif du Rassemblement Démocratique Africain, ci-après RDA. Sa préférence va aux solutions fédérales et panafricaines, en lien avec des responsables du Sénégal, du Soudan français et de la Haute-Volta. Il devient secrétaire général de la Convention Africaine de 1956 à 1958, accompagne à Cotonou la naissance du Parti du Regroupement Africain, ci-après PRA, au mois de juillet 1958, et participe aux débats qui offrent une alternative au recentrage du RDA autour du oui au référendum du 28 septembre 1958. L'orientation syndicale recoupe les impulsions de l'Union générale des travailleurs d'Afrique noire, ci-après UGTAN, bien implantée chez les enseignants et relais de l'Union des étudiants de Dakar. Cette expérience fédéraliste nourrit une disposition constante, penser les institutions avant de les bâtir afin que la règle tienne et dure.

La pratique gouvernementale confirme cette méthode. Après la proclamation de la République du Dahomey le 4 décembre 1958, Adandé devient ministre de l'Agriculture dans le gouvernement provisoire de Sourou Migan Apithy, ministre des Finances et du Budget en 1960 sous la présidence d'Hubert Maga, puis de nouveau ministre de l'Agriculture et du Développement rural en 1962 et 1963. En janvier 1964, il est Garde des Sceaux, ministre de la Justice et de la Législation. Il engage alors une séquence cohérente de réformes judiciaires. Le projet de loi instituant le Barreau du Dahomey est déposé en 1964, soutenu devant l'Assemblée nationale en présence du chef du gouvernement, adopté le 20 avril 1965 sous le numéro 65-06. Par ce texte, le corps professionnel quitte le régime des avocats-défenseurs pour accéder au statut d'un Ordre autonome, pourvu d'un Conseil de l'Ordre, d'un Bâtonnier, d'une Assemblée générale, d'un tableau, d'un serment et de règles déontologiques, l'ensemble garantissant l'indépendance de la défense dans un État moderne.

La suite de la carrière manifeste le même sens du service. En 1967, Adandé devient conseiller agricole en chef et représentant du Dahomey auprès de l'Organisation des Nations unies pour l'alimentation et l'agriculture, ci-après FAO. Il prend sa retraite au milieu des années quatre-vingt et s'éteint à Cotonou le 8 avril 1993. Porto-Novo a donné son nom au Musée ethnographique Alexandre-Sènou-Adandé, créé en 1962, dépositaire de masques Guèlèdè, d'instruments et de mobiliers rituels majeurs. L'État l'élève au grade de commandeur puis de grand officier de l'Ordre national, signe d'une œuvre où se rejoignent savoir, service public et sens de l'État.

Il est possible désormais de situer Sènou Alexandre Adandé à la jonction des catégories annoncées. Précurseur par l'esprit, il a construit une pensée africaine de la culture qui refuse les tutelles et fonde une architecture institutionnelle endogène. Pionnier par l'action, il a porté au vote la loi du 20 avril 1965 et réglé les modalités d'existence de la profession d'avocat au Dahomey. La clef qu'il remit ce jour-là n'ouvrait pas seulement l'accès à un corps professionnel, elle donnait pour les décennies suivantes le moyen de transmettre une indépendance et un ethos. C'est à ce titre que l'histoire du Barreau peut l'honorer comme un bâtisseur.

CHAPITRE 4.

LES GRANDS PROCES DE LA PERIODE DE 1960 A 1972

De 1960 à 1972, le Dahomey connut une instabilité telle que le droit, souvent convoqué, fut non moins souvent contourné. Les grands procès de ces années ne relèvent pas seulement de l'histoire des causes célèbres. Ils dessinent, dans le négatif comme dans le plein, la place de l'avocat dans la Cité. Là où la robe put exercer, l'État de droit trouva des appuis. Là où elle fut empêchée, récusée ou écartée au profit de mécanismes d'exception, la raison d'État occupa toute la scène. L'histoire judiciaire de la période se comprend ainsi à l'aune d'un critère simple : présence effective de la défense ou silence imposé de la défense.

Cette présence n'est pas affaire de décor mais de substance. Elle se mesure à la possibilité réelle, pour des conseils identifiés, d'accéder au dossier, de plaider utilement, de contredire les réquisitions et d'être entendus par des juridictions régulières. Lorsque cette condition fut réunie, devant la Cour d'assises de Cotonou ou devant la Cour suprême, la procédure retrouva ses proportions et la peine son sens. Lorsque, au contraire, des formations spéciales ou militaires se substituèrent au juge naturel, la défense devint d'abord ornement, puis gêne, enfin absence. En résultèrent des verdicts expéditifs, des démentis politiques a posteriori et, plus grave encore, des exécutions sans procès, scènes dont l'avocat fut exclu, sinon dans le regret des consciences.

Il faut nommer, car la mémoire du Barreau est d'abord celle d'une fonction incarnée. Au fil des dossiers, l'on voit intervenir Me François Amorin, Me Benjamin d'Almeida, Me Ruth Katz, Me Pierre Bartoli, Me Georges Haag, Me Maurice de Lavaissière, ainsi que des confrères de la sous-région, tels Me Anani Santos, Me Noé E. Kutuklui, Me Guy A. Kouassigan. L'on voit aussi des instants où la défense prit une portée éthique singulière, lorsque des réquisitions s'assumèrent à rebours d'instructions politiques ou lorsque des plaidoiries rappelèrent que la parole demeure libre quand la plume voudrait servir.

La méthode adoptée sera énumérative et chronologique par périodes. Pour chaque affaire seront rappelés le contexte, la base légale, la juridiction saisie, les conseils intervenants ou leur absence, la décision et ses suites. De cette série se dégagera une typologie des atteintes — lois de sécurité, juridictions spéciales, ingérence de l'exécutif — et, en regard, des lignes de résistance : l'œuvre des avocats, le contrôle de la Cour suprême, la persistance de quelques repères civils dans le tumulte.

Il ne s'agit pas d'opposer mécaniquement juges et gouvernants. Il s'agit de rappeler une évidence classique : nul procès juste sans défense. L'expérience dahoméenne des années 1960 à 1972 confirme que la garantie des libertés tient moins à la noblesse des textes qu'à la possibilité concrète d'un contradictoire porté par des conseils responsables. Là gît la dignité de la justice. Là se mesure, sans emphase, l'utilité publique de l'avocat.

I. 1960–1963 : Démocratie parlementaire contrariée et naissance de la justice d'exception

Affaire dite du « complot contre la sûreté de l'État » (mai–décembre 1961)

Le Dahomey vient tout juste d'entrer dans sa vie d'État souverain lorsque s'ouvre, en 1961, une séquence où la politique tutoie de très près la justice pénale. Le Parti dahoméen de l'unité, conduit par Hubert Maga et Sourou Migan Apithy, s'était déjà doté d'un arsenal normatif destiné à préserver l'ordre public avec la loi n° 61-7 du 20 février 1961 relative à la sécurité publique. À la fin de l'été, une étape supplémentaire est franchie avec la loi n° 61-40 du 11 août 1961 instituant une Cour criminelle spéciale, immédiatement suivie du décret n° 61-260/PR.MJL du 17 août 1961 qui en fixe la composition. Cette chronologie étonne, car la juridiction d'exception naît après les faits qui lui seront soumis, ce qui nourrira rapidement le soupçon d'une justice façonnée à la mesure d'un dossier déjà embrasé.

Tout part d'un communiqué retentissant, le 28 mai 1961, à l'issue d'une conférence de parti. On y annonce la découverte d'un « complot grave, criminel, ignoble » destiné à renverser le gouvernement. L'onde de choc est immédiate. Les premières arrestations visent Antoine Djogbéhouè Guézo, premier adjoint au maire d'Abomey, ville dont le maire n'est autre que Justin Tométin Ahomadégbé. Quelques jours plus tôt, le 22 mai, Djogbéhouè Guézo avait été retrouvé mort dans sa cellule. Une expertise et une autopsie retiennent la thèse du suicide. L'instruction ne s'en arrête pas pour autant et s'élargit aux figures politiques considérées comme les pivots possibles de l'entreprise. Très vite, Ahomadégbé est placé sous mandat de dépôt et l'accusation s'organise autour de chefs liés à la sûreté de l'État.

Un second récit éclaire les ressorts de l'affaire. A. S. Akindès rapporte que « la thèse officielle est que se prépare, avec des grenades et autres munitions, une manifestation violente qui mettrait dans les rues, des enfants et des femmes sur lesquels, pensait-on, on n'oserait pas tirer des coups de feu. Les mesures prises par décrets le 10 juin 1961 sont la dissolution du Conseil communal d'Abomey et la création d'une délégation spéciale dirigée par le Préfet. Il est vrai que le président Justin T. Ahomadégbé est le maire élu d'Abomey et le sieur Antoine Djogbéhouè Guézo, le premier adjoint. » La prévention des troubles cède ici la place à une recomposition administrative qui retire à la cité son organe élu. L'atmosphère judiciaire s'en trouve alourdie. Au cœur du dossier, le ministère public expose un enchaînement où pratiques occultes alléguées et calculs politiques auraient convergé vers une atteinte à la sécurité de l'État. La défense, elle, s'attache à défaire ce tissage en substituant au récit global la preuve individuelle.

Lorsque la Cour criminelle spéciale prend effectivement place, elle apparaît comme l'instrument juridictionnel d'un moment d'exception. La formation est présidée par Grégoire Gbénou, assisté d'Honoré Ahouansou et d'Antoine Fidégnon. Le commissaire du gouvernement est Christian Vieyra. Les jurés titulaires sont Francis Covi, Mlle Basilia Chokki, Ambroise Dosso Yovo et Arsène Kindé. Les jurés suppléants sont Boniface Nobimé et Alfred Aymard Bossou. Malgré ce décorum et la rigueur de la mise en état, la singularité d'une cour instituée après les faits jette une ombre sur la sérénité du jugement.

La défense ne se contente pas d'exister. Elle agit. Me Pasquini, du barreau de Nice, veille aux exigences de la preuve et à la cohérence des chefs d'accusation. Me Anani Santos, venu de Lomé, rappelle par sa présence combien la défense se conçoit aussi comme une éthique régionale de la robe. Aux côtés de ces confrères, Me Georges Haag, Me de Souza, Me Louis-Maurice Fortuné et Me Benjamin d'Almeida déploient une stratégie classique et résolue. Ils contestent l'élément intentionnel, interrogent la matérialité des pièces, réclament l'égalité des armes face à une accusation portée par une juridiction d'exception. L'audience vit de ces frottements. Les témoins sont confrontés. Les dates sont reprises. Les versions se heurtent. On sent pourtant que la logique d'ordre public imprime sa cadence.

Le 10 décembre 1961, la Cour prononce des peines lourdes. Guédédéhoungué Sossa dit Danyro est condamné à quinze années de travaux forcés. Daniel Tachida et Hounbadji Dossou reçoivent chacun cinq années de travaux forcés. Raymond Nougoudjo est condamné à cinq années de détention. Justin T. Ahomadégbé se voit infliger cinq années de détention. Les couloirs bruissent aussitôt d'analyses contraires. Les uns saluent une réponse jugée proportionnée au péril allégué. D'autres considèrent qu'en dépit du respect apparent des formes, la justice a consenti trop largement aux facilités de l'exception.

L'épilogue n'emprunte pas la voie d'un recours. Il vient du politique. La loi n° 32-37 du 30 octobre 1962 habilite le Chef de l'État à prendre des mesures exceptionnelles de libération conditionnelle. Le décret n° 62-468/PR.MJL du 8 novembre 1962 en trace l'application concrète. Les condamnés de l'affaire bénéficient d'une libération conditionnelle. La peine n'aura pas été le dernier mot de l'État. Certains y voient un empiétement sur la chose jugée. D'autres saluent au contraire une désescalade utile dans un pays neuf où l'on cherche encore la juste mesure entre fermeté et apaisement.

Reste la question de fond, autant politique qu'historique. Le complot fut-il une entreprise concertée et mûre ou la somme de maladresses et d'intentions que l'on baptisa pour mieux les écraser. Ici, la remarque d'A. S. Akindès est demeurée célèbre. « Le 5 juillet, trois semaines après les arrestations, un communiqué annonçait que les dirigeants de l'UDD apportent désormais leur soutien au Président du PDU. Les noms des dirigeants concernés n'ont jamais été publiés. Malgré les lacunes dans la présentation des faits et le silence imposé aux magistrats, les populations ont eu droit à des affirmations comme : il y a-t-il complot. Oui. Il y a complot » comme explication et pas plus. L'hypothèse de pressions extérieures a, de surcroît, circulé avec insistance et le nom de Félix Houphouët-Boigny a souvent été cité dans les conversations de l'époque.

Pour l'objet de ce chapitre, la valeur démonstrative de l'affaire est ailleurs. Elle tient à la ligne sinueuse qui court du texte d'ordre public à la juridiction d'exception, puis du prétoire au décret de clémence. Elle tient surtout à la place de la défense. Lorsque la robe peut tenir debout, la procédure retrouve ses proportions. Lorsqu'elle est tolérée plus que pleinement entendue, la peine se raidit autant que le procès perd en sérénité. L'affaire Ahomadégbé a fixé cette grammaire. Elle a rappelé que nul procès juste ne se rend sans une défense effective et que nul État de droit ne prospère lorsqu'il s'habitue aux commodités de l'exception pénale.

Il est à noter que le sigle P.D.U. désigne le Parti dahoméen de l'unité. L'U.D.D. désigne l'Union démocratique dahoméenne..

Affaire Christophe Bohiki (1963–1965)

Le Dahomey entre en 1963 avec la gravité des jeunes Républiques qui cherchent encore leur point d'équilibre entre politique et droit. À Porto-Novo, le corps de Daniel Dossou, fonctionnaire respecté, est découvert dans un marécage du quartier Lokossa. L'émotion gagne la ville, puis le pays. L'information judiciaire, patiente et pressante à la fois, remonte les fils des témoignages, décrit les voisinages, interroge les fidélités. Elle atteint un élu en exercice, Christophe Bohiki, député à l'Assemblée nationale. À partir de cet instant, l'affaire cesse d'être seulement criminelle ; elle devient institutionnelle.

Le Procureur général près la Cour d'appel de Cotonou requiert la levée de l'immunité parlementaire. Le 1er juin 1963, l'Assemblée nationale l'accorde, mais croit devoir ménager ce qu'elle imagine être un juste milieu. Elle « assortit » son vote de deux conditions : que le député demeure « prévenu libre » et qu'aucune prise de corps n'intervienne avant l'ordonnance de clôture. Le compromis paraît habile sur le papier. L'instruction, pourtant, suit son cours propre. Un mandat de dépôt est décerné. Le 26 août 1963, une demande de mise en liberté provisoire est formée ; le 5 septembre 1963, la Chambre des mises en accusation la rejette. La scène se déplace alors vers la Cour suprême, où la question n'est plus seulement celle des faits, mais celle des principes.

Le 23 novembre 1963, la chambre judiciaire, sous le rapport du président Y. Geslin et sur conclusions du procureur général Le Marquand, dit le droit avec une netteté qui dépassera le seul « dossier Bohiki ». La Cour rappelle la finalité de l'inviolabilité parlementaire, qui protège l'exercice du mandat des poursuites dictées par la passion politique, mais en borne l'emprise. Elle juge « qu'il n'appartient pas à l'Assemblée nationale, lorsqu'elle accorde ou refuse la levée de l'immunité parlementaire, d'assortir cet accord ou ce refus de conditions », et précise qu'une telle pratique violerait « la règle de la séparation des pouvoirs » en « rétrécissant les moyens d'investigation » du juge. Le pourvoi est rejeté. Le principe est désormais clair : le législatif autorise la poursuite, il ne dirige ni l'enquête ni la détention.

À ce stade, les avocats ont déjà marqué le dossier. Devant la Cour suprême, Me d'Almeida et Me Fortuné, au soutien du pourvoi, avaient cadré le débat sur le terrain de la Constitution implicite et de l'orthodoxie procédurale : ils ont soutenu que l'Assemblée, en « conditionnant » la levée, avait cru pouvoir faire œuvre de juge d'instruction bis, ce que la séparation des pouvoirs proscrit. Leur argumentation, si elle n'emporte pas la cassation, irrigue cependant l'arrêt : la Cour reprend expressément l'axiome qu'ils ont mis en avant et le hisse au rang de règle.

Rien n'est joué pour autant quant à l'accusation. L'instruction est close, le renvoi prononcé. En août 1965, la Cour d'assises de Cotonou ouvre l'audience. La présidence est assurée par Cyprien Aïnadou ; le ministère public est conduit par le procureur général Grégoire Gbénou. La salle est comble. C'est l'un de ces moments où la justice criminelle retrouve sa majesté de droit commun : publicité, débats, serments, interrogatoires, confrontations.

La défense de Christophe Bohiki est conduite par Me François Amorin. Sa ligne est celle d'une reconstruction minutieuse des faits, contre la tentation d'un récit trop lisse. Il démonte, pièce à pièce, les enchaînements de l'accusation, refuse les inférences hâtives, rappelle que la preuve pénale ne tolère ni l'approximation ni l'argument d'autorité. Dans les contre-interrogatoires, il s'attache à la matérialité : heures, trajets, concordances téléphoniques, géographie des lieux. Il traque les contradictions de détail, celles qui font basculer l'intime conviction dans le doute raisonnable.

Aux côtés de co-accusés, Me Benjamin d'Almeida et Me Ruth Katz portent une autre part de la charge. Me d'Almeida plaide la disqualification de qualifications trop englobantes et la responsabilité strictement personnelle, rappelant que la culpabilité par simple voisinage est étrangère à notre droit. Il insiste sur l'autonomie de chaque dossier individuel à l'intérieur du procès collectif. Me Ruth Katz, d'une voix précise, travaille la crédibilité des témoins, questionne la chaîne de conservation des pièces, s'oppose à ce que l'on « contamine » un accusé par les faits d'un autre. Elle déploie une argumentation de procédure autant que de fond, refusant que des mesures d'instruction lacunaires se muent en certitudes d'audience.

En face, Me Georges Haag représente la veuve et l'enfant de Daniel Dossou. Sa présence rappelle que l'assise criminelle n'est pas seulement la scène du face-à-face entre parquet et défense. Il redonne au dossier son centre de gravité humain sans cesser d'être juriste. Il établit le préjudice moral et matériel, tient la main de la partie civile dans le prétoire et, à mots comptés, rappelle le sens premier du procès : nommer la violence, dire le tort, et demander réparation là où le droit le permet.

Le ministère public, mené par Grégoire Gbénou, déroule un réquisitoire sans emphase superflue. Il ordonne les indices en faisceau, décrit une cohérence qu'il estime irréfutable, rattache la causalité pénale aux convergences de témoignages et de circonstances, récuse les hypothèses alternatives que la défense tente de faire prospérer. Il ne cède ni au ton vindicatif ni au pathos, et c'est précisément ce dépouillement qui donne du poids à sa parole.

L'audience est vive. On revisite les lieux, on éprouve les alibis, on confronte les versions. À la barre, les témoins bousculent parfois leurs propres déclarations ; au greffe, les pièces passent de main en main ; sur le banc, les robes veillent. Chacun fait son office, et c'est cette chorégraphie sévère qui donne au jugement sa légitimité formelle.

Le verdict, lorsqu'il tombe, porte la marque du temps autant que le poids du dossier. Christophe Bohiki est condamné aux travaux forcés à perpétuité, avec quinze années d'interdiction de séjour. Ambroise Fahomi est condamné aux travaux forcés, assortis de dix années d'interdiction de séjour. Théophile Adéchian est condamné aux travaux forcés et à cinq années d'interdiction de séjour. Adjibola est condamné à cinq années de travaux forcés. François Oyétola, dit Ogalari, est acquitté. Tétédé Omonmédji Adébola est acquittée. La sévérité n'a donc pas effacé la nuance, et la nuance, pas davantage, la gravité.

Au terme de l'affaire, il reste une double leçon. D'abord, l'arrêt de la Cour suprême du 23 novembre 1963 qui a tracé une frontière nette entre le vote politique de la levée d'immunité et la conduite judiciaire de l'enquête, demeure comme une balise de séparation des pouvoirs. Ensuite, le procès d'août 1965 rappelle que la peine, dans une cité troublée, ne tire sa force qu'à la condition d'être le fruit d'un contradictoire effectif. Ici, la robe n'a pas été ornement. Elle a été substance. Me François Amorin pour l'élu, Me Benjamin d'Almeida et Me Ruth Katz pour les co-accusés, Me Georges Haag pour la partie civile, chacun dans sa ligne, ont donné consistance à la défense et au débat. Leur rôle, précisément défini et pleinement exercé, est la meilleure part de ce que l'on retiendra du « procès Bohiki » : non pas une scène de vindicte, mais un laboratoire d'État de droit, où l'accusation est mise à l'épreuve et où la justice, en public, se donne des raisons.

L'affaire des émeutes de Parakou dite Chabi Mama (1964–1965)

À Parakou, l'année 1964 n'a pas seulement été une rubrique d'ordre public : elle fut un révélateur. À la suite du coup d'État du 28 octobre 1963 et des réorganisations institutionnelles qui l'ont suivi, l'atmosphère est lourde, les fidélités se recomposent, les rancœurs aussi. Dans la ville du moyen-Nord, la rumeur court plus vite que les démentis. Entre le 12 et le 14 mars, des troubles éclatent, d'abord sporadiques puis franchement violents, aux quartiers Gâ et Yarakinni. Des maisons sont prises pour cibles, des hommes s'agrègent en cortèges peu pacifiques, la peur s'installe, surtout chez ceux qu'on appelle alors « ressortissants du Sud ». La police rétablit l'ordre au prix d'une répression ferme. Les interpellations s'enchaînent. Dans ce climat, un nom retient l'attention

: Chabi Mama, figure du Nord, ancien secrétaire général du Parti Dahoméen de l'Unité et proche d'Hubert Maga, revenu à Parakou après le changement de régime. Très vite, l'enquête l'englobe, avec plusieurs proches. L'accusation retient l'attentat, l'insurrection et l'incitation à la rébellion, les mots les plus graves du lexique pénal pour dire une ville qui a frôlé l'embrasement.

Le dossier gagne la côte. Détenus à Porto-Novo, les inculpés attendent la session criminelle. En mai 1965, la Cour d'assises de Cotonou s'ouvre dans une salle comble où l'on devine, au-delà des curieux, les inquiétudes d'une République encore jeune. La Cour est présidée par Cyprien Aïnadou. Le ministère public est tenu d'une voix égale par le procureur général Grégoire Gbénou. À l'instant où les robes s'avancent, la procédure retrouve ses repères : la défense est là, nommée, assumée. Me Anani Santos, venu de Lomé, prend la cause de Chabi Mama, s'attache à dissocier la personnalité politique du prévenu des violences de rue et, surtout, à ramener le débat à la preuve : qui, quand, où, comment. Me Pierre Bartoli défend Bio Ali Yérima, plaide la mesure et la responsabilité personnelle, refuse que l'on se contente d'« appartenances » pour remplir les cases d'un acte d'accusation. Me Ruth Katz, pour dame Baké Maga, sœur de l'ancien président Maga, reconduit patiemment la Cour à la seule question utile : l'implication effective, à telle heure, en tel lieu ; et lorsque le silence des pièces répond mieux que la parole, elle le fait entendre.

Le débat a ses heurts. On revisite Parakou à la barre, ses rues, ses attroupements ; on lit des procès-verbaux consignés à chaud ; on interroge des témoins chez qui la mémoire et la prudence passent tour à tour. Le réquisitoire s'attache à l'enchaînement des faits : présence des uns aux points névralgiques, mots d'ordre prêtés aux autres, mécaniques d'attroupements qui deviennent, à force de mots, des mouvements. La défense, elle, oppose la rigueur de ses questions. Me

Santos pointe les zones d'ombre des identifications, la « contagion des noms » dans les dépositions. Me Bartoli demande que l'on cesse de confondre l'influence d'un homme avec la maîtrise d'une foule. Me Katz rappelle qu'un climat ne fait pas une preuve, et qu'une parenté ne fait pas une complicité. Le président Aïnadou tient les audiences avec une fermeté discrète ; le procureur général Gbénou soutient l'accusation sans emphase, comme un fil qui se déroule.

Au verdict, chacun mesure combien une assise peut, dans des temps troublés, maintenir la part de nuance que réclame la justice criminelle. Chabi Mama est condamné à vingt ans de détention, assortis de cinq années d'interdiction de séjour. Augustin Ali Bio Yérima écope de dix-huit ans et de cinq années d'interdiction de séjour. Ousmane Amadou, dit « police », reçoit quinze ans et cinq années d'interdiction de séjour ; même peine pour Ibrahim Lawani, également dit « police ». Salifou Boni est condamné à dix ans de détention, avec cinq années d'interdiction de séjour. Et, face à ces sévérités, la Cour prononce plusieurs acquittements, au premier rang desquels celui de dame Baké Maga, ainsi que ceux de Yaya Abdoulaye, Karimou Bouraïma, Sanni Saka et Chabi Ouorou Gangou, le griot. On peut discuter l'échelle des peines ; on ne saurait contester que la défense a existé, suffisamment pour obtenir que la répression ne fût pas la même pour tous, dans un dossier où la tentation était grande de punir en bloc ce qui avait agi en foule.

Le sens de l'affaire tient autant à son épilogue qu'à son ouverture. Elle s'enracine dans une année 1964 travaillée par la recomposition institutionnelle et par une crispation régionale dont la justice n'est pas comptable mais qu'elle doit, en quelque sorte, contenir. Elle rappelle que, même lorsque l'accusation parle de « rébellion », la salle d'audience reste le lieu d'une pesée précise des faits, sous le regard croisé des magistrats, du parquet et des conseils. Elle montre, enfin, que la robe peut faire advenir la mesure dans des temps sans mesure : par l'obstination de Me Anani Santos à replacer l'analyse au niveau des actes ; par la vigilance de Me Pierre Bartoli face aux glissements de l'imaginaire politique dans le récit pénal ; par la constance de Me Ruth Katz à faire entendre que l'absence de preuve est encore une preuve. Là où la défense a pu se tenir debout, le procès a conservé sa tenue. Et c'est ainsi que Parakou, ramenée de la rumeur au dossier, a fini par redevenir une affaire de droit.

Une révolution : la Cour suprême reconnait aux femmes djèdjè le droit d'hériter

En 1964, loin des grands fracas pénaux, un arrêt de la chambre judiciaire de la Cour suprême du Dahomey marque une inflexion silencieuse mais décisive du droit coutumier. Saisi d'un pourvoi formé le 23 mai 1961 par le sieur A… B… contre un arrêt du Tribunal supérieur de droit local du 12 avril 1961, le juge de cassation est invité à dire si, en coutume Djèdjè, les filles peuvent non seulement recueillir un immeuble par succession, mais encore en disposer. La procédure est régulière au regard de la loi du 8 juin 1960, le dossier est plaidé par Me Haag, et la Cour statue sous l'empire de la loi du 18 octobre 1961 organisant la Cour suprême.

Références de l'arrêt

Bénin, Cour suprême, chambre judiciaire, 15 juillet 1964, n° 23. Président-rapporteur Y. Geslin. Conseillers Boya et Kindé. Procureur général Le Marquand. Greffier en chef J. Larmaillard. Avocat du demandeur : Me Haag. « Vu le pourvoi formé le 23 mai 1961 au greffe de la Cour d›appel de Cotonou par le sieur A... B..., tendant à l'annulation d'un arrêt en date du 12 avril 1961 du Tribunal supérieur de Droit local du Dahomey rendu à son préjudice en faveur du sieur C... D.... .

Par les moyens que ledit arrêt a violé la couture et les dispositions de l'article 17 du décret du 3 décembre 1931 ; Ensemble le mémoire ampliatif en date du 18 avril 1964 enregistré au greffe de la Cour suprême le 19 suivant, déposé par Me Haag à l'appui du pourvoi du demandeur ; Vu la transmission du dossier à la Cour suprême et la notification qui en a été faite au demandeur ; Vu l'arrêt attaqué ; Vu toutes les pièces produites et jointes au dossier ; Vu la loi du 18 octobre 1961 organisant la Cour suprême ; Ouï à l'audience du 15 juillet 1964 ; Vu le président Geslin en son rapport ; M. le procureur général Le Marquand, en ses conclusions ; Et après en avoir délibéré conformément à la loi ; »

« Attendu que par acte au greffe de la Cour d›appel de Cotonou en date du 23 mai 1961 le sieur A... B... s'est pourvu en annulation contre l'arrêt rendu le 12 avril 1961 dans la cause qui l'opposait au sieur C... D.... Attendu que ce pourvoi fait dans les formes et délais de la loi du 8 juin 1960 est recevable ; Vu le mémoire ampliatif déposé le 19 avril 1964 par Me Haag ; avocat, conseil du sieur A... B.... »

« Sur le premier moyen pris de la violation de la coutume ; Attendu qu'il est reproché à l'arrêt attaqué d'avoir infirmé le jugement rendu le 18 novembre 1960 au motif que la coutume Djèdjè, coutume des parties admettrait que les filles puissent hériter et disposer des terrains et ce conformément à la constitution, sans indiquer de quelle constitution il s'agit ; que de toute façon il n'existe aucun article dans la constitution abolissant les coutumes ; Attendu que la coutume Djèdjè qui interdit aux femmes de recueillir une succession immobilière a pour but la protection de la famille. En effet, la coutume ne veut pas que les immeubles sortent de la famille et comme les filles sont appelées à se marier à des étrangers, on conçoit la légitimité de l'interdiction ; en admettant que les filles peuvent hériter et disposer librement des terrains, le Tribunal Supérieur de Droit local a violé une règle fondamentale de la coutume ; Attendu que la coutume Djèdjè, qui est celle des parties a été définie explicitement par le Tribunal du 2ème degré ; la femme héritière d'un immeuble ne peut en disposer et le bien doit revenir aux plus proches à condition que ces derniers pourvoient à ses besoins - s'il ne le font pas, elle redevient libre de le vendre ; Que c'est ce qu'a voulu dire le Tribunal supérieur de droit local quand il déclare que la coutume Djèdjè admet que les filles peuvent hériter et disposer des terrains ; Que l'argument tiré de la constitution est dans ces conditions surabondant ; Qu'en conséquence, le Tribunal Supérieur de Droit Local n'a pas violé la coutume en validant la vente faite par dame X ... »

« Sur le 2ème moyen pris de la violation de l›article 17 du décret du 3 décembre 1931 ; En ce que pour infirmer le jugement frappé d'appel, le Tribunal Supérieur de Droit Local a invoqué la prescription acquisitive qui aurait joué en faveur de C... D..., alors que l'article 17 vise la prescription de l'action et que le demandeur est C.D.,c'est donc en violation de l'article 17 que le Tribunal a opposé la prescription au défendeur ; Attendu que le Tribunal n'a invoqué la prescription de l'action considérée en droit local comme d'ordre public que pour écarter la revendication d'A... B... prétendant reprendre en qualité d'héritier une partie des parcelles dont dame X... avait disposé ; Que dès lors ce moyen ne saurait être retenu »

« Par ces motifs : REJETTE le pourvoi du sieur A... B... Le condamne aux dépens de cassation. Ordonne la notification du présent arrêt à Monsieur le Procureur général près la Cour d'appel de Cotonou et aux parties en cause.

Ainsi jugé et prononcé par la Cour suprême (chambre judiciaire) à l'audience publique du mercredi quinze juillet mille neuf cent soixante-quatre. Où étaient présents : MM. Geslin, président - Boya et Kindé, conseillers - Le Marquand, procureur général et Larmaillard, greffier en chef. Et ont signé :Le président - Rapporteur : Y Geslin - Le Greffier en chef : J. Larmaillard Avocat : Me Haag »

Portée

Sans prétendre abolir la coutume, la Cour valide l'analyse du juge du fond : en coutume Djèdjè, les filles peuvent hériter d'immeubles et, sous réserve d'une protection de la cellule familiale, en disposer. Le principe est subtil mais réel. D'un côté, la règle d'inaliénabilité au profit des proches demeure, pour autant que ces derniers pourvoient aux besoins de l'héritière. De l'autre, si cette condition fait défaut, la femme retrouve la liberté de vendre. La décision rejette par ailleurs le moyen pris de l'article 17 du décret du 3 décembre 1931, en rappelant que la prescription de l'action, d'ordre public en droit local, a été invoquée à bon escient pour écarter une revendication successorale tardive. En 1964, ce raisonnement ouvre une brèche protectrice dans l'édifice coutumier et fait date, parce qu'il affirme, dans les mots mêmes du droit local, une capacité successorale féminine que beaucoup tenaient encore pour impensable.

II. Le temps des ordonnances (1965–1972)

La République entre, à partir du milieu des années soixante, dans une zone de turbulences où les textes ne cessent d'être sollicités par l'urgence politique. Trois coups d'État réussis scandent la période, et l'on voit, presque mécaniquement, l'ombre portée de l'exécutif s'allonger sur la justice. Le Parlement s'estompe, la norme se décrète, la procédure se durcit. Sous le magistère d'Émile Derlin Zinsou, installé en 1968 avec l'appui des militaires, l'arsenal des juridictions d'exception s'affermit : le Tribunal militaire d'exception est réorganisé et doté de membres par le décret n° 1968-21 du 25 janvier 1968, puis ses bases normatives sont consolidées par un faisceau d'ordonnances publiées la même année. Dans cet ordonnancier serré figure notamment une ordonnance du 8 février 1968 relative aux formations d'exception et à leur procédure, enregistrée au Journal officiel. Ces textes, que l'on peut lire dans la collection des actes gouvernementaux, attestent d'un choix : confier à une juridiction à dominante militaire, composée de six officiers assistés d'un seul magistrat civil, la connaissance d'infractions que le droit commun aurait pu embrasser, mais avec davantage de garanties et moins de célérité.

Dans ce climat, la profession d'avocat garde son cap avec une ténacité presque antique. Les robes plaident, parfois contre le vent, parfois à rebours d'instructions trop pressantes. Et il arrive que la parole, seule, fasse barrage à la raison d'État.

Affaire Louis Chasme (1967-1968)

À la fin de 1967, les « jeunes cadres » de l'Armée dahoméenne écartent le général Christophe Soglo et installent un gouvernement où le commandant Louis Joseph Chasme (1929–1994), intendant militaire, est nommé Garde des Sceaux, ministre de la Justice et de la Législation. Quelques semaines plus tard, l'architecture judiciaire est retouchée : l'Ordonnance n° 7 PR du 8 février 1968 réforme le tribunal militaire d'exception, lui imposant une procédure de flagrant délit, rapide, sommaire, et une composition dominée par six officiers sous la présidence d'un seul magistrat civil. Le ministère public y prend le nom de commissaire du gouvernement. Le décor est dressé avant l'entrée en scène.

En mars 1968, l'accusation tombe : détournement de deniers publics, pour un montant de quatre millions de francs. Le ministre Louis Chasme est arrêté et présenté devant la juridiction d'exception nouvellement remaniée. D'emblée, la disproportion entre la nature des faits allégués qui appellent vérifications comptables et recoupements patients et la mécanique abrégée du flagrant délit saute aux yeux. La défense, elle, se constitue en phalange. Du Barreau du Bénin se présentent Me Pierre Bartoli, Me François Amorin, Me Benjamin d'Almeida, Me Fèliho, Me Ruth Katz ; de Lomé et exilés au Bénin, arrivent en renfort Me Anani Santos, Me Noé E. Kutuklui, Me Guy A. Kouassigan. Tous partagent la même stratégie : replacer le procès sur son terrain naturel, celui d'une preuve construite, contradictoire, vérifiable.

La surprise vient pourtant du siège du ministère public. Le commissaire du gouvernement s'appelle Adrien Houngbédji. À l'ouverture, il révèle avoir reçu une injonction écrite du chef du gouvernement lui prescrivant de requérir vingt ans d'emprisonnement. Il demande audience, fait connaître son refus d'ânonner une peine sans dossier, puis, à la barre, lit la lettre et s'en détache. La salle retient son souffle. Il prononce alors les mots qui demeureront : « la plume est serve mais la parole est libre ». Et d'ajouter, dans la même foulée : « c'est au nom de la raison d'État, aveugle, injuste, partisane que le gouvernement vous demande de le condamner. C'est au nom de l'État de droit que j'abandonne l'accusation et vous demande de l'acquitter. » Cette volte-face n'est pas un geste d'humeur ; elle marque l'ultime loyauté d'un parquetier à l'égard de l'idée même de justice : requérir, oui, mais à partir de pièces, pas d'ordres.

Les avocats s'engouffrent dans la brèche. Me Bartoli invite le tribunal « à suivre la voie de l'honneur et du courage » en prononçant l'acquittement. Me Amorin et Me d'Almeida démontent la construction accusatoire, pièce après pièce, insistent sur l'inadaptation du régime de flagrant délit à une infraction financière et sur l'absence de « preuve chiffrée » qui tienne à l'épreuve du contradictoire. Me Katz veille à la cohérence d'ensemble : garantie des droits de la défense, contrôle de la régularité des actes, rappel que l'exception ne dispense jamais de prouver. Les confrères venus de Lomé prolongent le trait: la juridiction d'exception, fût-elle en uniforme, n'a pas licence de condamner sans certitude.

Le verdict tombe pourtant, à rebours des réquisitions d'acquittement et des plaidoiries. Vingt ans d'emprisonnement. Le commissaire du gouvernement tient parole jusqu'au bout : il démissionne sur-le-champ de la magistrature. Le président civil du tribunal d'exception, lui aussi, se démet de ses fonctions, signe ultime d'un désaccord qui ne se dit pas mais se marque. Le pays s'éveille sur un jugement dont la sévérité tranche avec la pauvreté du débat probatoire. Et, soudain, la pièce bascule une seconde fois. Quelques jours plus tard, un communiqué militaire annonce la dissolution du tribunal militaire d'exception, l'invalidation du jugement rendu, la mise en liberté de Louis Chasme et l'annulation des dossiers en instance. Ce que l'exception avait prononcé, l'exécutif l'efface. Ce que la robe avait tenté de retenir, la raison d'État l'emporte en sens inverse.

On chercherait en vain, dans cette succession, les repères d'un État de droit serein. Mais l'affaire laisse en héritage autre chose qu'un malaise : elle fixe des lignes. D'un côté, l'usage des ordonnances pour dessiner des juridictions à la main, l'emploi du flagrant délit comme raccourci, la tentation d'adresser au ministère public des instructions à la peine. De l'autre, la résistance d'un parquetier qui se souvient que sa liberté de parole est un devoir, l'unité d'un Barreau qui, nombreux, a tenu la barre du contradictoire, la dignité d'un président qui renonce plutôt que de cautionner. Le procès Chasme n'aura pas seulement raconté la vulnérabilité de la justice sous les ordonnances ; il aura donné à voir, au milieu même de la tourmente, ce qui, dans la robe, demeure indocile.

Affaire Taïgla (1970)

Dans la torpeur de janvier 1970, Cotonou découvre l'assassinat d'André Taïgla, lieutenant des douanes, retrouvé chez lui à la cité douanière. L'alerte est donnée par son épouse, Thérèse Hountondji, et par leur fille, Clarisse. La police se rend immédiatement sur place. Rien n'indique une effraction, rien ne suggère un vol qui aurait mal tourné. Le corps, ligoté dans un sac de jute, dit la préparation méthodique. L'attitude de l'épouse trouble les enquêteurs. Le délai dans l'alerte intrigue. Le calme de la maison heurte l'horreur de la scène.

Les auditions serrées commencent. Thérèse et Clarisse expliquent qu'elles revenaient du cinéma, au Ciné Vog. Les questions se font plus précises. Ni la mère ni la fille ne peuvent donner le titre du film ni en raconter l'intrigue. La ligne de défense s'effrite. Clarisse avoue la première. Sa mère confirme et apporte des détails. L'enquête reconstitue deux actes. D'abord une tentative d'assassinat avortée qui laisse sur place la veste de l'un des hommes de main. Ensuite, la mise à exécution du plan au domicile des Taïgla. Les exécutants se cachent dans la cuisine. Lorsque le douanier rentre, un tir à bout portant est déclenché, puis une pluie de coups s'abat sur lui. La mère assiste, la fille se cache à la douche. Le corps est ligoté dans un sac de jute. Les auteurs se concertent à l'extérieur, évoquent l'idée de jeter le cadavre à la mer avant d'y renoncer. Le lendemain, la somme promise est réglée. Les arrestations s'enchaînent : Christophe Babagbéto, Dossou Tokplo dit Pierre, Nouatin Agbessi dit Sodabi et Ahotin Zounlenchou. Kobla Godovou Djikpadé demeure en fuite.

Dans un État de droit, cette matière eût été portée devant une cour d'assises. Au Dahomey de 1970, un Directoire militaire tient les rênes. Il décide de se substituer au ministère public et au siège. Il juge, condamne, et ordonne l'exécution sans procès. Ci-dessous, le communiqué officiel est reproduit intégralement, y compris son énumération et sa mise en forme, comme vous l'avez fourni.

Communiqué du Directoire

“ Réuni en Conseil extraordinaire dans la nuit du 2 au 3 février 1970, le directoire a pris à 4 heures du matin une importante décision... À l'aube, Thérèse Hountondji et son équipe de tueurs à gages ont été passées par les armes, c'est-à-dire fusillées sur les lieux mêmes du crime. Dahoméennes et Dahoméennes des villes et des campagnes, savez-vous pourquoi ? Le 16 janvier 1970, vers 23 heures 45, le commissaire central de la ville de Cotonou est avisé par un de ses homologues de la Sureté nationale que la dame Thérèse Taïgla qui revenait du cinéma avec sa fille Clarisse Taïgla a découvert dans son appartement, le cadavre de son mari gisant dans une mare de sang. La police se rendit immédiatement sur les lieux, accompagnée de Thérèse Taïgla et constata :

- que le cadavre de André Taïgla, lieutenant des douanes, 45 ans, avait été découvert, selon son épouse, par celle-ci et sa fille vers 21 heures ;
- que la proximité de plusieurs ménages éliminait l'hypothèse d'une agression venant de l'extérieur ;
- que l'état des lieux ne présentant aucun indice de désordre, il convenait de rejeter toute hypothèse de crime ayant pour mobile le vol ;
- que le corps de la victime était ligoté dans un sac de jute, ce qui laissait supposer que les agresseurs avaient pris tout leur temps pour opérer. On pouvait s'étonner de l'attitude très suspecte de dame Thérèse Hountondji :
- son manque d'empressement à signaler l'assassinat de son mari ;

- la manière dont elle a signalé cet assassinat, plusieurs heures après la découverte du corps et en passant par l'intermédiaire - certainement pour s'éviter des ennuis - d'une haute autorité de la Sûreté nationale ;

- enfin son calme tout-à-fait désinvolte devant une mort violente qui devait plus que tout l'affliger et la troubler. Tous ces faits et gestes devaient conduire à l'interrogatoire serré de Thérèse et Clarisse qui ont déclaré d'abord avoir découvert le corps à leur retour d'une séance de cinéma" Vog". Cette précision qui pour elles était un alibi, qu'elles pensent irréfutable et qui doit les laver de tout soupçon, est ce qui les a perdues. Car, aucune ne put indiquer le titre du film qu'elles étaient censées avoir vu, ni résumer le canevas. Pressée de questions, la jeune Clarisse doit la première passer aux aveux complets. La mère confirmait les dires de sa fille et ajoutait des précisions qui devaient conduire à l'arrestation, dans un temps record, par le commissaire central et ses collaborateurs, de tous les auteurs de ce forfait sauf un.

Il s'agit de :

- Christophe Babagbéto ;

- Pierre Dossou Tokplo ;

- Nouatin Agbessi dit " Sodabi" ;

- Ahotin Zounlenchou.

Le cinquième homme de main, Kobla Godovou Djikpadé, est toujours en fuite. Il résulte de l'enquête préliminaire que les époux Taïgla ont eu six enfants, dont trois vivants. André Taïgla avait de forts soupçons sur la fidélité de son épouse et l'exprimait ouvertement. En juin 1969, Thérèse Taïgla se rend chez Christophe Bamiwalé Babagbéto, chauffeur en chômage, à qui elle raconte ses démêlés conjugaux. Elle ajoute qu'elle a essayé de supprimer son mari par les moyens occultes, mais sans succès et qu'il fallait trouver des moyens plus " efficaces" pour arriver à la liquidation physique pure et simple de son époux. L'homme et la femme étant tombés d'accord, Thérèse Taïgla loua une chambre à Babagbéto qui devint son amant – un amant convenablement entretenu par dame Hountondji, qui promit un emploi au chauffeur si le coup réussissait. Ce fut le premier tueur recruté par dame Hountondji pour arriver à ses criminels desseins. Un autre recrutement intervint, en la personne de Pierre Dossou Tokplo, gardien de nuit chez le sieur Toha Sogla. Quelques jours après, les trois se rendaient à Godomey, poursuivant l'enrôlement de tueurs à gages. C'est ainsi que Ahotin et Nouatin dit" Sodabi" furent recrutés. Dame Hountondji leur fit part du but et, pour les appâter, leur donna 1 000francs et une bouteille de Sodabi. Quatrejoursplustard,lesinistreplanestmisàexécution.DameHountondji a conduit à leur domicile les tueurs recrutés. Chacun se posta dans un coin de l'appartement attendant l'arrivée du mari, qui rentra quelques instants après et se coucha. Le groupe avait projeté de l'assommer dans son sommeil à coups de hachette et de coupe-coupe, mais réveillé par des bruits et des pas insolites, le lieutenant Taïgla a mis ses tueurs en fuite. Dans la débandade, Nouatin dit " Sodabi", a même perdu sa veste, qui a été retrouvé sur les lieux du crime. Première tentative d'assassinat. Échec. La dame Hountondji ne désarma pas pour autant. Le 13 janvier 1972, elle envoya son amant Babagbéto enjoindre Nouatin qu'il fallait recommencer " le coup". Nouatin hésite. Elle s'y rend elle-même. Après discussion, la date du 16 est retenue. Le vendredi 16 donc, vers 19 heures, tout le groupe se retrouva chez Tokplo. Il y avait Tokplo lui-même, Dame Hountondji épouse Taïgla, Nouatin "Sodabi" accompagné de Kobla Godovou Djikpadé, l'homme que "Sodabi" a recruté : Ahotin. Nouatin exigea quinze mille francs comme prix de la participation de Kobla et lui. Après discussion, la dame Hountondji obtint de payer huit-mille francs, mais seulement après l'exécution de son mari. Le groupe composé de Nouatin dit" Sodabi", Babagbéto, Ahotin, Tokplo et Kobla se transportait en taxi à la cité douanière, au domicile des époux Taïgla. Clarisse Taïgla, qui étudiait ses leçons du lendemain matin, vint leur ouvrir. La dame cacha son équipe de tueurs dans la cuisine en attendant l'arrivée de la victime. Le lieutenant André Taïgla arrive à 21 heures, après une longue journée de travail. Sa fille, Clarisse, sur les injonctions de sa mère Thérèse, va lui ouvrir. Taïgla dépose son casse-croute sur la table au salon. Faisant ce geste, il voit une lueur et entend une grande déflagration. C'est Babagbéto, armé d'un pistolet de fabrication locale acheté à Cana (ou Canan) par Thérèse Hountondji, qui vient de tirer à bout portant sur lui. La réaction de l'officier des douanes a été de se jeter par terre, mais à peine a-t-il esquissé ce geste, qu'il reçoit un grand coup de hachette à la nuque, coup asséné par " Sodabi", les quatre autres sortent en même temps que " Sodabi" de leur cachette et assomment Taïgla, les uns armés de hachette, les autres de coupe-coupe, et d'autres encore de gourdins ou de couteaux. Pendant ce temps, la dame Hountondji assistait, impassible, au massacre. Sa fille, un peu plus pudique, avait préféré se cacher à la douche pendant qu'on tuait son père. Dame Thérèse Hountondji remit, après exécution sauvage de son conjoint, un sac de jute ayant contenu du charbon à ses compagnons pour y amarrer, à l'aide d'une solide corde, le cadavre ensanglanté. Tout le monde, y compris la fille, quitta l'appartement pour aller se concerter sur les rails, face au domicile des Taïgla. Hountondji voulait qu'on jetât le corps à la mer. Nouatin pris de scrupules religieux, annonça que de multiples cérémonics sacrificatoires devaient accompagner un tel acte. C'est ainsi qu'on abandonne le corps sur les lieux et qu'on échafauda " le scénario du Ciné Vog". Le lendemain matin, samedi 17 janvier 1970, dame Hountondji a respecté les engagements pris en allant remettre huit mille francs à Nouatin dit "

Sodabi" à Godomey. Le crime est quasi parfait, sans bavure. Un crime abominable est consommé, en pleine ville, à une heure où tout le monde est encore debout. Il a soulevé une émotion immense dans les cœurs des Dahoméens. Afin de décourager à jamais toute velléité de commettre à nouveau de tels forfaits sur le sol dahoméen, le Directoire, quant à lui, a estimé que justice ne saurait être faite autrement.

Le verdict

C'est pourquoi hier matin à l'aube, Thérèse Hountondji et ses tueurs ont été passés par les armes sur les lieux mêmes où le crime a été commis. Les cadavres ont été exposés toute la matinée. Le Directoire Président : Commandant Paul Emile de Souza Membres : Commandant Cifi Benoît Sinzogan Commandant : Maurice Iropa Kouandété"

L'épilogue tient en une sensation de vertige. Une enquête de flagrance minutieuse n'a débouché ni sur une audience publique ni sur une plaidoirie. Le Directoire a transformé la vérité judiciaire en vérité d'État, substituant la décision d'un exécutif militaire à la délibération d'une cour d'assises. Des décennies plus tard, l'abolition de la peine de mort par la loi n° 2018-15 du 5 juin 2018 donnera à cette affaire la force d'un contre-exemple. Elle demeure un repère sombre, où l'exemplarité revendiquée de la sanction a étouffé les garanties élémentaires d'un procès équitable.

Procès Gbikpi (1971)

À peine un an s'était écoulé depuis l'affaire Taïgla que l'opinion publique du Dahomey fut à nouveau secouée par un crime retentissant. En 1970, le Directoire militaire avait cru décourager à jamais la criminalité passionnelle en ordonnant l'exécution sommaire de Thérèse Hountondji et de ses complices. La presse, les autorités, tout le pays avaient reçu ce message d'exemplarité : la mort serait la réponse définitive. Mais, dès 1971, une tragédie analogue éclatait, mettant en lumière l'inanité de cette logique. Cette fois, l'assassin s'appelait Sébastien Gbikpi et sa victime, sa compagne de longue date, Balbine Kaïssan. Le mobile était identique : l'amour fou. Mais l'acteur principal, un homme, voulait éliminer la femme qui partageait son toit pour faire place à sa maîtresse, Solange Assiongbon.

Le 19 octobre 1971, Sébastien Gbikpi mit au point un stratagème cruel. Aidé de complices, il organisa une sortie en périphérie de Cotonou, vers Abomey-Calavi, sous prétexte de cérémonies sacrificielles. Balbine Kaïssan, confiante, accepta de l'accompagner. Sur place, on lui demanda de tendre la nuque pour un rite. À cet instant, un coup de massue l'atteignit à la tête. Mais le geste n'étant pas fatal, il fallut l'achever. Le corps de la malheureuse ne fut découvert que le 3 novembre, confirmant l'atrocité du crime. L'émotion fut immense, la presse s'en empara, et très vite, le nom de Gbikpi fut sur toutes les lèvres. L'affaire, par sa violence, rappelait étrangement le cas Taïgla, mais en renversait les rôles.

Le parquet, conduit par le procureur général Alexandre Paraïso, choisit de qualifier le crime de flagrant délit, malgré l'absence d'immédiateté qui caractérise normalement la flagrance. Une ordonnance spéciale, rédigée dans la hâte, dispensa le pourvoi de tout effet suspensif afin d'accélérer le procès. Le climat était donc à la précipitation, à la volonté de frapper vite et fort. La Cour d'assises de Cotonou fut saisie. Elle était présidée par le magistrat Reculard, assisté des conseillers Alexandre Durand et Honoré d'Almeida.

Le 13 décembre 1971, le procès s'ouvrit dans une salle du Palais de justice comble. La foule massée dans la cour réclamait vengeance. Les avocats furent hués, insultés. Mais, au terme d'une bataille acharnée, la défense réussit à obtenir le renvoi de l'affaire au 30 décembre, le temps minimal pour rouvrir l'instruction et calmer l'emballement populaire. Les accusés étaient au nombre de trois : Sébastien Gbikpi, auteur principal, poursuivi pour assassinat ; Mathias Alabi Adékounlé, poursuivi pour complicité d'assassinat; et Kintossou Noukpago, poursuivi pour tentative d'assassinat et non-dénonciation de crime. Les parties civiles, la mère de la victime, ses quatre enfants et ses deux sœurs, étaient représentées par Me Maurice de Lavaissière. La défense se répartit ainsi : Me Adrien Houngbédji prit en charge Gbikpi ; Me François Amorin, Adékounlé ; Me Raoul Assogba, Noukpago. Ensemble, ils firent bloc contre l'accusation et contre l'opinion publique chauffée à blanc.

Profitant du délai arraché, les avocats menèrent leurs propres investigations. Houngbédji se plongea dans la psychologie de son client : un homme écartelé entre deux femmes, fragilisé par les conseils de charlatans, persuadé que seule la disparition brutale de Balbine permettrait d'épouser Solange. Amorin chercha à montrer qu'Adékounlé n'était qu'un complice de circonstance, un exécutant sans véritable volonté criminelle. Assogba concentra sa défense sur Noukpago, démontrant qu'il avait certes accompagné Gbikpi, mais qu'il ignorait tout du projet macabre. Cette démarche, laborieuse et courageuse, permit de briser l'image d'un crime monolithique et d'individualiser les responsabilités.

Le 31 décembre 1971, la salle d'audience était de nouveau pleine à craquer. Adrien Houngbédji prit la parole pour défendre Gbikpi. Sa plaidoirie fut un moment de grâce judiciaire. Avec une force tranquille, il lança à la Cour : « La vie appartient à Dieu. C'est lui qui la donne, c'est lui qui la reprend. Pas vous. Pas moi. Si vous envoyez Gbikpi au poteau d'exécution, vous aurez agi à la place de Dieu. Et mes paroles de ce soir ne seraient pas une plaidoirie d'avocat, mais une oraison funèbre. Et en guise d'épitaphe, nous écrirons : Mort pour Solange ;

mort pour avoir aimé. » Un silence saisissant suivit ces mots, puis la salle éclata en applaudissements. Les autres avocats plaidaient avec autant de vigueur : Amorin pour réduire la responsabilité d'Adékounlé, Assogba pour sauver Noukpago.

Le verdict vint clore ce procès exceptionnel. Sébastien Gbikpi fut condamné à vingt années de travaux forcés. Mathias Alabi Adékounlé fut reconnu coupable de complicité d'assassinat et condamné à une lourde peine de réclusion. Kintossou Noukpago fut acquitté. Le chroniqueur judiciaire Germain Adélakoun résuma le sentiment général par une formule appelée à rester dans les mémoires : « Houngbédji a sauvé Gbikpi. »

Ce procès illustra mieux que tout autre les limites de l'exemplarité de la peine capitale. Un an après l'exécution de Thérèse Hountondji et de ses complices, un nouveau crime passionnel survenait, indifférent aux menaces de mort. L'acquittement de Noukpago démontra également, par l'absurde, l'injustice des jugements expéditifs : un homme promis au poteau se révéla innocent lorsque la défense eut le temps de faire son œuvre. Ainsi, loin de l'arbitraire militaire, le procès Gbikpi marqua le triomphe, fragile mais réel, du droit sur la vengeance. La robe noire y sortit grandie : elle avait rappelé qu'au Dahomey devenu Bénin, même au cœur des passions et des cris de la foule, la justice ne pouvait être confondue avec l'exécution sommaire.

Le procès de l'ancien président le colonel Alphonse A. Alley (1969)

À l'été 1968, le Dahomey tente une greffe délicate : remettre le pouvoir à un civil réputé modéré pour refermer la parenthèse des coups d'État. Le colonel Alphonse Amadou Alley, officier issu du Nord, au tempérament réservé mais ferme, accepte, avec son président du

Conseil Maurice Kouandété, de porter à la magistrature suprême le docteur Émile Derlin Zinsou, vétéran de la scène politique. L'armée pense y gagner la paix des casernes ; elle y gagne surtout une rivalité de personnes. Zinsou, médecin de formation, diplomate dans l'âme, s'appuie de plus en plus sur Kouandété, qu'il promeut chef d'état-major, reléguant de fait Alley au second plan. À ce dernier, l'on propose une porte de sortie honorable: une mission diplomatique à l'étranger. Il refuse, y voyant moins une distinction qu'un bannissement discret. Dès lors, les équilibres se défont : Kouandété, officier ambitieux et tranchant, se sait indispensable à la sécurité du régime ; Alley, ancien chef de l'État, supporte mal d'être ravalé au rang d'ornement. Entre les deux hommes, le respect hiérarchique se fissure ; entre le civil et l'armée, la confiance aussi.

En juillet 1969, la rupture s'énonce publiquement par une arrestation à Cotonou. On impute à Alley un complot contre la sûreté de l'État, avec un objectif précis : neutraliser Kouandété par un enlèvement préparé — et, disent certains rapports, par un projet d'élimination pure et simple. L'annonce foudroie l'opinion : l'ancien chef de l'État, qui passait pour un militaire discipliné, comparait désormais comme accusé. Dans les couloirs, on évoque des complicités qui auraient pris la route de Lomé ; dans les mess, on jure que les casernes tiennent encore, mais chacun mesure que l'armée se juge elle-même à travers cet homme. Zinsou, soucieux d'apparaître légaliste, maintient la procédure à visage découvert : ce sera un procès public, la scène où l'on rend la justice au nom de l'État, et non des factions.

L'automne venu, la salle d'audience est pleine à craquer. On devine les uniformes sous les boubous, on devine aussi, dans la tribune, la présence vigilante d'officiers qui observent chaque geste, chaque mot. À la barre, l'accusation déroule la mécanique du crime contre la sûreté : renseignement collecté, rencontres tenues à l'écart, chaînes de transmission dans les unités, hypothèse d'un rapt pour décapiter la hiérarchie militaire. Alley, droit comme à la revue, parle peu ; il nie la préméditation, soutient avoir été victime d'interprétations hâtives, rappelle son passé d'obéissance et de service. Sa famille s'est tue depuis des semaines ; on chuchote qu'on a éloigné les plus proches pour leur éviter l'humiliation du spectacle. La défense, constituée et combative, choisit un axe net : dégonfler l'intention homicide, démonter la prétendue flagrance, réclamer la qualification la plus basse au regard des textes spéciaux sur la sûreté. Elle insiste sur la confusion des chaînes de commandement depuis 1968, sur la porosité entre querelles de personnes et imputations pénales, sur l'évidence qu'on ne peut confondre rivalité d'état-major et conspiration. Au fil des plaidoiries, on sent la salle osciller : l'hostilité de principe envers l'accusé laisse place à une curiosité inquiète, puis à un doute. On vient juger un homme ; on éprouve, sans oser le dire, l'équilibre d'un pays.

Le verdict tombe à la fin de la première semaine d'octobre 1969. La peine capitale, un temps brandie, n'est pas prononcée. La Cour retient la responsabilité pénale d'Alley, prononce dix années de travaux forcés, la déchéance de toutes fonctions et la cassation du grade. Le militaire sort du prétoire non plus comme un chef honni, mais comme un condamné ordinaire, remis aux geôliers. Pour l'opinion, c'est la chute d'un symbole ; pour l'institution, c'est un compromis : la tête est sauve, mais la carrière est brisée. On apprendra que certains nommément cités dans l'instruction ont franchi la frontière togolaise ; d'autres, soupçonnés, se replient dans un silence de caserne. Zinsou, qui a tenu à ce procès public, ne se réjouit pas : il mesure que la sentence, aux yeux des plus durs, ressemble à une mansuétude.

La suite se joue à la vitesse des blindés. Le 10 décembre 1969, l'état-major bascule ; Kouandété emporte Zinsou et prend la main. Dans les premières heures de la nuit, des portes s'ouvrent, des ordres tombent :

Alley est libéré. Il retrouve l'air des casernes, mais un air devenu âpre : ce que la justice avait dit le matin se trouve balayé par la politique le soir. Les familles, qui n'avaient pas osé s'approcher du palais, se pressent aux grilles des prisons ; la rumeur porte des noms, des serments, des promesses d'allégeance. À Cotonou, la ville comprend vite que rien n'est réglé : ce ne sont pas les juges qui font l'ordre ; ce sont encore les colonnes.

La décennie ne s'apaise pas. Le 26 octobre 1972, un nouvel homme fort, le commandant Mathieu Kérékou, prend le pouvoir. L'heure est à la discipline serrée et aux démonstrations d'autorité. Alley reparaît alors dans une seconde séquence judiciaire, plus lourde : rejugé en 1973, il est condamné à vingt années de réclusion, loin du tumulte des applaudissements ou des huées. L'exemplarité recherchée ne vise plus la persuasion ; elle vise la neutralisation durable des anciens pôles d'autorité. La famille d'Alley s'organise dans la discrétion ; ses proches veillent à préserver l'honneur du nom à Bassila, tandis que dans les cercles militaires ses partisans apprennent à se taire. Il faudra attendre le milieu des années quatre-vingt pour que l'amnistie desserre l'étau et lui rende la liberté civile. Il meurt en 1987, figure tragique d'une période où les chefs, tour à tour portés et rejetés, passaient de la tribune au banc des accusés.

Dans ce premier procès de 1969, chacun a joué sa partition : Zinsou, le civil légaliste, a voulu la justice à ciel ouvert ; Kouandété, le stratège de caserne, a observé la scène en gardant le dernier mot ; Alley, soldat devenu accusé, a opposé à la version du complot son mutisme de discipline et l'argument d'une loyauté mal comprise ; les juges ont cherché une ligne de crête entre l'exemple et la mesure ; la défense a rappelé que l'État se juge lui-même lorsqu'il juge l'un des siens ; les familles, elles, ont payé le prix du vacarme public et des silences privés. La peine de dix ans, qui sauva la vie mais brisa l'homme, porte la marque d'un temps où la justice, même tenue droite, ne suffisait pas à faire tenir le pays. Et lorsque, deux mois plus tard, un putsch libéra celui que la Cour venait de condamner, la leçon devint limpide : dans ces années de fer et de poussière, la décision des juges disait le droit, mais le destin des hommes se décidait encore ailleurs.

Le procès du Gong (1969)

Au cœur de l'année 1969, Cotonou résonne d'un double battement : celui d'un pouvoir qui se crispe et celui d'un journal qui choisit pour nom l'instrument qu'on frappe pour rameuter la foule. Le Gong n'est pas un simple titre. C'est la voix d'un « Cercle Culture et Progrès » nourri par des plumes venues d'horizons variés, unies par un patriotisme ombrageux et une défiance tenace envers la tentation d'autorité. Ses rédacteurs, pour la plupart sans attache organique avec les états-majors partisans, prennent leurs informations « au plus haut niveau de l'administration » et s'y tiennent : factuelles, documentées, obstinées. La présidence du docteur Émile Derlin Zinsou, soucieuse d'ordre et de réformes rapides, supporte mal cette critique méthodique qui poinçonne, semaine après semaine, le nerf du régime. Les saisies, les convocations, les rappels à l'ordre s'enchaînent, comme une basse continue sous la vie publique.

Le 5 mai 1969, Le Gong publie un texte-programme qui tranche par sa netteté et son ton de résistance. Le journal y affirme : « Nous barrerons la route au fascisme. Nous combattrons toute volonté de dictature. Nous nous opposerons résolument à toute mesure d'interdiction du Gong, journal des forces montantes, parce que nous savons que nous avons pour nous l'article 15 de la Déclaration universelle des droits de l'homme : " tout individu a droit à la liberté d'opinion et d'expression, ce qui implique le droit de ne pas être inquiété pour ses opinions, et celui de chercher, de recevoir et de répandre les informations et les idées par quelque moyen d'expression que ce soit". » La phrase claque comme un serment. Elle deviendra pièce à conviction. Car, derrière l'invocation des principes, le parquet lira une « apologie de crime », formule élastique mais efficace pour enclencher des poursuites.

Le 22 juillet 1969, la plainte est déposée. Le directeur de la publication est interpellé, mis en examen et écroué. Les rédactions amies se taisent ou se font discrètes ; les habitués des imprimeries surveillent les allées et venues des policiers. Les couloirs du palais enregistrent la plainte diffuse qui traverse la ville : on peut discuter d'un éditorial, on ne met pas un journal en cage pour un principe. Deux mois de détention préventive passent, presque jour pour jour, avant que le fond de l'affaire n'arrive devant les juges. Dans l'intervalle, la rumeur publique se charge des détails, invente des parrains, prête des coups de téléphone et des menaces ; Le Gong, lui, se tait, car l'homme qui le dirige est derrière les barreaux.

À l'audience, la salle est pleine sans tumulte. On reconnaît des visages de professeurs, de fonctionnaires, de militants syndicaux ; quelques militaires en civil prennent place au dernier rang. Sur le banc de la défense, un accent venu de Paris attire l'oreille : les « camarades en France » ont dépêché Me Labadie, barreau de Paris, pour porter la cause du journal et rappeler que, dans une République, la plume n'est pas un projectile. L'avocat plaide sans lyrisme gratuit. Il s'accroche aux mots précis du texte incriminé, montre qu'on n'y célèbre aucun crime, qu'on y défend au contraire la légalité des libertés publiques et le droit pour un journal de contester un projet d'interdiction. Il convoque la grammaire avant la politique, la jurisprudence avant la polémique, et glisse, presque en confidence, qu'à transformer une profession de foi en infraction, on fabrique moins de l'ordre que de la peur.

Le ministère public oppose son chef d'accusation sans hausser la voix. Il soutient que la tournure de l'article franchit une ligne, qu'elle légitime la désobéissance sous couvert de « barrer la route » à une dérive fantasmatique, et que l'État ne peut tolérer qu'un périodique se pose en gardien exclusif des libertés. Le débat, tout entier, tient sur cette arête : un journal peut-il appeler à résister à l'interdiction sans inciter au désordre ? Où s'arrête l'alerte civique et où commence l'« apologie » ? Les juges écoutent longuement, interrompent peu, notent beaucoup.

Le jugement tombe avec une économie de mots, comme souvent lorsqu'une juridiction cherche la ligne de crête entre sévérité et mesure. Le directeur de la publication est condamné à trois mois d'emprisonnement assortis du sursis, ainsi qu'à une amende. Il a déjà purgé deux mois de détention préventive. Le sursis lui rend la liberté à la sortie de l'audience ; l'amende, elle, pèse comme une marque au casier et une mise en garde pour la rédaction entière. Les soutiens exultent à demi : pas de prison ferme, c'est une victoire par défaut. Les partisans du pouvoir y voient au contraire un avertissement clair expédié à la presse : on peut parler haut, pas marcher sur le fil.

Au-delà des chiffres secs de la condamnation, le « procès du Gong » dit quelque chose de la respiration d'un pays. On y voit un exécutif qui s'irrite mais choisit la voie judiciaire plutôt qu'un coup de force administratif ; on y voit un barreau qui se mobilise, localement et depuis l'étranger, pour défendre un droit commun ; on y voit, enfin, des juges qui ne se dérobent pas, tenant l'équilibre entre la protection jalouse de la sécurité publique et la reconnaissance solennelle que la critique du pouvoir n'est pas, en soi, un crime. On pourra, selon ses convictions, juger la sentence trop prudente ou trop clémente. Reste que, dans la mémoire civique, l'affaire a fixé une idée simple : un journal, fût-il impertinent, n'est pas un ennemi. C'est un thermomètre. Le casser ne fait pas tomber la fièvre.

Procès de la tentative de coup d'état du 23 février 1972 ou procès Kouandété

La nuit s'ouvrit sur des crépitements secs autour du domicile du chef d'état-major général. Nous sommes le 23 février 1972. Une poignée d'hommes en armes tente de forcer le cours des choses à la veille de la rotation annoncée du Conseil présidentiel, qui doit porter Justin Tométin Ahomadégbé au pouvoir. L'attaque échoue, l'alerte gagne les unités restées fidèles, les axes sont bouclés. Dans la confusion des premières heures, on apprend la mort de Moumouni Daouda, touché au cours de l'échange. Très vite, l'enquête resserre l'étau : elle désigne des organisateurs présumés, au premier rang desquels des officiers connus de la scène politico-militaire du pays. Les capitaines Afouda, Pierre Boni et Lucien Glèlè sont interpellés, le lieutenant Romuald Kitoyi les rejoint sous écrou, tandis que la piste s'étend à des sous-officiers et hommes de troupe—l'adjudant Vincent Sèdagondji, l'adjudant Marcellin Glèlè, le sergent-chef Fabien Agboton, un sergent commando prénommé Charles—avant de remonter jusqu'au nom qui aimante toutes les suspicions : le colonel Maurice Iropa Kouandété.

Le pouvoir décide que la réponse sera judiciaire et rapide. On dessine d'abord une Cour spéciale mêlant magistrats et militaires. Les magistrats déclinent. Ils redoutent la confusion des pouvoirs et refusent de siéger dans une formation taillée pour l'urgence politique. Le Conseil présidentiel change de cap et crée une Cour militaire de justice présidée par un officier supérieur, composée d'officiers et de sous-officiers, avec un greffe militaire. Cette mue institutionnelle provoque une onde de choc au Barreau. Le Conseil de l'Ordre estime que la défense ne saurait cautionner une juridiction d'exception façonnée par l'exécutif ; il appelle à l'abstention. Les robes, d'une seule voix, boycottent la procédure. Ainsi naît, par glissements successifs, la Cour martiale qui jugera les prévenus sans avocats constitués.

Le 12 mai 1972, l'audience s'ouvre, solennelle et bancale tout à la fois. Les chefs retenus embrassent large : participation à un complot contre l'autorité militaire et civile, tentative d'assassinat de chefs militaires et tentative de prise d'otages d'éléments du gouvernement, complicité de rébellion. Les interrogatoires se succèdent, l'instruction écrite guide le récit de la Cour, on y suit des reconnaissances nocturnes, des points de rendez-vous, des itinéraires recoupés, des rôles distribués. Les accusés, privés d'assistance, bricolent leur propre stratégie, dénient certains segments du dossier, admettent des présences, contestent des intentions. La publicité des débats est réduite, l'atmosphère raidie par l'urgence sécuritaire. Pourtant, à mesure que les journées défilent, une trame se fixe : une chaîne de commandement supposée, des exécutants identifiés, une tentative arrêtée au seuil.

Le 16 mai 1972, le prononcé tombe dans le silence d'une salle qui sait la portée de ce qui se joue. La peine capitale est infligée au colonel Maurice Iropa Kouandété. La même sanction est prononcée contre plusieurs officiers : le capitaine Lucien Glèlè, le capitaine Afouda, le capitaine Pierre Boni, le capitaine Josué et le lieutenant Romuald Kitoyi. Dans les rangs subalternes, la sentence ne tremble pas davantage : le sergent-chef Fabien Agboton est condamné à mort, tout comme un sergent commando prénommé Charles. D'autres accusés écopent de la réclusion criminelle à perpétuité, ou de peines de vingt ans, quinze ans, dix ans et cinq ans d'emprisonnement. Quatre prévenus sont acquittés, signalant, au milieu de la sévérité, un reste de discernement sur les degrés d'implication.

Le dossier restera comme un point de bascule à double titre. Il dira d'abord la tentation récurrente de l'exception lorsque l'État se sent menacé, avec une justice militaire façonnée pour l'urgence et une défense absente par choix éthique. Le boycott du Barreau n'a pas été un geste d'humeur : il a posé, à froid, la question de l'égalité des armes et du juge naturel, et cette absence a laissé une trace durable dans la mémoire professionnelle. Il dira ensuite l'ironie de l'histoire : cinq mois plus tard, le 26 octobre 1972, un coup d'État réussi renverse l'édifice du Conseil présidentiel, les portes des cellules s'ouvrent, ceux qui venaient d'être condamnés à mort quittent l'antichambre de l'exécution, tandis que les trois présidents de l'alternance se retrouvent à leur tour derrière les barreaux. Entre ces deux dates, mai et octobre, se lit la leçon d'un temps où la raison d'État s'adossait à des juridictions d'exception et où la défense, réduite au silence par abstention, choisissait de témoigner en refusant de plaider.

CONCLUSION

L'histoire de la création du barreau du Dahomey doit être placée dans le contexte politique et social des années 1960. On peut dire que rien n'était facile ou acquis d'avance pour des avocats, jusque-là appelés avocats-défenseurs et subissant une forte dépendance des autorités coloniales puis des ministères de la justice dans ce qui était l'Afrique occidentale française (A.O.F.). L'irréversible conquête de l'indépendance judiciaire dans un État de droit en construction n'a pu se déclencher que grâce à l'action conjuguée de pionniers que furent Me François Amorin, Me Benjamin d'Almeida et Sènou Alexandre Adandé, ministre de la Justice et de la législation du Dahomey de 1964 à 1965, ce qui permit de faire voter un texte fondateur qui posa les bases minima d'un barreau dynamique, ouvert aux réformes et attaché à l'idéal de justice.

De la loi n° 65-06 du 20 avril 1965 instituant le barreau du Dahomey et à partir des premières élections du Conseil de l'ordre, par le travail, le courage et la rigueur des premiers bâtonniers, l'institution a su s'affirmer face aux turbulences politiques dans le pays et a su faire face à la nécessité d'une organisation moderne de la profession.

Ainsi, de ces temps-là à nos jours, le barreau du Dahomey puis du Bénin n'a cessé d'aller de l'avant en s'affirmant comme un ordre professionnel autonome et en sachant s'adapter constamment aux évolutions de son environnement. Aujourd'hui encore, le barreau béninois, héritier d'une forte tradition, est appelé à poursuivre l'œuvre de modernisation et faire face aux nouveaux défis d'ouverture vers la sous-région tout en répondant aux exigences contemporaines d'indépendance, de compétence et de service au public.

Troisième partie :

▼

La défense sous surveillance

(1972-1990)

Par Maitre Mahunan Rodrigue DAVAKAN

Ouvrir ces pages en 1972, c'est accepter d'observer la robe à contre-jour. Le 26 octobre, un coup d'État renverse le Conseil présidentiel, un régime bigarré qualifié de monstre à trois têtes ; le « discours-programme » du 30 novembre fixe la marche d'un État nationaliste et panafricaniste qui se dira bientôt marxiste-léniniste, avant l'instauration du parti unique. La justice, service public de la mesure et du doute, est invitée à entrer dans la liturgie nouvelle. L'avocat, figure de parole libre, devient par destination un corps sous surveillance.

On ne proposera pas ici un réquisitoire, mais l'inventaire exact d'un régime d'exception. La période agence un dispositif complet, normatif et symbolique : à partir du séminaire de « révolutionnarisation » de la justice en 1976, Loi fondamentale du 26 août 1977 plaçant les juridictions sous tutelle politique notamment les juridictions d'exception en charge des affaires sensibles, jusqu'à l'imposition, en 1983, d'une toge verte qui rappelle que l'habit peut devenir protocole d'allégeance.

Dans cet écrin, la procédure est tantôt contournée, tantôt précipitée ; la plaidoirie, parfois tenue pour inutile, n'en demeure pas moins nécessaire parce que, lorsque la loi chancelle, la forme fait office de digue.

Le Barreau n'est ni héroïsé ni accablé : on le regarde de près, dans ses prudences et ses bravoures, ses silences et ses insistances. Procès-verbaux du Conseil de l'ordre, correspondances, mémoires, plaidoiries : tout ce qui fait la vie d'une profession quand l'exception s'installe.

On n'entendra rien à la justice révolutionnaire sans entrer dans les prétoires. Les grandes affaires montrent comment le contradictoire s'efface, comment l'exception dessaisit le juge naturel, comment l'État se juge parfois lui-même. On y croise aussi des gestes de métier qui, sans fracas, tiennent le fil : une nullité soulevée à propos, une détention contestée, une audience arrachée, une parole civique risquée. Rien d'une épopée ; tout d'une obstination.

Enfin, qu'on garde le cadre en mémoire : ce qui précède 1972 relèves d'un autre temps ; ce qui suit 1990 appartient à la renaissance démocratique. Entre les deux, ces pages décrivent un temps de contraintes où, pourtant, la robe n'a pas disparu. Elle a tenu, souvent blessée, jamais vendue et c'est peut-être là, au-delà des sentences, la véritable leçon de ces années.

Chapitre 1

Le temps de la justice révolutionnaire

Ici, tout commence le 26 octobre 1972 : le Gouvernement militaire révolutionnaire (GMR) renverse le Conseil présidentiel et remet l'appareil d'État à l'heure d'une idéologie qui se veut refondatrice. Quelques semaines plus tard, le discours-programme du 30 novembre 1972 donne la grammaire ; le 30 novembre 1974, le pays se proclame officiellement marxiste-léniniste ; en 1975 naît le parti unique, le PRPB (Parti de la Révolution Populaire du Bénin).

Ce n'est pas qu'un environnement : c'est une liturgie quotidienne. Le « camarade » devient le sésame des courriers ; les lettres se concluent, faute de quoi elles se perdent dans les méandres bureaucratiques, par « Prêt pour la Révolution… La lutte continue ! ». Un professeur de droit garde son ironie : pour être camarades, encore faudrait-il avoir « gardé les bâches ensemble ». On sourit, on signe quand même : le langage, qui est une politique, a déjà commencé à encercler la justice.

Le séminaire de « révolutionnarisation » de la justice s'ouvrit en 1976, pour une semaine, à l'ancien Palais des Congrès de Cotonou. L'exécutif avait convoqué l'ensemble de la chaîne judiciaire : magistrats, avocats, huissiers, notaires, commissaires-priseurs, officiers et agents de police judiciaire, greffiers, enseignants de droit. La présidence des travaux fut confiée au professeur Nathanaël Mensah. Après une plénière d'ouverture, les participants furent répartis en commissions chargées de l'organisation judiciaire, du statut des magistrats, de la profession d'avocat et des honoraires, des procédures civile et pénale, ainsi que de la politique criminelle.

Dès le deuxième, certains dirent le troisième jour, le décor changea. Aux premières heures, des autobus amenèrent des comités révolutionnaires locaux venus de tout le territoire. Ils étaient quatre à cinq fois plus nombreux que les professionnels et, surtout, admis avec voix délibérative. La discussion technique se trouva ceinturée par l'acclamation militante ; il fallut hausser la voix pour que la forme juridique reste audible.

Dans ce cadre surgit un paquet de propositions dites « dures » : suppression des magistrats professionnels au profit de juges populaires, suppression de la profession d'avocat au bénéfice d'une défense possible par « n'importe quel cadre », fonctionnarisation des honoraires avec paiement au Trésor et reversement mensuel. L'objectif était transparent : subordonner l'indépendance à l'économie et remplacer la technique par la ferveur.

C'est ici qu'intervinrent, nommément, plusieurs avocats. Me Joseph Adjignon Kèkè, bâtonnier en exercice, prit la parole à plusieurs reprises au nom de l'Ordre pour rappeler que la procédure n'était pas un luxe de corporation mais la garantie même des libertés, et que l'on ne remplace pas un juge formé par une bonne volonté sans mettre en péril l'autorité du jugement. Son autorité calme contribua à réinstaller un tempo juridique dans des séances parfois tumultueuses.

Parallèlement, Me François Amorin, ancien bâtonnier, que le Barreau honorera plus tard du titre de bâtonnier d'honneur, mena, hors micro, une diplomatie décisive. Tandis que Me Kèkè tenait la barre en commission et en plénière, Amorin se rendit, le soir, auprès du chef de l'État, pour plaider à huis clos la cause de la justice organisée. L'argument clé fut simple et redoutable : si l'on supprime ou asservit les avocats, on commet un « avocaticide » dont le pouvoir lui-même pâtira un jour, faute de défense crédible quand viendra son heure de rendre des comptes. Il rappela, en historien praticien, la tentation napoléonienne de dissoudre le barreau et la nécessité, très vite reconnue, de le rétablir.

À l'intérieur du séminaire, un exposé de doctrine intitulé « socialisme, droit et justice » fut présenté pour recadrer la discussion. On y montrait, à partir d'exemples étrangers, que les emballements initiaux des régimes socialistes s'étaient partout heurtés au mur de la preuve et de la contradiction, et qu'on était revenu, par pragmatisme, à la technique du procès : publicité, motivation, respect des formes, séparation des fonctions. L'exposé eut un effet d'apaisement ; il permit de ramener les commissions au texte plutôt qu'au slogan.

Les journées suivantes furent faites de coupes et de coutures. Me Kèkè, avec d'autres conseillers de l'Ordre, pesa sur les rédactions pour transformer des injonctions en facultés, glissant des charnières qui sauvent l'essentiel sans humilier l'autorité : « pourra être adjoint », « à titre exceptionnel », « sous le contrôle de ». Me Amorin, de son côté, poursuivit les conciliabules du soir, redoublant l'argument d'indépendance par celui de l'efficacité : une justice sans juges formés et sans avocats libres ne rend pas des services, elle fabrique des vengeances.

Au terme de la semaine, le compromis s'imposa. Les magistrats professionnels furent maintenus, mais désormais assistés d'assesseurs non professionnels, matrice des futurs tribunaux dits populaires. La profession d'avocat fut maintenue ; on ouvrit toutefois, à titre théorique, la possibilité pour un justiciable d'être assisté par un « cadre »., La fonctionnarisation des honoraires fut abandonnée : pas de barème au Trésor, pas de salariat de la robe. Ce trépied tenait beaucoup aux interventions nommées : Me Kèkè, en public, pour la ligne juridique ; Me Amorin, en privé, pour la garantie politique du recul.

Les procès-verbaux fixèrent ces points dans une langue de compromis. Chacun y sauva la face, mais la justice y sauva ses outils. La suite montrera que l'idéologie sut encadrer la scène judiciaire ; le séminaire de 1976, lui, empêcha qu'on la confisque. Si l'on veut retenir les noms, retenons-les pour ce qu'ils furent ici : Joseph Adjignon Kèkè, le timonier de séance ; François Amorin, le négociateur de l'ombre. Grâce à eux, la ferveur eut sa tribune, et la forme, son audience.

La Loi fondamentale du 26 août 1977 offre, en façade, les attributs d'une normalité constitutionnelle : l'Assemblée nationale révolutionnaire (ANR) reçoit des prérogatives amples et « contrôle » le Conseil exécutif national. Mais la façade trompe : la justice est inféodée au PRPB, tenue de rendre des comptes à une hiérarchie politique, non à une séparation des pouvoirs. Le ressort de 1972 demeure : l'exception comme règle, la procédure comme décor, la peur comme méthode.

De 1977 à 1989, le pays vit dans une économie de la peur. Arrestations préventives, internements sans jugement, tortures documentées, exils contraints : la panoplie est complète. La logique n'est plus seulement punitive; elle se veut préventive et exemplaire. Le pouvoir, habité par une paranoïa institutionnelle, agit comme s'il fallait gagner chaque semaine une guerre intérieure contre l'opposant politique, l'étudiant trop curieux, le syndicaliste pugnace, le professeur jugé déviant, voire le cadre soupçonné d'ambition.

L'obsession de neutralisation n'épargne pas les sommets. L'assassinat du capitaine Michel Aïkpé (numéro deux du régime, ministre de l'Intérieur, 1975) annonce la couleur : la fidélité est révocable. Les manifestations qui suivent sont dispersées ; restent des blessés, des interpellés, des déportés. Le nom d'Hilaire Akan, déporté à Dodja et mort faute de soins, hante la mémoire de la profession ; d'autres, moins connus, garderont longtemps les stigmates des sévices.

Le rituel se répète : rafles à l'aube, fouilles, gardes à vue élastiques, rétentions administratives, mises au secret. Dans les lycées et à l'Université nationale du Bénin (UNB), la répression se banalise : menaces de tir à vue en 1979, quadrillage des campus, arrestations d'étudiants et de responsables de coopératives. Les grèves de travailleurs, d'enseignants, d'agents publics débouchent sur des interrogatoires, mutations punitives, suspensions. Les 5 et 6 mai 1985, la rue paie un tribut lourd : un élève, Atchaka Parfait, tombe sous les balles, date gravée dans la mémoire des familles et des prétoires.

La géographie de la contrainte se fixe comme un archipel : prisons civiles de Cotonou et Porto-Novo ; Parakou, Kandi, Bembérékè ; la carrière de Dan ; le camp militaire de Ouassa ; Dodja, sinistre toponyme ; plus loin Sègbana pour les bannis. Les avocats connaissent ces noms par cœur, non par goût du pittoresque, mais parce qu'ils y négocient des visites, y calibrent des mémoires, y mesurent chaque mot devant des oreilles qui veulent surveiller plus que comprendre. La correspondance est filtrée, les entretiens écourtés ; la santé des détenus, souvent dégradée, devient un enjeu humanitaire que l'on plaide avec plus d'obstination que d'illusions.

Dans ce climat, la société elle-même est réquisitionnée : comités révolutionnaires de quartier, chaînes d'information ascendante, culture de la dénonciation. L'autocensure devient réflexe ; le silence, une éloquence paradoxale. Et pourtant, dans les cabinets, on continue d'écrire, de demander des actes, d'interpeller des parquets, de soulever des nullités, de consigner des refus. Rôle discret du Barreau dans la « société de surveillance » : faire trace quand on ne peut pas encore faire droit.

La violence ne se contente pas d'ordres oraux : elle s'habille de droit.

Le legs des années 1960, -la loi n° 61-7 sur la sécurité publique et ses prolongements- fournit un lexique commode : éloignement, résidence surveillée, internement, expulsion. L'ordonnance n° 69-10/P.R. du 14 mai 1969 avait déjà balisé le terrain : contournement des garanties disciplinaires pour les agents publics, saisies et confiscations possibles, et l'idée d'un juge protecteur se dilue dans la commodité de l'autorité.

À partir de 1977, l'architecture se formalise autour d'une équation simple :

- pyramide de droit commun : Tribunaux populaires de district (TPD) à la base, Tribunaux populaires de province (TPP) pour la révision et le contrôle, Cour populaire centrale (CPC) au faîte avec co-siège des magistrats professionnels et des assesseurs non professionnels (les juges populaires), compromis direct arraché au séminaire de 1976. Le Parquet populaire central, verticalisé, irrigue l'ensemble ;

- juridictions d'exception : Tribunal révolutionnaire national (TRN) (ord. n° 75-19 du 6 mars 1975) pour les « affaires sensibles », puis Cour criminelle d'exception (1986) et Cour de sûreté de l'État (1988). Ces portes parallèles dessaisissent le juge ordinaire, réduisent le contradictoire, accélèrent les délais, assèchent les recours. La publicité, quand elle existe, tient de la mise en scène ; l'impartialité devient mot de manuel.

À ce dispositif s'ajoute une pédagogie symbolique : le décret n° 83-68 du 26 février 1983 impose un costume d'audience idéologiquement codé, toge verte à grandes manches, bandes de soie rouge, rabat blanc, épitoge verte à frange or ; non seulement aux juridictions et parquets populaires, mais aussi aux professions auxiliaires, avocats compris. On n'habille pas ici la justice ; on l'encadre. Une part du Barreau refuse de comparaître ; une autre accepte la présence contrainte « pour sauver le client » plutôt que le symbole ; quelques magistrats s'emploient à l'application tatillonne. La salle d'audience devient un théâtre où l'on lit, d'un coup d'œil, allégeance ou résistance.

Dans les textes, pourtant, les droits de la défense sont proclamés comme un refrain devenu liturgie. C'est l'art de l'arbitraire institutionnalisé : multiplier les garanties nominales et déployer simultanément des mécanismes qui les neutralisent. L'accès au client est freiné par des circulaires, la détention provisoire s'allonge à l'ombre d'une procédure expéditive, la compétence du juge est captée par l'exception, la cassation manque d'oxygène quand le pourvoi est verrouillé l'exécution (notamment pénale) se précipite, rendant sans objet les rares recours restants.

Face à cela, le Barreau affine une technique de résistance sans éclat mais efficace : écritures brèves et denses, moyens soulevés avec l'obstination d'un artisan, requêtes minutées, certificats médicaux versés au bon moment, attestations recueillies à bas bruit, rapports transmis à l'Ordre, demandes de mise en liberté répétées, visites insistantes en détention.

Chapitre 2

Le Barreau À l'épreuve de la révolution

Ce chapitre entend d'abord montrer comment le pouvoir politique s'est introduit dans la maison des avocats, par la doctrine, par les mots, par l'exception juridictionnelle et par les symboles, puis comment la défense a répondu par la forme, par la technique et, au terme de la période, par la parole libérée. Pour éviter toute équivoque, rappelons que le Conseil de l'Ordre des avocats est l'organe élu qui gouverne la profession, et que son registre des délibérations en est la mémoire fidèle.

On appelait encore le pays « Dahomey » quand, à l'aube du 26 octobre 1972, les chars renvoyèrent la politique au silence. Les avocats, eux, n'avaient d'armes que leur parole face aux bouleversements en cours. Et c'est avec cette parole mesurée, têtue, parfois murmurée que le Barreau traversa dix-sept ans d'un État qui se voulait « révolutionnaire » avant de se dire « populaire ». En vérité, le régime pouvait changer, mais pas l'office : défendre.

Dès la première semaine, l'Ordre comprit que la bourrasque ne l'épargnerait pas. Le 6 novembre 1972, le Conseil de l'Ordre évoque en « divers » de sa réunion hebdomadaire l'internement administratif de

Maître Joseph Adjignon Kèkè, détenu par les nouvelles autorités avec les autres membres des gouvernements de l'ancien Conseil Présidentiel. Au confrère frappé sans juge, l'Ordre des avocats adresse l'assurance de « son agissante sympathie ».

Le 21 décembre 1972, Maître Maurice de Lavaissière fut élu bâtonnier. Juriste de coulisses, précis jusqu'au scrupule, il fut vite pris dans l'étau de la Politique Nouvelle d'Indépendance Nationale, que heurtait la présence d'un Européen à la tête d'une corporation nationale. Pendant trois mois, il tint. Puis, le 31 mars 1973, il remit tout, le bâtonnat et sa robe. Ce renoncement n'était pas une abdication : c'était une façon nette de dire qu'on ne préside pas un Ordre encerclé par une idéologie de plus en plus intrusive. On élut pour lui succéder Maître Benjamin d'Almeida le 30 juin 1973 ; l'essentiel était préservé en attendant les prochaines bourrasques. Au dedans, l'Ordre s'employait à renforcer sa structure. D'Almeida présidait une institution en état de veille : procès-verbaux soignés, admissions au stage, rappels déontologiques. Rien d'héroïque à première vue, mais une volonté assumée de préserver l'essentiel, car ailleurs l'exception, gagnait déjà du terrain.

Dehors, la scène se recomposait. En novembre 1974, sur la place de Goho à Abomey, le chef de l'État Mathieu Kérékou proclamait le marxisme-léninisme comme doctrine fondamentale du régime. L'année d'après, le Dahomey prit le nom de « République populaire du Bénin ». L'idéologie imposa son protocole et même son vocabulaire. « Monsieur » et « Madame », ces marqueurs de noblesse, étaient remplacés par « camarade » ; « prêt pour la Révolution » fut érigé en formule de politesse. La politesse pour la noblesse pour signifier cette abolition des classes ou stratification de la dignité sociale. Les procès-verbaux des réunions du Conseil de l'Ordre en conservent quelques stigmates, ultimes reliques d'un temps où Marx et Lénine faisaient la pluie et le beau temps sous nos tropiques. Mais certains avocats, dont Alfred Pognon, refusèrent obstinément cette conversion idéologique par le langage. Maître Guy-Lambert Yèkpè, un de ses filleuls, rappelle non sans fierté que jamais l'emploi de « camarade » ne s'insinua dans les actes du cabinet. Il est des résistances qui tiennent à un mot qu'on n'écrit pas.

Et puis ressurgit une vieille affaire de fournitures à l'administration, dite « Kovacs », du nom d'un entrepreneur français dont l'entregent au sein de la hiérarchie civile et militaire fleurait bon les pots-de-vin et autres procédés du même ordre. Ce dossier, déjà agité avant le putsch de 1972, refit surface lorsqu'on commença à lier les nouveaux maîtres du pays à des pratiques douteuses. Il se changea en épreuve pour la justice elle-même. Le 21 janvier 1975, ulcéré par ces révélations, le capitaine Janvier Assogba, acteur du 26 octobre 1972, devenu ministre de la Fonction publique puis des Finances, déplaça troupes et blindés dans un début de mutinerie, signe manifeste d'une crise de confiance au sein du régime. Les arrestations essaimèrent, jusqu'aux civils. Le 6 février 1975, Maître Adrien Houngbédji, de retour de Dakar avec un mémoire de défense pour Bertin Borna, également cité dans l'affaire «Kovacs », fut cueilli à l'aéroport, ballotté de la Sûreté à la gendarmerie. Le juge d'instruction en charge du dossier eut le courage, ou l'imprudence, d'opter pour un maintien en liberté sous caution de l'avocat qui avait pour tort d'avoir accepté la défense. S'attirant la colère du régime qui avait désigné Houngbédji comme l'un des conjurés, le juge fut dessaisi.

Le 6 mars 1975, on érigea un Tribunal révolutionnaire national, juridiction d'exception siégeant au Palais et présidée par l'homme fort du pays, que l'on déclara seul compétent. Le 13 mars 1975, ce démiurge juridique rendit sa sentence implacable avec une célérité qui en dit long sur son sens de la vérité. De nombreuses condamnations à la peine capitale furent prononcées. Parmi les candidats à la potence, Adrien Houngbédji ; mais l'intéressé, avec le concours de quelques bonnes âmes, avait réussi la veille à se faire la belle des geôles de la gendarmerie où il était, disons, plus séquestré que gardé à vue. C'était le début d'un long exil.

Un procès-verbal de réunion du 7 novembre 1975 du Conseil de l'Ordre fait état d'une lettre du Garde des sceaux exigeant l'exécution de la mesure de fermeture prise à l'encontre du cabinet d'avocats d'Adrien Houngbédji. On notera que, dans un esprit de confraternité, Maître Florentin Féliho, pressenti par les parents du confrère pour reprendre ses dossiers, expose qu'il ne peut accepter sans manifestation de la volonté de l'intéressé. Dans le même remous, le bâtonnier Benjamin d'Almeida, avant d'achever son mandat, prit la route d'Abidjan ; sa proximité avec Émile Derlin Zinsou, lui-même frappé à mort « in absentia », le désignait aux foudres du régime. En Côte d'Ivoire, l'ancien *primus inter pares* dut se faire simple collaborateur, se naturaliser, s'inscrire au barreau ivoirien, et remonter une pente, à bien des égards, abrupte. Exil sans emphase, mais exil tout de même.

L'année 1976 convoqua la justice à son propre séminaire. Il fut énormément question de « révolutionnarisation ». Des cars entiers de comités assistèrent, votèrent, et l'on mit sur la table des propositions brutales : juges populaires exclusifs, suppression pure et simple de la profession d'avocat, salariat et « intégration » de la défense. Maître Joseph Adjignon Kèkè tint la ligne en séance plénière, Maître François Amorin négocia en coulisses. Au bilan, magistrats professionnels et barreau demeurèrent. Ils étaient encadrés, mais debout. On venait d'apprendre à sauver l'essentiel, provisoirement mais réellement.

À partir d'août 1977, la Loi fondamentale, l'Assemblée nationale révolutionnaire et la Cour populaire centrale redessinèrent l'architecture judiciaire. La pratique s'ajusta à ce corridor étroit que la doctrine laissait au droit. Les écritures se resserrèrent et se motivèrent, les incidents de procédure furent choisis pour obliger à répondre, un certificat médical fut produit lorsqu'il redonnait figure humaine au dossier. Le 20 mars 1978, le Conseil « déplore le blocage des recrutements » décidé par l'exécutif et « relance officiellement les admissions ». Le bras de fer était politique ; la riposte demeurait professionnelle.

La tutelle souffla ensuite le chaud et le froid. Le 17 novembre 1981, le ministre de la Justice populaire, M. Alladaye, fit appeler le bâtonnier et demanda de reporter l'assemblée générale du barreau, au nom de réformes « imminentes ». Le 9 décembre, le même ministre réclama des élections urgentes, sans qu'aucune réforme fût annoncée. Ces injonctions contradictoires n'étaient pas des maladresses ; c'étaient des tracasseries méthodiques, destinées à tenir la profession sous tension. Quelques années plus tôt, Augustin Maurice Covi, procureur, refusa d'avaliser un interrogatoire assorti de violences ; il quitta ses fonctions, franchit la frontière, puis revint comme avocat. Ce passage du siège à la défense n'était pas un caprice de carrière ; c'était un refus de devenir commissaire. Il disait que l'honnêteté judiciaire ne se négocie pas, fût-ce à voix basse.

Vint ensuite la bataille des symboles. Par le décret du 26 février 1983, puis par l'acte complémentaire du 6 juin 1984, le pouvoir imposa à l'audience un costume unique. Pour les avocats, une toge verte à grandes manches bordées de soie rouge, rabat blanc et épitoge ; pour la Cour populaire centrale et les assises, une toge rouge à épitoge verte. Le détail pratique acheva le tableau : la confection fut concédée, en pratique, à une couturière d'origine libanaise. Des magistrats scrupuleux veillèrent à l'application littérale des nouvelles dispositions. Quelques confrères refusèrent l'habit imposé ; d'autres comparurent en présence contrainte pour ne pas laisser un client seul. On peut uniformiser l'étoffe, on n'uniformise pas l'office. La couleur changea ; la défense demeura.

La carte des détentions rappelait, elle, la dureté du régime : Cotonou et Porto-Novo pour l'ordinaire ; Parakou, Kandi, Bembérékè pour l'éloignement ; la carrière de Dan et le camp de Ouassa pour le dur ; Dodja pour le séjour interminable ; Sègbana pour l'oubli. En 1987, l'avocat-stagiaire Magloire Yansunnu, militant communiste, y fut détenu des mois durant. Le bâtonnier Valentin Féliho alla le voir, lui reprocha ses tracts dans le parloir, puis, bien des mois plus tard, publia lui-même un vigoureux épigraphe contre l'emprise révolutionnaire, sous la forme de « dix commandements ». Les robes résistaient diversement, mais elles résistaient.

La résistance se jouait aussi au prétoire. En février 1989, devant la Cour de sûreté de l'État, le ministère public requit une disjonction. Par pure stratégie, et afin de retarder une décision dont on devinait le sens, le collège des avocats lança Maître Paul Agbo. Celui-ci, jouant sur la musicalité des mots « disjonction » et « disjoncteur », s'adonna à de longs développements sur l'électricité, les sources d'énergie et la Société Béninoise d'Eau et d'Énergie, comme on déplie une carte avant de choisir la route, puis revint au nœud litigieux. Maître Alfred Pognon enchaîna, joua du quiproquo et du galimatias, travailla l'étymologie comme on polit une lame, tirant du vocabulaire la part d'ombre qui protège l'accusé. Les juges écoutèrent, longtemps, sans hausser la voix ni rappeler à l'ordre. Ce silence n'était pas faiblesse ; c'était une décision. Qu'on me permette ici une parenthèse sévère à l'adresse de certains magistrats contemporains qui brandissent la minuterie comme un sceptre et comptent les minutes offertes à la défense : ce jour-là, laisser plaider n'était pas complaisance, c'était la première des prudences. Interrompre eût été tendre à la nullité la plus élémentaire l'arme de l'atteinte aux droits de la défense. La forme protégeait la décision ; la procédure, tenue comme une haie, tenait lieu de rempart. On consentait à l'abondance pour que le jugement lui-même ne s'effondre pas. Il y avait là plus qu'une ruse de prétoire : une culture. Dans la tradition reçue, l'audience est l'enceinte de la contradiction, et l'avocat n'y est pas coupé lorsqu'il plaide. Cette courtoisie, loin d'être un luxe, est une discipline ; elle fait l'honneur du siège autant que celui du barreau. Il y avait aussi une sagesse tactique : dans les causes politiques, la précipitation est funeste. Un débat qui s'étire permet de recevoir ou d'attendre les instructions, de jauger la rue et ses rumeurs, d'observer les rapports de force qui évoluent d'un matin à l'autre. Le dilatoire de la défense devenait respiration pour le siège. Enfin, il fallait une façade de légalité, nécessaire au dedans comme au dehors : on voulait pouvoir soutenir, au pays et à l'étranger, que chacun avait été entendu, longuement, exactement, avec des notes et des sténogrammes qui survivraient aux délibérés. Même quand l'appel était impossible, l'Histoire offrait un degré de juridiction ; les écritures bavardes de ces audiences sont devenues autant de garanties différées. Qu'on en tire la leçon pour aujourd'hui : compter la parole de l'avocat comme on compte une échéance, c'est amputer la défense et affaiblir la légitimité du jugement.

Le politique, parfois, rend service à la profession. En 1988, Robert Dossou, doyen de faculté, membre du Conseil de l'Ordre, proche de Mathieu Kérékou mais pas bâtonnier encore, obtint le décret d'application du Certificat d'aptitude à la profession d'avocat. Celui-ci cessa d'être une promesse ; moins qu'une réforme, plus qu'un symbole, il devint un outil. La profession survécut en profession. La boucle se referma par la parole publique. Le 28 juillet 1989, Robert Dossou, devenu bâtonnier, se présenta au Palais avec le professeur Karl Ahouansou. Il formula trois demandes nettes : le multipartisme intégral, l'amnistie des détenus et des exilés politiques, la fin des répressions. Le 29 août 1989, l'amnistie générale fut proclamée. En février 1990 s'ouvrit la Conférence nationale. Entre l'ordre de fermeture d'un cabinet en 1975 et la clé des prisons en 1989, le fil ne s'était pas rompu. Le pouvoir était entré par la doctrine, par les mots, par l'exception et par les symboles. Le barreau avait répondu par la forme, par la technique, par des ruses administratives – l'omission plutôt que la radiation pour protéger les exilés – et, à l'heure venue, par la parole libérée revendiquée. Il avait plié lorsque plier épargnait mais il n'avait pas rompu. C'est à cela que ressemble une résistance professionnelle.

Évoquons maintenant la vie interne de l'Ordre. Après les heurts avec le politique, la maison se gouverne, s'administre, se discipline. On y tient registre, on y admet et forme la fine fleur d'une nouvelle élite dahoméenne devenue béninoise, on y veille aux usages, on y protège la dignité ; bref, on y fait vivre une profession.

Qu'on nomme les commencements par leur nom. Le 12 juillet 1974, le Conseil, sous la présidence du bâtonnier Benjamin d'Almeida, admet au Barreau Madame Hélène Kèkè Aholou, magistrate démissionnaire. Elle prête serment le 8 août 1974. Il faut le dire sans détour pour que l'Histoire l'entende : c'est la première femme avocate du Bénin.

Le premier tableau de l'Ordre des avocats est dressé en 1973. Il marque l'instant où une profession se compte. Quelques années plus tard, deux délibérations décisives vont donner au tableau sa géométrie. Le 13 mars 1980, le Conseil arrête une bonification de deux années d'ancienneté pour les confrères ayant achevé un stage « complet » dans un pays admettant la réciprocité, ainsi que pour les magistrats justifiant d'au moins deux années d'exercice avant leur inscription. Effet immédiat : Maître Hélène Kèkè Aholou se voit reconnaître deux dates de serment, la véritable du 8 août 1974 et la date bonifiée du 8 août 1972, ce qui la place devant Maître Alfred Pognon, pourtant reçu le 18 août 1973. Celui-ci interjette appel. Nulle querelle d'amour-propre ici ; une question d'ordre : l'ancienneté se motive, puis se discute, puis se tranche.

Six jours plus tard, le 19 mars 1980, le Conseil adopte la présentation « actuelle » du tableau. Y figurent désormais, pour chaque avocat, la date de prestation de serment, l'identité, l'adresse professionnelle et le numéro de téléphone ; la liste de stage reprend les mêmes rubriques et ajoute le nom du maître de stage. Sous l'encadré, doivent être portées, dit expressément la délibération, « les mentions précisant les fonctions des avocats du Barreau béninois et certaines règles qu'ils doivent suivre ». Une épreuve manuscrite de ce tableau de 1980, tracée avec un soin d'archiviste par le secrétaire de l'Ordre, est conservée au registre des délibérations : on y lit la profession telle qu'elle se veut lisible pour la postérité. L'effectif à cette date dit la modestie des moyens et la densité de la volonté : onze avocats inscrits, trois avocats-stagiaires. Le plus ancien est Maître François Amorin, serment prêté le 23 novembre 1954 ; la plus récente est Maître Grâce d'Almeida, serment prêté le 23 novembre 1978. Vingt-quatre années jour pour jour séparent ces deux signatures : un symbole, et presque une devise.

Le même registre garde d'autres lignes qui valent un traité de déontologie. À la même époque, un confrère, convaincu d'avoir perçu du Trésor public des fonds destinés à son client et d'en avoir disposé frauduleusement, est sommé de démissionner ; il s'exécute, puis sera radié. La règle n'est pas un vœu pieux ; elle s'applique. En 1980, le Conseil proroge le stage d'un avocat-stagiaire, notant qu'il « n'est pas exact aux audiences (ponctualité) », que « son langage manque de courtoisie aux audiences » et qu'« enfin il pose souvent des affirmations contraires à la vérité ». Convoqué, l'intéressé objecte avec une pointe d'ironie que la réunion fixée à dix-neuf heures trente « a en réalité débuté à dix-neuf heures cinquante-cinq ». La remarque est fine mais malheureuse ; la décision est maintenue. Dans le même esprit, une consœur est rappelée à l'ordre pour avoir prêté main-forte dans la boîte de nuit qu'exploite son époux. La dignité de l'Ordre ne connaît pas d'horaires dérogatoires. Que l'on mesure l'effort : ces décisions sont souvent prises par un Conseil siégeant à trois, sur un effectif total de onze avocats. Petite formation, grandes exigences.

La vie quotidienne d'un Ordre est faite d'instruments humbles et nécessaires. Sous le bâtonnat de Maître Valentin Féliho, en 1980, on institue des cartes professionnelles, on organise les cotisations par trimestre, on représente le Bénin, dès janvier 1980, à l'Union interafricaine des avocats. La solidarité n'est pas oubliée. Le 11 juin 1981, le Conseil observe une minute de silence en la mémoire de feu Guy Adjété Kouassigan, avocat togolais que le Barreau du Bénin se fit un honneur d'accueillir dans son exil. Dans le même mouvement, il est décidé de faire dire une messe à son intention.

Ainsi s'écrit, au fil des dates et des décisions, la résistance domestique d'un Barreau. Elle n'a ni panache ni clairon. Elle a mieux : un tableau manuscrit, onze noms et trois stagiaires en 1980, des cartes, des cotisations, des bonifications d'ancienneté, une première avocate, des sanctions quand il le faut, des omissions quand il le faut aussi, et un registre qui raconte tout cela avec une ponctuation d'horloger. La Révolution a tenté de colorer la toge ; l'Ordre, lui, a continué de se revêtir de dignité.

Chapitre 3 :

Des procès emblématiques de l'ère révolutionnaire

Il est des procès qui ne jugent pas seulement des hommes, mais l'idée que l'époque se fait d'elle-même. Ceux de la Révolution béninoise appartiennent à cette catégorie grave où le prétoire devient une scène d'équilibre instable. L'État y réaffirme sa légitimité, la peur y réclame des réponses rapides, la rumeur y gonfle de certitudes opportunes. Dans cet air chargé, une toge tente de maintenir, de fil en aiguille, l'exigence ancienne de la défense. On y entend de grands mots comme complot, sûreté de l'État, crimes d'exception, qui appellent des preuves solides, et l'on y voit trop souvent la consigne heurter le Code. Le temps se contracte, les pièces prennent les devants, la logique de sûreté empiète sur la logique de preuve. Pourtant demeure, dans l'entaille des textes, la place ténue où un avocat, par une qualification exacte ou une question bien posée, peut encore déplacer le centre de gravité.

Les juridictions d'alors portent la marque du moment politique autant qu'elles prétendent le filtrer. Il y a que la cour martiale surgit d'ordonnance à la mesure d'un péril proclamé. Le Tribunal révolutionnaire national siégeant au Palais qui juge à la première personne et s'adosse à des rapports administratifs pris comme réquisitoires, la cour criminelle d'exception où l'épaulette partage le banc avec la robe, et la Cour de sûreté de l'État concentre à la fin des années quatre-vingt l'effort de contention. À chaque fois l'architecture du siège dicte un tempo, un style d'instruction, une musique d'audience. À chaque fois la défense cherche son passage étroit. Contester sans provoquer, argumenter sans se renier, protéger la personne lorsque l'institution n'entend plus guère que le message.

Le pays n'est jamais au dehors. Il circule dans les couloirs, déborde des salles pleines, s'imprime en manchettes rageuses, s'insinue dans des confidences que l'instruction confond parfois avec la preuve : Une maison discrète à Ayélawadjè où l'on se parle à voix basse, un officier qui préfère se présenter escorté, une base militaire conçue avec des experts étrangers, un enfant manquant à Kandi, une promenade en voiture qui n'en était pas une. La géographie judiciaire épouse celle des inquiétudes publiques. Cotonou, Parakou, Kandi, Aného, Dakar, autant de points d'aimantation où le politique, le sacré et le judiciaire se heurtent et se répondent.

Le barreau n'a pas figure unique. On y rencontre de jeunes confrères qui apprennent à tenir debout dans des salles rétives, des ténacités qui obtiennent un acquittement promis à la hâte, la prudence inventive d'un bâtonnier commis d'office qui, sans invective, met à nu l'économie d'une instruction à décharge contrariée. On y croise aussi des silences, des renoncements, des plaidoiries de sauvegarde, des prudences qui valent parfois davantage qu'un manifeste. Point d'héroïsme de théâtre, mais le labeur patient d'une conscience professionnelle qui oppose, jour après jour, au réflexe de l'exception la patience des formes et la dignité des mots.

Au bout du compte, le droit se venge par le détail : une date mal qualifiée, une flagrance impossible, un interrogatoire sans assistance, une jonction artificieuse, un acte publié trop tard ; autant de fils qui, tirés à propos, allègent une peine, sauvent une vie, rappellent l'institution à elle-même. Les récits qui suivent ne prétendent pas solder l'Histoire. Ils en restituent la texture. On y voit l'alerte de 1973 où l'intention l'emporte sur l'acte, la jonction fulgurante de 1975 où le politique se fait juge, l'audience ouverte après l'agression de 1977 où l'exception revendique sa place, la cause de 1987 où l'imaginaire du crime rituel dérègle la méthode, puis en 1988 la filière dite libyenne qui contraint la Cour à regarder ses preuves autant que ses silences. Partout la même question affleure : Que devient la justice lorsqu'un État s'inquiète de sa propre ombre, et quelle place conserve l'avocat lorsque la sûreté prétend faire évidence ?

LE COMPLOT DE ALPHONSE ALLEY OU LA TENTATIVE DE COUP D'ÉTAT DU 28 FÉVRIER 1973

Le 28 février 1973, avant même que la ville ne chauffe au soleil, une voix grave, réglée, s'est posée sur les ondes de la radio nationale. Elle disait la découverte d'une entreprise clandestine, une « tentative de déstabilisation » du régime révolutionnaire : un complot contre la sécurité intérieure de l'État. Les jours suivants ont filé au rythme des fourgons : on arrêta le colonel Alphonse Alley, ancien chef de l'État, puis d'autres officiers, puis des civils. Dans les couloirs des brigades, une commission d'enquête, déjà à l'ouvrage depuis des semaines, mit bout à bout des heures de filatures, écoutes, recoupements, et remit un rapport : il existait un dessein, non pas encore un acte, d'arracher au pays ses figures cardinales — Mathieu Kérékou, Michel Aïkpé, Janvier Assogba — pour briser l'élan proclamé de la Révolution.

Ce dossier, par sa texture même, a l'odeur des nuits surveillées. On y lit des allées et venues discrètes vers Ayélawadjè, à Akpakpa, une maison où l'on se connaissait assez pour baisser la voix et fermer les volets. Chez Paul Kponou, comptable de l'ODAMAP, qui deviendra plus tard l'OBEMAP en 1975, puis la SOBEMAP, on s'était réuni, dit-on, à plusieurs reprises ; on y croisa des gradés, on y parla à mi-mots de ce que le rapport appellerait « l'opération ». Rien d'héroïque ni de théâtral : une prudence de conspirateurs supposés, un agenda morcelé, des rencontres de diverses natures. L'ODAMAP, jadis bras portuaire de l'État, changera de nom comme le pays changeait d'époque ; cette précision administrative dit seulement le contexte, l'ancrage professionnel de l'un des civils visés.

Du côté militaire, les noms qui remontent ont une mémoire : Jean-Baptiste Hachémé, officier du Sud plusieurs fois écarté puis rappelé, déjà mêlé aux turbulences de la décennie précédente, Ibrahim Chabi, à la retraite et d'autres encore, cités ou entendus à titre de vérification. La commission ratisse large: Thomas Bodéa, syndicaliste ; Daniel Bio, ancien ministre ; Alassane Aboudou, ancien ambassadeur ; Pierre Boni, médecin militaire ; Romuald Arcade Kitoyi, capitaine dont on rappellera qu'il fut le « tombeur » de Zinsou ; Odette Aho, née Balley, épouse du colonel Philippe Aho ; Issa Raïmi Lawani, alors chef d'état-major de la gendarmerie. Tout l'éventail d'un pays qui se connaît trop bien : syndicat, caserne, presbytère, cabinet médical, ministères. À la fin, les chefs d'inculpation se rangent comme dans un manuel de sûreté : préparation d'un coup d'État, complot, complicité, détention illégale d'armes et de munitions de guerre et de chasse.

Et pourtant, à l'examen, la mécanique peine à saisir sa proie. Le rapport ne montre ni radio nationale investie, ni présidence encerclée, ni caserne retournée. On ne saisit pas de stock d'armes en nombre, on ne documente pas de financement ; on infère une intention, on peine à établir un commencement d'exécution. Ce n'est pas la première fois, ni la dernière, qu'un dossier de sûreté souffre de ce décalage : ce que l'on craint parle plus fort que ce que l'on prouve.

Le choix de la juridiction dit alors l'époque avec une clarté presque brutale. Le 9 mai 1973, une ordonnance institue une cour martiale. Ce n'est pas un tribunal ordinaire déplacé pour les besoins de la cause ; c'est une juridiction créée pour cela, à la mesure du péril allégué, et qui inscrira l'affaire dans une procédure d'exception, plus sommaire, moins hospitalière au contradictoire. Les avocats, quand ils sont admis, se cognent à des délais qu'ils n'ont pas choisis ; quand ils ne le sont pas, la défense prend la forme, plus sèche, des observations lues à la barre ou des notes retenues au dossier. L'État juge avec l'haleine courte.

L'audience, ensuite, tient en peu de mots. Les magistrats et officiers siégeant donnent aux débats une couleur d'ordre public ; on y pèse moins des personnalités que des signaux : des réunions, des fréquentations, des fragments de phrases, des trajets de nuit. La parole de la défense cherche la prise là où elle est encore possible : le défaut d'armes en nombre, l'absence d'occupation de lieux stratégiques, l'impossibilité de chiffrer une caisse noire, la fragilité de témoignages qui, de filatures en auditions, s'épuisent à « ressembler » à la preuve sans la constituer. Hachémé, Alley et d'autres, figures trop connues, portent à eux seuls la charge symbolique du dossier ; la robe ne peut faire oublier au prétoire que la République a ses revenants.

Le verdict tombe avec la netteté fonctionnelle de ce type de formation. Vingt ans de réclusion criminelle, assortis de la perte des droits civils et civiques, pour trois officiers supérieurs ; pour la majorité des autres, une relaxation pure et simple ou un bénéfice du doute. On sanctionne l'intention là où l'acte n'a pas percé, on épargne ceux dont le dossier paraît trop mince pour soutenir une condamnation. S'agissant de Jean-Baptiste Hachémé, la peine longue sera plus tard suivie d'une amnistie générale du 1er août 1984, qui libérera nombre de détenus politiques — autre signe d'un temps qui pivote.

Reste l'essentiel : à quoi sert un procès d'exception quand la preuve n'a pas rejoint la peur ? À donner forme, dira-t-on, à une pédagogie de gouvernement ; à rendre visible, répondra-t-on, la vigilance d'un régime encore neuf. Pour le barreau, la leçon est plus âpre : quand la juridiction est née d'une ordonnance de sûreté, la défense n'y obtient pas des acquittements « pour idées », elle grappille des évidences, entame des présomptions, renverse un angle. Ici, l'absence d'occupation de la radio, l'inexistence d'un arsenal, l'impossibilité d'un financement traçable furent ces angles. Dans la discrétion d'un banc ou d'une note en délibéré, un avocat a sans doute pesé moins par sa voix que par sa persistance à ramener le dossier à ce que le droit peut, et doit, tenir.

On n'écrira pas que ce procès fut juste : il fut exemplaire d'un moment, ce qui n'est pas la même chose. Il aura surtout montré comment, à la charnière de 1972 et 1973, un État jeune a cru devoir forger une enceinte pénale à sa mesure, et comment, dans cette enceinte, le droit commun, même cabossé, parvient encore à se glisser. Les noms qui l'ouvrent, Alley, Hachémé, Chabi disent la mémoire d'un pays, la procédure qui les a jugés dit sa peur, les acquittements qui l'ont clôturée rappellent que la justice, même sous contrainte, conserve ce reflexe minimal qui distingue un soupçon d'une certitude.

L'AFFAIRE KOVACS

On n'entre pas dans ce dossier par la porte du droit, mais par celle d'un pays au bord de lui-même. Les élections de mars 1970, gagnées tour à tour par chacun selon la région du dépouillement, n'avaient rien tranché. La fièvre populaire grossit, la violence rôda, et le directoire militaire suspendit puis annula le scrutin avant d'installer, le 3 avril, un attelage inédit : le Conseil présidentiel, « monstre à trois têtes », avec alternance programmée au sommet. Le dispositif tint à grand-peine jusqu'au printemps 1972, malgré un attentat contre le chef d'état-major

(23 février), un silence appuyé du droit de grâce, des pressions syndicales et surtout, une rumeur visqueuse: l'État se serait laissé « huiler ». Le 17 octobre 1972, le ministre des Finances, Pascal Chabi Kao, jeta de l'huile sur l'incendie en conférence de presse. Le 26 octobre, la table fut renversée : un coup d'État conduit depuis Ouidah par les capitaines Aïkpé, Assogba et Alladayè porta à la tête de l'État le chef d'escadron Mathieu Kérékou et son Gouvernement militaire révolutionnaire.

À peine l'ancienne classe politique neutralisée, un dossier revint hanter les couloirs: l'affaire Kovacs. Un fournisseur de l'État, la société Pollor par son gérant, avait, disait-on, soutenu des campagnes, avancé des fonds, attendu des règlements ; floué, il menaçait de « tout déballer ». La liste présumée des bénéficiaires circulait, lourde de noms dont le plus haut. Ce n'était pas qu'une affaire de factures : c'était, en filigrane, la question de la légitimité. Quand l'alerte au complot éclata le 28 février 1973 (arrestations d'Alphonse Alley, de Hachémé, de Chabi, cour martiale à l'appui), elle fut l'un des premiers spasmes d'une armée divisée. Mais la vague la plus haute restait à venir : la jonction d'un soupçon financier et d'une accusation politique.

C'est là qu'entre Janvier Assogba. Artisan du 26 octobre 1972, d'abord ministre de la Fonction publique, il prit en mars 1973 les Finances. À ce poste, il découvrit ce qu'il tenait pour le prolongement actif de l'affaire Kovacs: non plus le simple reliquat d'un système ancien, mais la trace d'une compromission au cœur du nouveau pouvoir. Une commission d'enquête administrative, conduite par Nicéphore Soglo avec le concours du magistrat Amoussou Kpakpa, travaillait — minutie lente, prudence de plume. Assogba, lui, s'impatienta du double jeu qu'il croyait déceler ; il s'opposa aux orientations marxisantes de façade, dénonça « un régime qui permet le vol » et fit profession d'un idéal : « un gouvernement d'hommes honnêtes et irréprochables ». Le 21 octobre 1974, il quitta les Finances pour revenir à la Fonction publique. La cocotte-minute, pourtant, sifflait.

Le 22 janvier 1975, une réunion d'officiers était programmée au camp de Cotonou. Assogba s'y savait attendu, s'y crut piégé, et donna l'ordre d'être escorté par deux pelotons, dont celui des chars, depuis Ouidah vers Cotonou. Les renforts venus de la côte n'entrèrent pas en scène ; une mission de conciliation se glissa entre les lignes ; Assogba renonça à se présenter à la réunion. Pour lui, il s'agissait de venir en force afin d'assurer sa sécurité et « crever l'abcès » en face. Pour le pouvoir, ce fut une tentative de coup d'État manquée. Les arrestations suivirent, frappant au-delà des casernes : dignitaires, prêtres, banquiers, médecins, anciens ministres. La liste des poursuivis, qui allait jusqu'à Idelphonse Lemon, disait moins l'ampleur d'un complot que l'étendue d'une inquiétude.

Le dossier prit alors une tournure qui en fait un cas d'école. D'un côté, l'instruction judiciaire ordinaire commença à entrer en mouvement : le doyen des juges d'instruction en fut saisi, une caution fixée, des plaintes, des mémoires. De l'autre, la logique politique resserra l'étau. Au cœur de la mêlée, un avocat s'était constitué pour défendre l'un des noms les plus cités, Bertin Borna, ancien ministre : constitution remise, pièces certifiées, mémoire en préparation. Le geste était professionnel ; il devenait, dans le climat, un acte. Le 6 février 1975, l'avocat fut arrêté à sa descente d'avion, conduit à la Présidence, puis à la Sûreté ; la nuit dans un cachot éclairé d'une ampoule blafarde, les cafards pour compagnie, résume la prose du moment. Transfèrement ensuite à la gendarmerie : gardes, rituels, puis une décision intérieure : l'idée fixe de la liberté. Le 5 mars au soir, dans le brouhaha d'une journée déclarée continue pour la lecture radiophonique d'un rapport officiel, Adrien Houngbédji franchit un mur, glissa dans une voiture, gagna la lagune, la pirogue, puis la route de Lagos. Le lendemain, 6 mars 1975, tombait l'ordonnance n° 75-19 érigeant le Conseil national de la Révolution en Tribunal révolutionnaire national, compétent pour toute l'affaire

Kovacs-« Assogba ». Le 13 mars, à la première personne du pouvoir, le verdict fut prononcé.

C'est ce basculement de compétence qui fait de « l'affaire Assogba et Kovacs » un procès en dehors du droit commun. L'institution judiciaire venait à peine de respirer, un juge saisi, des actes qui s'annoncent, qu'un texte d'exception la dessaisissait. Le tribunal siégea au Palais ; il élut son président en son sein : le chef de l'État. La procédure ne fut pas une audience contradictoire, mais un récit politique conclu par une peine. Le réquisitoire public, en l'occurrence le rapport de la commission spéciale du Conseil National de la Révolution, servit d'acte d'accusation et d'ordonnance de renvoi. La défense ne fut pas entendue comme on l'entend : elle fut tenue à la porte, ou réduite à la marge. L'un des magistrats saisis, Dominique Zinsou, prit le chemin de l'exil ; le barreau, pris de court, eut juste le temps de comprendre qu'on lui retirait la cause à plaider.

Le tableau des condamnations, connu, n'en demeure pas moins glaçant : peine capitale contre Janvier Assogba, Bertin Borna, Adrien Ahanhanzo Glèlè, Adrien Houngbédji, l'abbé Alphonse Quenum, les docteurs René « Bobo » Zinsou et Émile Derlin Zinsou : travaux forcés à perpétuité pour cinq officiers ; quinze ans de réclusion criminelle avec perte des droits pour deux accusés; quatre acquittements, comme pour donner à l'édifice une apparence d'équilibre. On aurait dit que la justice « révolutionnaire » savait distinguer. Mais l'on ne distingue pas quand la règle du jeu change en cours de partie et que l'organe politique juge de sa propre cause.

Reste la question des avocats, car c'est aussi une histoire de barreau, de courage et de limites. Il y a, dans la phase amont, la figure de l'avocat qui accepte une constitution à haut risque, rédige, alerte le parquet et le juge d'instruction, met l'administration en demeure de recevoir des pièces « inédites et accablantes ». Il devient, sous la calotte d'un régime aux aguets, un acte d'hostilité. L'arrestation le dit assez. Il y a, dans la phase charnière, le magistrat qui tente de tenir l'État de droit par le fil de la procédure et qui doit s'enfuir. Il y a, dans la phase aval, l'avocat empêché, absent de son propre procès, condamné à mort sans avoir été entendu, et qui n'échappera qu'en franchissant un mur. À côté de ces silhouettes saillantes, on trouve les prudences nécessaires, celles d'un barreau qui, sur le coup précédent (l'attentat de février 1972), s'était déjà heurté à une cour militaire présidée par un colonel: aucun membre n'avait accepté d'y plaider, posture collective qui dit une autre manière de résister.

Il faut aussi rendre aux faits leur gravité technique. La jonction opérée par le pouvoir entre la tentative de putsch attribuée à un ministre en rupture et l'affaire Kovacs reposait, côté droit, sur une logique de contamination : l'une prouvant l'autre, l'autre colorant l'une. Or la commission administrative, plus tard, consolidera une partie des révélations financières ; mais cette consolidation-là, de nature à bouleverser la lecture du dossier, ne fut pas rendue publique dans le temps du procès. Ce hiatus temporel suffit à faire comprendre l'injustice ressentie par les inculpés : jugés dans l'instant par un tribunal qu'un texte vient de créer, à partir d'un rapport qu'un organe politique vient de publier, tandis qu'une autre enquête, lente et méticuleuse, n'a pas voix au chapitre. Le pays, lui, entendit surtout la radio.

On aurait pu juger autrement. Une cour criminelle ordinaire, un débat sur la flagrance ou non des faits, l'examen des liens financiers allégués, des confrontations, des témoins entendus contradictoirement, des voies de recours effectives : tout ce qui fait un procès. On préféra le « tribunal de circonstance », juge et partie, qui dit la Vérité et distribue les peines. Dans ce théâtre, l'avocat ne triomphe pas ; il se contente d'ouvrir une brèche, parfois au prix de sa liberté. C'est peu, c'est énorme.

Ce procès aura servi deux leçons. La première : quand la peur gouverne, la procédure s'incline mais elle se venge par le détail : Un juge saisi, une caution payée, une plainte enregistrée, un mémoire rédigé, autant de fils qui, tirés plus tard, rendront lisible l'arbitraire. La seconde : la défense existe même quand on la bâillonne. Elle existe par l'alerte, par l'archive, par la fuite réussie qui dément la fiction d'un coupable pris « la main dans le sac », par l'obstination des commissions de fond à écrire ce qu'elles trouvent. De ces gestes ténus, des vies ont été sauvées ; de ces vies sauvées, l'Histoire a tiré d'autres procès, ceux qu'on se fait à soi-même, longtemps après.

On dira enfin que ce fut un procès politique. C'est vrai. Mais c'était aussi, et surtout, un procès du politique par la justice d'exception. Il a jugé Assogba pour sa marche de chars, Borna pour ses comptes et ses liens, des civils pour leur proximité, un avocat pour avoir accepté de défendre. Il a, dans le même mouvement, jugé la place de la robe dans un pays en révolution : tantôt sur le banc, tantôt derrière un mur, parfois à la barre, souvent en exil. C'est cette place-là, fragile et têtue, qui finit toujours par revenir.

L'AGRESSION ARMÉE DU 16 JANVIER 1977 CONTRE LE BÉNIN ET SES SUITES

Dans la nuit du 16 au 17 janvier 1977, un Douglas DC-7 se posa sans autorisation à Cadjèhoun. Des hommes en treillis jaillirent de la carlingue, sûrs d'eux, persuadés que l'effet de surprise suffirait à neutraliser l'aéroport, à faire taire la radio, à éprouver la discipline des casernes, à bousculer le cœur politique de Cotonou. À leur tête, Bob Denard, qui se faisait appeler colonel Maurin, Gilbert Bourgeaud à l'état civil. L'attaque se heurta pourtant à une résistance ramassée et rapide. Les positions tenues se resserrèrent, des conseillers étrangers encadrèrent discrètement certains points, l'échange de tirs finit par retourner la mécanique. Au petit matin, on relevait des morts et des blessés, on saisissait des cantines de documents, on consignait la déposition manuscrite d'un prisonnier africain de nationalité guinéenne. L'impression d'ensemble était celle d'une agression extérieure préparée de longue date et mal exécutée en bout de chaîne.

La réponse s'organisa aussitôt. Le même jour fut institué une commission d'enquête, bientôt relayée par une commission internationale puis par une commission nationale élargie. Les rapports affluèrent, les procès-verbaux se multiplièrent, les recoupements dessinèrent un réseau intérieur supposé, présenté comme la clef de voûte de l'entreprise parachutée. À l'extérieur, la diplomatie béninoise saisit les Nations unies et l'Organisation de l'unité africaine. À l'intérieur, on choisit d'adosser la riposte à une forme judiciaire assumée comme exceptionnelle. Par ordonnance du 9 avril 1979, le Conseil national de la Révolution s'érigea en Tribunal révolutionnaire national. Cette juridiction siégea au Palais de la République, jugea en principe sur pièces au vu des rapports des commissions, délibéra à la majorité, vota au scrutin secret. Ses décisions ne furent susceptibles d'aucun recours. Seul subsistait le droit de grâce, comme ultime soupape au-delà du verdict.

La session s'ouvrit le 9 mai 1979. Le ministère public déploya un récit qui tenait autant du dossier que de l'argument d'État. Il reconstituait la nuit du 16 janvier, mettait en vis-à-vis l'équipe débarquée par les airs et les appuis intérieurs présumés, retraçait des rencontres, des itinéraires, des financements. Les pièces issues des commissions d'enquête servaient d'ossature. Les témoins passèrent à la barre, leur parole encadrée par l'évidence écrite de mois d'instruction. La défense exista réellement, et c'est ici qu'il convient de rendre leur place aux avocats. Leur démarche fut constante et sobre. Ils demandèrent l'accès intégral aux pièces, qui n'avaient pas toutes circulé comme dans un prétoire ordinaire, réclamèrent la confrontation des témoins lorsque des déclarations s'entrechoquaient, firent valoir l'individualisation des rôles et des responsabilités, rappelèrent que l'intention et la rumeur ne valent pas preuve, insistèrent sur la régularité des saisies, tentèrent de requalifier des faits greffés en bloc sur la catégorie de trahison ; tout cela dans un cadre où la règle était de juger en principe sur pièces et d'abréger les délais par un vote à la majorité. Les gestes de défense furent donc des gestes d'hygiène juridique, destinés à rouvrir du contradictoire, à remettre la personne au centre d'un dossier pensé comme affaire d'État. Plusieurs conseils béninois plaidèrent ainsi, souvent loin de la lumière médiatique, car la presse d'État ne publiait pas spontanément la liste des défenseurs. On sait néanmoins que la profession traversait la période sous tension. La trajectoire d'Adrien Houngbédji, avocat de renom, devenu lui-même détenu politique puis condamné, avant son évasion et son exil, en donne la mesure. On sait aussi que, du côté de l'État, un collectif d'avocats fut chargé de prolonger les suites sur le terrain international. Me Robert Dossou, figure majeure du barreau et juriste d'État, siégea au comité technique chargé de suivre ce collectif. Sa mission débordait le seul prétoire de Cotonou. Il s'agissait de transmettre des pièces aux juges étrangers, de se constituer partie civile lorsque la procédure le permettait, d'arrimer la vérité judiciaire béninoise à des poursuites engagées hors du pays, notamment à Paris.

Les audiences de mai 1979 furent menées avec une solennité sèche. On lut de longs extraits des rapports, on rappela les noms, les itinéraires, les dates, on récapitula les saisies. Les prévenus présents répondirent à des questions précises. Pour ceux qui se trouvaient à l'étranger, la procédure avança par contumace. Le 24 mai 1979, la session se conclut par une rafale de décisions qui dessinèrent l'architecture finale de la sanction. Bob Denard fut condamné à mort par contumace. L'ancien président Émile Derlin Zinsou le fut également par contumace.

Parmi les Béninois poursuivis comme traîtres au sens de la grille révolutionnaire, les communiqués officiels citèrent Assouma Amadou, Takin Nicolas, Zogo Achille, Pognon Gratien, Houngbédji Adrien, Adotevi Amédée, Borna Bertin Babliba, et d'autres encore. Du côté des Européens, la litanie des noms fit aussi office de mise en scène de la preuve. On y retrouva, outre Denard, Marc Aubert, Éric Bérardengo, Robert Bermont, Siegfried Birnbaum, Dominique Boucher, Daniel Bourrel, Gervais Boutanquoi, Jean Philippe Chesse, Jean Bernard Crétin, Olivier Daret, Laurent de Sarnez, Guy Schock, Hugues Wagner, Thierry Richelles, Jean Yves Le Meut, ainsi qu'une longue série de patronymes français, belges ou allemands. La publication fit son œuvre d'impact. Tout, dans l'écriture officielle, rappelait qu'il s'agissait d'une agression armée impérialiste, que la justice saisie parlait au nom du salut public, et que l'unité nationale exigeait des peines exemplaires. L'édition *d'Ehuzu* du vendredi 25 mai 1979, numéro 915, porta ce récit et ses listes, ponctué d'une proclamation que les lecteurs de l'époque ont encore en mémoire : Oser lutter, oser vaincre l'impérialisme. Telle est désormais la détermination marquée des peuples militants d'Afrique, plus que jamais décidés à livrer des combats successifs aussi longtemps que cela sera nécessaire, confiants en leur propre courage pour anéantir complètement tous ces monstres hideux qui peuplent notre continent.

Dans ce cadre, la tâche des avocats de la défense fut ingrate et nécessaire. Ils plaidèrent souvent à contre-courant, luttant contre une temporalité de sûreté qui pressait la décision et contre une procédure qui plaçait le dossier écrit au-dessus de la contradiction immédiate. Ils obtinrent parfois des atténuations, parfois des distinctions dans les degrés de participation, parfois des peines qui tenaient compte de trajectoires individuelles. Mais le mouvement général resta celui d'une justice d'exception. Les décisions n'étaient pas appelables. Dans ces conditions, l'art de la défense fut d'abord un art de la mesure, consistant à encaisser le récit de l'État sans renoncer à la précision des faits, puis, lorsque la culpabilité était retenue, à plaider utile pour conjurer l'irrémédiable.

Le procès n'eut pas sa dernière réplique à Cotonou. À Paris, des années plus tard, la figure de Denard revint devant la justice correctionnelle. Là, la dramaturgie changea. La procédure ordinaire déroula ses exigences. Me Michel Alexandre, pour la défense, batailla sur les qualifications pénales et sur l'élément intentionnel, discuta l'association de malfaiteurs appliquée à une opération dont l'ombre politique dépassait le droit commun. En face, les conseils de l'État béninois, adossés au travail du collectif animé par le comité technique où siégeait Me Robert Dossou, s'attachèrent à faire valoir la responsabilité du chef mercenaire, à verser au dossier des pièces collectées au Bénin, à obtenir des réparations. Les peines françaises furent mesurées, loin de la rigueur des condamnations prononcées en mai 1979. Ce contraste ne dit pas l'injustice de l'un ou de l'autre, il dit la différence des climats juridiques et des objectifs. À Cotonou, il s'agissait de sceller une agression par une sanction qui rassure l'État et la nation. À Paris, il s'agissait de qualifier pénalement des faits et des responsabilités dans le cadre d'une justice qui ne connaît ni tribunal révolutionnaire ni jugement en principe sur pièces.

La mémoire, quant à elle, s'est inscrite dans la pierre et dans le droit. En janvier 1979, une place fut inaugurée pour garder le souvenir des morts de la nuit de l'agression, et pour ancrer le récit de la défense victorieuse dans la topographie de la capitale. Dans les bibliothèques internationales, l'affaire béninoise compte parmi celles qui ont nourri la réflexion sur le mercenariat et débouché sur une convention adoptée en 1989 puis entrée en vigueur en 2001. Reste que l'essentiel, pour qui s'intéresse à la place des avocats dans cette histoire, est de comprendre la double scène sur laquelle ils ont agi. À l'intérieur, dans un prétoire d'exception, ils ont tenu la ligne de l'hygiène procédurale et de l'individualisation des responsabilités, autant qu'il était possible de la tenir. À l'extérieur, dans les capitales judiciaires étrangères, ils ont transformé un échec militaire des mercenaires en une responsabilité pénale lisible par des juges qui ne parlaient pas la langue d'un tribunal révolutionnaire. Entre ces deux scènes se tient l'évidence discrète du métier. Le droit ne se hisse jamais seul au-dessus de la mêlée. Il s'y introduit avec patience, par la pièce jointe, par la question opportune, par la qualification exacte, par cette ténacité polie qui ne renonce pas à l'homme quand l'État tient à faire valoir la raison d'État. Ici, c'est à cela que l'on reconnaît la démarche des avocats.

OSER LUTTER, OSER VAINCRE L'IMPERIALISME TELLE EST DESORMAIS LA DETERMINATION MARQUEE DES PEUPLES MILITANTS D'AFRIQUE PLUS QUE JAMAIS DECIDES A LIVRER DES COMBATS SUCCESSIFS, AUSSI LONGTEMPS QUE CELA SERA NECESSAIRE. CONFIANTS EN LEUR PROPRE COURAGE, POUR ANEANTIR COMPLETEMENT TOUS CES MONSTRES HIDEUX QUI PEUPLENT ACTUELLEMENT NOTRE BEAU ET GRAND CONTINENT, L'AFRIQUE.

PT KEREKOU.

EHUZU

Prix : 30 FRANCS

REPUBLIQUE POPULAIRE DU BENIN

HEBDOMADAIRE

ORGANE DU MILITANTISME REVOLUTIONNAIRE

Edité par l'Office National d'Edition, de Presse et d'Imprimerie (O.N.E.P.I.)

DIRECTION — ADMINISTRATION — REDACTION — PUBLICITE

B. P. 1210 — TEL. : 31-36-81 et 31-36-94 COTONOU (R. P. B.)

Abonnements : Trois mois : 2100 F — Six mois : 3800 F — Un an : 7200 F

4e Année — Vendredi 25 Mai 1979 — Numéro 915

Agression armée impérialiste du Dimanche 16 Janvier 1977

LES DECISIONS DE LA SESSION DU CNR ERIGE EN TRIBUNAL REVOLUTIONNAIRE NATIONAL POUR CONNAITRE DU DOSSIER DE L'AGRESSION

(COMMUNIQUE SPECIAL DU GOUVERNEMENT MILITAIRE REVOLUTIONNAIRE)

Au cours de la séance du Conseil des Ministres du mercredi 23 mai 1979, le chef de l'Etat a présenté les décisions du Conseil National de la Révolution suite aux conclusions des investigations de deux Commissions d'enquête mises sur pied après l'agression armée impérialiste du dimanche 16 janvier 1977 pour : **l'une, détecter les ramifications intérieures du réseau des mercenaires et des traitres à la cause béninoise et l'autre, entendre le nommé AHOUSSINOU Théodore dit « RADELEC » et ses complices sur le réseau subversif par eux monté dans le dessein d'exécuter des attentats contre les responsables de la Révolution béninoise.**

Le Conseil National de la Révolution, saisi des deux dossiers d'enquête par le chef de l'Etat, président du Comité Central du Parti de la Révolution Populaire du Bénin sur la base de l'ordonnance n° 74-68 du 18 novembre 1974 portant création, attributions, composition, organisation et fonctionnement du Conseil National de la Révolution qui stipule en son article 7 : « **Le Conseil National de la Révolution peut s'ériger en Tribunal Révolutionnaire National pour juger sans appel des actes et faits qu'il qualifie d'infractions politiques et atteintes à la sûreté de l'Etat** »,

s'est érigé en Tribunal Révolutionnaire National le 9 avril 1979 aux fins de juger les auteurs, les complices et toutes les personnes impliquées dans les faits objets des deux enquêtes précitées, cette Haute Instance de notre Révolution a rendu public le Procès-Verbal de ses délibérations dont voici l'essentiel :

Tout un chacun se souvient de ces bruits étranges qui, le dimanche 16 janvier 1977, ont réveillé les populations laborieuses de notre capitale économique : COTONOU.

Tout un chacun sait aussi que ces sifflements, ces crépitements et ces grondements sont l'œuvre de mercenaires enragés, drogués et munis d'armes les plus modernes, les plus sophistiquées dans le but cynique de liquider physiquement les responsables de notre Parti et de notre Etat révolutionnaire.

Tout le monde, à l'exception de ceux qui, empêtrés dans leurs propres contradictions, minés par la haine et le désarroi, se débattent piteusement pour tenter de cacher la vérité, tout le monde disons-nous, sait que ces mercenaires, vils individus apatrides, sans foi, ni loi, sont les agents sadiques de l'impérialisme international et de ses suppôts africains.

En effet, après la proclamation du Discours-Programme du 30 novembre 1972, après le choix de notre option socialiste de développement le 30 novembre 1974 et surtout après la naissance le 30 novembre 1975, de notre Parti d'avant-garde, le Parti de la Révolution Populaire du Bénin, Parti qui doit éduquer, encadrer et aguerrir notre Peuple dans sa lutte révolutionnaire de libération nationale, l'impérialisme international est décidé à tout mettre en œuvre pour réussir son plan diabolique de reconquête coloniale afin de sauvegarder ses intérêts cupides et maintenir l'échine de notre Peuple éternellement courbée dans le but de l'asservir et de l'exploiter.

Tout le monde est convaincu que cette œuvre n'est possible que lorsque le réseau extérieur compte sur l'appui et le soutien ferme d'un réseau intérieur.

Tout le monde se souvient encore qu'à la suite de la session conjointe tenue du 7 au 12 mars 1977, le Comité Central du Parti de la Révolution Populaire du Bénin, le Conseil National de la Révolution et le Gouvernement Militaire Révolutionnaire, en publiant le rapport de la commission spéciale d'enquête, ont promis de faire le point sur le réseau intérieur de cette ignoble agression armée impérialiste du dimanche 16 janvier 1977.

C'est pourquoi et conformément à cette décision des Instances supérieures nationales, il a été mis sur pied, par ordonnances n° 77-7 du 18 février 1977 et n° 77-41 du 3 décembre 1977, une Commission nationale d'enquête, Commission qui a circonscrit, cerné et demantelé ce réseau intérieur de l'agression du 16 janvier 1977, dont le rapport a été déposé au Comité Central du Parti de la Révolution Populaire du Bénin.

Aussi, à l'issue de sa première Session ordinaire de l'année 1979 et en application des dispositions de l'ordonnance n° 74-68 du 18 novembre 1974 en son article 7, le Conseil National de la Révolution s'est érigé en Tribunal Révolutionnaire National le 9 avril 1979 pour prendre connaissance du rapport de la Commission nationale d'enquête et prononcer des sanctions à l'encontre de toutes les personnes impliquées dans le réseau intérieur de l'agression armée impérialiste du dimanche 16 janvier 1977.

Après audition dudit rapport et à la suite de larges débats qui se sont instaurés, le Tribunal Révolutionnaire National a statué cas par cas et a prononcé par vote secret à la majorité simple les sanctions suivantes :

● — AGRESSION ARMEE IMPERIALISTE DU DIMANCHE 16 JANVIER 1977 :

Sont condamnés à la peine de mort :

1) Traîtres Béninois

— Fadest A. Joseph,
— Takin Nicolas,
— Zogo Achille,
— Pognon Gratien,
— Zinsou Emile Derlin, deux fois condamné à mort,
— Assouma Amadou dit Tchinnin,
— Darboux Paul,
— Lemon Idelphonse, une fois condamné à mort,
— Borna Bertin Babliba, une fois condamné à mort,
— Houngbédji Adrien, une fois condamné à mort.
— Adotévi Amédée une fois condamné à mort.

2) Mercenaires Africains

— Soglo Marc,
— Rustico Juste Parfait,
— Tohoue Cossi Paulin,
— Kohoun Antoine,
— Adéochoun J. Mathias,
— Aïssi Roch Augustin,
— Zogo Lucien,
— Djato Issa Aliou,
— Boukari Ousman,
— Idrissou Mazou,
— Ba Oumarou Alpha,
— Kaba Abdourahmane,
— Kaba Ibrahima,
— Diallo Sallou,
— Dowgound Mohamed,
— Ba Mamadou,
— Diallo Ibrahima,
— Ba Barro,
— Zoumarou Bakary,
— Kaba Lamine,
— Sy Savaneh Oumar,
— Diallo Mamadou,
— Diawara Ali,
— Koné Kalilou,
— Sako Mamadouna,
— Koholin A.,
— Maman A.

3) *Mercenaires Européens :*

— Bob Denard, alias Colonel Maurin, alias Gilbert Bourgeaud,
— Aubert Marc,
— Berardengo Eric,
— Bermont Robert,
— Birnbaum Siegried,
— Boucher Dominique,
— Bourrel Daniel,
— Boutanquoi Gervais,

(Lire la suite en page 8)

LE CHEF DE L'ETAT QUITTE CE MATIN COTONOU POUR LA CAPITALE SENEGALAISE

Notre grand camarade de lutte, le président Kérékou quitte Cotonou ce matin pour Dakar. Le chef de l'Etat et les présidents des cinq autres Etats membres de l'Union Monétaire Ouest-Africaine (UMOA) — le Sénégal, la Côte-d'Ivoire, le Togo, la Haute-Volta et le Niger inaugureront dans la capitale sénégalaise le siège de la Banque Centrale des Etats de l'Afrique de l'Ouest (BCEAO).

Fonctionnel depuis le mois de juin 1978, le siège de la Banque est situé au Centre de Dakar. Sa construction a nécessité deux années de travaux.

C'est en vertu d'une décision de la Conférence des chefs d'Etat de l'UMOA, tenue en 1974 à Lomé, que le siège a été transféré de Paris à Dakar. Le président Kérékou participera également à la Conférence au Sommet des chefs d'Etat de la CEDEAO (Communauté Economique des Etats de l'Afrique de l'Ouest) qui s'ouvre lundi dans la capitale sénégalaise.

Les décisions de la Session du CNR...

(Suite de la page 1)

— Boyer Philippe,
— Bracco Roger,
— Buteri Jacques,
— Lefèvre Guy,
— Cabot Dominique,
— Capasso Louis,
— Cau André,
— De Charette de la Contrie Michel,
— Charrier Benoit,
— Chesse Jean Michel,
— De Chivre Hugues,
— Chrétien Jean Bernard,
— Colot Marc,
— Danet Olivier,
— Delrue Bernard,
— Delstanches Jean Pierre,
— Despres Christian,
— De Doyard Philippe,
— Guillots Jacques,
— Gruber Helmut,
— Heimann Frantz,
— Holzapfel Alfons,
— Jouguet Yvon,
— Kolibius Werner,
— Leal Francis,
— Lecorgne Jean Paul,
— Surma Taddée,
— Lejon Gérard,
— Le Meur Jean Yves,
— Loiseau Michel,
— Loth Patrice,
— Lourdais Michel,
— Malacrino Dominique,
— Malivert Jean Pierre,
— Michel Gérard,
— Milliotte Jean Louis,
— Musial Dominique,
— Paillard Pierre,
— Perrin Jacquy,
— Resciniti De Says René,
— De Sarnez Laurent,
— Scheeck Guy,
— Schenpf Raymond,
— Simon Denis,
— Souppart Didier,
— Sutter Jean Pierre,
— Thomann Raymond,
— Thuret Gérard,
— Touml Guy,
— Van Den Berghe Jean Pierre,
— Wagner Hugues,
— Richelles Thierry,
— Peyre Gérard,
— Mercier et consorts.

⁂

Est condamnée à 10 ans d'emprisonnement :
— Caïtano Justine épouse Soglo Marc ;

⁂

Sont condamnés à 5 ans d'emprisonnement :
— Gnonhoué Lucien,
— Sanfa Kéita ;

⁂

Sont acquittés :
— Lahami Franck,
— Aïzansi Rémy,
— Noudogbessi Odette,
— Soglo Codjo Paul. Il sera infligé à ce dernier une sanction militaire, conformément au statut des Forces Armées Populaires du Bénin.

● II — *AFFAIRE AHOUSSINOU Théodore dit « RADELEC » et consorts.*

Sont purement et simplement acquittés :
— Ahoussinou Théodore dit « RADELEC »,
— Bodéa Thomas,
— Kodoko Agbessi Jean,
— Adihou Désiré,
— Guèdègbé Maurice,
— Gohoungo Martial,
— Ahouandjinou Cathérine,
— Zohounghogbo Paulin.

Mort aux traitres !

Mort aux mercenaires !

Prêt pour la Révolution !

La lutte continue.

COTONOU, le 24 Mai 1979.

Réunion à Douala des ministres de tutelle de l'ASECNA

Yaoundé. — Les ministres de tutelle de l'Agence pour la Sécurité et la Navigation Aérienne (ASECNA), à laquelle adhèrent 13 pays africains et la France, se sont réunis à Douala, pour examiner divers problèmes de structure et de trésorerie de l'organisation.

Le frère John Monie Nkengong, ministre des Transports du Cameroun, après avoir exprimé, dans son allocution d'ouverture, sa satisfaction pour les résultats obtenus dans le cadre de la coopération au sein de l'Agence, a estimé qu'elle devait s'organiser pour assumer pleinement sa mission et ses responsabilités. Il a ensuite mis l'accent sur le « réel besoin de mutation sur le triple plan des structures, de l'approche des problèmes et de l'esprit d'engagement ».

Pour sa part, notre ministre des Transports, le camarade Léopold Ahouéya, président en exercice du Comité des ministres de tutelle a souligné que « les problèmes de trésorerie sont la préoccupation immédiate de l'Agence ». Toutefois, a-t-il indiqué, « grâce aux importantes mesures prises, l'impasse a été réduite de 2,5 milliards CFA en 1978, à 1,8 milliards. Cette année, cet effort devra être poursuivi pour arriver à rétablir définitivement la crédibilité de l'ASECNA » a conclu le camarade Ahouéya.

En bref

● *Kampala.* — Une dépêche de l'AFP qui provient de Kampala affirme que l'Ouganda a besoin d'un milliard de dollars pour remettre son économie sur les rails dans les six prochains mois.

C'est en accueillant une délégation de la Communauté Economique et Européenne que le ministre ougandais de l'Economie, des Finances et du Plan a fait cette déclaration à l'AFP.

Le nouveau gouvernement précise la dépêche, a trouvé une économie ruinée affligée depuis six ans d'une inflation de 200 pour cent.

La délégation de la CEE, qui doit entamer à partir d'aujourd'hui une série d'entretiens pour déterminer les besoins du pays en aide extérieure, a également rencontré le ministre des Affaires étrangères, le frère Otema Halimadi.

Ce dernier regagnait Kampala après une visite au Zaïre et au Burundi où il a expliqué la politique étrangère du nouveau régime.

Pendant ce temps, les forces tanzano-ougandaises ont réussi à prendre le contrôle du Gulu, l'une des deux dernières localités tenues par les forces d'Idi Amin.

Gulu, à 280 km au nord-ouest de Kampala, est tombée dimanche dernier sans résistance. Les soldats fidèles au maréchal Idi Amin, avaient fui depuis plusieurs jours, a conclu la dépêche.

Erratum

Une erreur s'est glissée dans notre numéro d'hier jeudi 24 mai 1979 — page 6 — 3e colonne.

— Au lieu de : chef du district rural d'Abomey...

— Bien lire : chef du district urbain d'Abomey : camarade Djeigo Boniface.

LE COMPLOT DE LA FILIÈRE LIBYENNE AU BÉNIN (1988)

On a parfois l'impression que l'Histoire se plaît à nouer ses drames avec des fils contraires. Ici, l'un des plus proches collaborateurs du chef de l'État, un aide de camp, formé aux exigences des grandes écoles, se retrouve au centre d'un projet d'élimination physique du même chef. Le paradoxe est entier, la scène prête à s'ouvrir.

D'abord, un itinéraire. Abdou-Ramane Amadou n'est pas un fantassin ordinaire. Étudiant brillant à la Faculté des sciences et techniques de l'Université nationale du Bénin, il choisit la voie des armes, franchit les classes préparatoires, intègre Saint-Cyr, passe par le Génie. De retour au pays, officier stagiaire, il travaille sur l'implantation d'une base militaire à Cana (Zogbodomè) avec des experts soviétiques. Sa compétence le rapproche du pouvoir : officier d'instruction au Palais sous les ordres de Jean N'Tcha, puis, remplaçant du capitaine Mama Sambo, jeune aide de camp du Président. Il passa sept années au cœur du dispositif, au point de jonction entre la personne du chef de l'État, la sécurité rapprochée et les services de renseignement. Le « Grand Camarade de lutte » aime s'entourer de saint-cyriens ; la sécurité du Palais porte les insignes de cette préférence. Rien, ici, n'annonçait la suite sinon la proximité même, ce combustible discret des tragédies politiques.

Le pays, en 1988, vacille. Les caisses sont maigres, la diplomatie essuie des revers, la rue murmure, l'armée bruisse. Les conversations à voix basse cherchent une porte de sortie — ou d'entrée — pour une alternance que les textes n'autorisent pas. C'est dans ce climat que se tisse, fil par fil, ce que l'on nommera la « filière libyenne ».

Le laboratoire en est une maison privée à Cotonou, celle d'Ahmed Youba Kadi, marabout mauritanien familier des palais africains. On y retrouve Abdou-Ramane Amadou ; Seïdou Fousséni Gomina, responsable de la Commission nationale d'enquêtes et de sécurité — structure héritée des temps forts de la police politique, naguère tenue par le colonel Zinzindohoué à Parakou -; l'officier politique Alexis Babalawo, et, en lointain chef d'orchestre, Mohamed Amadou Cissé, conseiller spécial du président Kérékou. Les réunions se succèdent. L'idée générale se précise : à la tête du Bénin, un chef « de confession plutôt musulmane », sous l'aile de « pays arabes » prompts à soutenir l'effort de redressement. On cherche le profil, puis on le trouve presque naturellement en la personne du jeune aide de camp : réputation de rigueur, culture d'état-major, accès aux couloirs où tout s'entend.

En mai 1988, selon sa propre déclaration, Abdou-Ramane « se laisse convaincre ». Il accepte le rôle, mais fixe deux conditions qui en disent long sur ses scrupules : ne servir, après le coup, aucune puissance étrangère ; éviter le carnage. Les marabouts consultés donnent des jours propices ; une voyante du Christianisme céleste affine l'horloge. La date est d'abord arrêtée au 1er juillet, ramenée ensuite au 21 juin. Les financements ? Ils viendraient de Mustapha Abucctta, représentant de la Libye à Cotonou, pièce maîtresse d'un réseau d'influence que l'on appellera, non sans ironie, le « Monsieur Jacques Foccart » libyen. Les armes, elles, doivent venir de plusieurs circuits, avec cette obsession martelée par l'officier du Génie : « éviter le carnage ». Il n'est pas question de colonnes dans les rues, ni d'embrasement, mais plutôt d'un geste décisif, chirurgical, ce que le dossier appellera sans détour « la liquidation physique » du président.

Puis vient la partie grise de toute conspiration : les ultimes heures. À l'approche du jour dit, des hésitations. Chez qui ? Un peu chez tous, et surtout chez celui qui, jusqu'alors, fut la clef de voûte. Abdou-Ramane recule. Il annule l'opération. Mais l'invisible a déjà circulé : les services de sécurité sont alertés. Par qui ? Par Alexis Babalawo avec certitude, « probablement » aussi par Fousséni Gomina. D'autres canaux remontent au ministère de l'Intérieur. Ce qui, la veille, n'était encore qu'un projet, devient, le lendemain, un dossier.

Le procès, en février 1989, a lieu devant la Cour de sûreté de l'État, juridiction taillée pour les contentieux de « sûreté », où l'on instruit vite et où l'épaulette n'est jamais très loin de la robe. À la barre, la partie civile est le chef de l'État, Mathieu Kérékou. Du côté de la défense, une silhouette que la mémoire du barreau retient : Maître Robert Dossou. Il défend Abdou-Ramane Amadou et Fousséni Gomina. Dans cette enceinte où la procédure ne laisse pas beaucoup d'oxygène, sa stratégie tient en trois mouvements.

Premier mouvement : ramener le dossier à ce qu'il est en droit, non à ce qu'il fut en rumeur. Maitre Robert Dossou découpe le temps. Oui, il y eut réunions ; oui, un scénario a été discuté ; oui, une date a été choisie. Mais il rappelle que l'accord de principe d'un accusé, fût-il officier, ne vaut pas commencement d'exécution ; qu'une condition posée, en l'espèce ne pas se mettre au service d'une puissance étrangère, contredit l'élément intentionnel d'intelligence avec l'extérieur ; que l'annulation, les deux derniers jours, assèche la tentative. Le fil conducteur : distinguer la pensée de l'acte, l'adhésion de l'exécution.

Deuxième mouvement : attaquer la chaîne probatoire par son maillon le plus faible — l'infiltration alléguée. Ce n'est pas un mystère : la sécurité était informée « de l'intérieur ». Babalawo, pivot des rencontres, sera relaxé purement et simplement. Pour la défense, cette relaxe n'est pas une parenthèse ; c'est une pierre d'angle. Elle établit, au minimum, que l'opération fut connue en temps réel des services et, plus encore, que l'un de ses organisateurs tenait double registre. On n'absout pas l'ombre d'un coup d'État ; on absout un informateur. Le dossier ne s'en remet pas.

Troisième mouvement : replacer le contexte dans le prétoire sans s'y dissoudre. Dossou n'ignore pas les lignes de force de l'année 1988 : crise économique, revers diplomatiques, fièvre militaire, tentations hégémoniques du colonel Kadhafi au sud du Sahara. Mais il refuse l'argument du « grand récit » qui engloutit les faits. Il s'en tient à la règle étroite : qui a fait quoi, quand, avec qui, et jusqu'où ? Et il pose cette question presque scolastique : peut-on condamner un homme pour un crime dont il a, le premier, ajourné l'exécution, et dont la préparation était, de surcroît, suivie pas à pas par les services ?

L'audience, au demeurant, met les pièces à nu. Les rencontres chez le marabout mauritanien, les visites, les trajectoires d'argent, l'ombre d'Abucetta, la valse des dates sous l'œil de voyants, les conversations avec le conseiller spécial, tout cela apparaît. Mais la dramaturgie vacille. Non seulement l'entreprise n'a pas franchi la frontière de l'acte, elle ressemble, de plus en plus, à un théâtre infiltré. Quand la Cour rend ses décisions, elles sont contrastées : relaxe pour Alexis Babalawo ; peines contre d'autres prévenus. Sans se substituer au dispositif, on retiendra que le jugement ne gomme pas la thèse d'une manipulation, ou, à tout le moins, d'une opération sous contrôle des mêmes services qui prétendaient la déjouer.

Reste le portrait d'Abdou-Ramane tel qu'il sort du prétoire : jeune officier de première force, convaincu qu'un destin l'attend, sensible aux légitimations mystiques de son époque, et qui aura appris dans sa chair que les « révolutions de Palais » ne se traitent ni à la voyance ni aux amitiés mal arrimées. La politique ne pardonne pas l'amateurisme ; la sûreté, encore moins. Et le barreau ? Il se souvient d'un procès où la défense, portée par une voix ferme, réussit à forcer le tribunal d'exception à regarder ses preuves et ses silences. En face d'une machinerie qui préférait le symbole au droit, l'avocat a tenu sa ligne : faire entrer l'air, rappeler qu'entre l'idée et la peine, il y a une digue, le commencement d'exécution, la loyauté de la preuve, la clarté des intentions.

On a beaucoup dit, depuis, que ce dossier illustrait la main de Tripoli sur les capitales d'Afrique noire ;peut-être. Mais pour ce qui nous concerne, au ras du prétoire, il dit autre chose encore : comment une République en crise tente de se protéger d'elle-même, et comment, au milieu des marabouts et des conseillers spéciaux, des chancelleries et des services, une robe peut encore mettre un point d'interrogation là où l'on croyait avoir déjà gravé un point final ?

L'AFFAIRE ANASSA ABDOULAYE (1987)

Kandi au nord du Bénin, par un soir de saison sèche, un enfant ne rentre pas. La nouvelle, d'abord chuchotée au marché, traverse les concessions, franchit la barrière de la piste et gagne les bureaux où l'on tamponne. Très vite, la rumeur prend le pas sur la recherche. On dit que le père, Anassa Abdoulaye, modeste instituteur, promu figure locale par les bonnes grâces du colonel Kodja Gandonou, notable du PRPB et préfet du Borgou, aurait livré son propre fils à un « crime rituel ». La thèse n'a pas besoin de preuves : elle a pour elle l'imaginaire de l'époque et l'angle commode d'un complot qu'il faudrait bien « payer ». L'enquête tâtonne, échoue à démasquer le prétendu putsch qui donnerait sens au sacrifice. Qu'importe : l'accusation tient son baudet.

Le décor judiciaire est prêt depuis l'année précédente. Par la loi 86-009 du 26 février 1986, on a créé une Cour criminelle d'exception compétente pour les crimes contre la sûreté de l'État. La juridiction ne cache ni sa nature ni sa mission : c'est un outil de temps court, bâti pour des menaces dites « extraordinaires ». À l'automne 1987, à Cotonou, une formation mixte prend place, magistrats en robe et hauts gradés en tenue, pour juger Anassa. Le dispositif impressionne par lui-même : la robe n'est pas seule à tenir la balance. Au terme des débats, la peine tombe, sévère, nette : vingt ans de réclusion criminelle. « Un véritable jugement de Cour », dira-t-on, pour signifier la solennité ; chacun entendra surtout l'empreinte d'une justice d'exception.

Mais l'essentiel, dans ce dossier, est en amont de l'audience. On devine des interrogatoires menés sans assistance d'avocat, des aveux arrachés, des témoignages tordus par la peur ou par la main, des violences, des traitements indignes qui, à force de se répéter, finissent par paraître institutionnels. Tout ce que la procédure pénale reconnaît comme des nullités, ici, devient routine. La machine à accabler tourne d'autant mieux qu'elle s'alimente de « peurs magiques » : l'enfant disparu justifie le rituel, le rituel légitime le putsch, le putsch explique les ennemis. Cercle parfait.

C'est dans cet engrenage qu'entre la défense. Le bâtonnier en exercice, Robert Dossou, est commis d'office. À d'autres moments, on l'a dit proche du régime ; dans cette salle-là, il n'a plus d'autre proximité que celle de son serment. Sa stratégie est une audace calculée, l'art de la corde raide. D'abord, il se présente ingénu : l'avocat « qui ne sait pas », qui n'a pas d'oreille pour le chœur des consignes, qui ne comprend que les pièces et le droit. C'est plus qu'une posture : c'est une manière de couper court à l'insinuation politique. Puis il attaque la chaîne d'enquête, là où elle craque : procès-verbaux entachés par l'absence de conseil, contradictions de témoins, fragilité des « révélations » née du huis-clos policier, zéro élément matériel reliant Anassa à un réseau putschiste. Il ne prononce pas le mot torture, ce serait une déclaration de guerre, mais il décrit patiemment ce qu'elle produit : des récits jumeaux, des lapsus de procédure, des signatures au bout de nuits sans sommeil.

Ensuite, il recadre le droit. Une juridiction d'exception n'est pas une juridiction sans règle : il faut des faits légalement établis, des charges précises et concordantes, et, lorsqu'on allègue un crime de sang à finalité politique, un mobile vérifiable et des moyens crédibles. Or le dossier se résume à une rumeur locale verticalisée par l'appareil de sûreté. L'idée d'un « crime rituel » est exhibée comme un talisman probatoire ; l'avocat en montre la misère : dans un État moderne, on ne juge pas les croyances, on prouve des actes. Enfin, il élargit sans invectiver : il rappelle que les juridictions d'exception, en matière pénale, sont une tentation dangereuse pour l'État de droit et les libertés et que, sous couvert de sûreté, on finit par banaliser l'irréparable.

Le dispositif en face n'est pas sourd ; il est pressé. La Cour écoute sans s'avouer convaincue. On perçoit, ici ou là, la gêne d'un magistrat, le raidissement d'un officier, ce balancement propre aux formations mixtes quand la robe et l'épaulette ne respirent pas le même air. La plaidoirie de Dossou ne change pas le verdict ; elle change le sens du procès. Dans ce théâtre, où l'on attendait une confession sacrificielle, il oppose une démonstration : l'aveu n'est pas la reine des preuves quand il naît d'une chambre close ; la rumeur publique n'est pas flagrante délictuelle ; l'exception n'est pas un permis d'approximation. La peine demeure, mais l'arrêt perd sa superbe. On a jugé, oui ; on a convaincu, non.

Que reste-t-il, alors, une fois la porte de la cellule refermée ? Trois vérités, au moins :

La première : la perversion d'une justice mise aux ordres. On ne reproche pas à l'État de vouloir démêler un drame ; on lui reproche de l'avoir instrumentalisé pour faire taire un malaise politique en brandissant un totem, le « crime rituel », qui court-circuite le raisonnement juridique et sidère l'opinion.

La deuxième : l'instrumentalisation des peurs. La croyance, dans une société, existe. Elle irrigue même la morale commune, mais elle n'est pas un mode de preuve ; la faire passer pour telle, c'est transformer une société inquiète en machine à condamner. Le dossier Anassa l'a montré jusqu'à l'absurde.

La troisième : le courage paradoxal d'un avocat « du système » qui sape le système de l'intérieur. Il n'a pas crié au scandale ; il a fait mieux, il a fait son métier. Il n'a pas renversé la table ; il a retiré une à une les cales sur lesquelles elle prétendait tenir. Dans un régime autoritaire, c'est parfois la seule manière d'obtenir des lignes obliques : sauver ce qui peut l'être, exposer ce qui ne tient pas, transmettre — par l'argument, par le ton — l'idée qu'un État n'est jamais si fort que lorsqu'il accepte la contradiction.

Ainsi se referme ce dossier, exemplaire à sa façon. Un enfant manquant, une communauté en proie à ses démons, une juridiction préparée pour la sûreté et qui finit par juger une rumeur, un instituteur condamné pour ce qu'il devait symboliser, et, au milieu, une robe qui rappelle que la justice n'est pas un rite, mais une méthode. Dans la longue série des grands procès de la Révolution, l'affaire Anassa marque un point fixe : le moment où l'exception cessa de se dissimuler, et où la défense, sans fracas, lui opposa cet entêtement tranquille qui, bien des années plus tard, demeure la meilleure définition de notre métier.

L'affaire Kouyami (1988-1989)

À la fin du mois de mars 1988, le général-président Mathieu Kérékou annonce avoir déjoué ce qu'il appelle lui-même une « révolte de palais ». Le régime révolutionnaire, déjà fragilisé par les grèves et les contestations sociales, prétend avoir découvert un vaste complot militaire. L'annonce entraîne aussitôt une vague d'arrestations : plus d'une centaine d'officiers et de sous-officiers sont interpellés. Parmi eux, deux figures majeures, le lieutenant-colonel François Kouyami, chef d'état-major des forces de sécurité publique, et le lieutenant-colonel Badjo Gounmé. À leurs côtés apparaissent le capitaine Jean-José Hountondji, formé à Madagascar et membre de la garde présidentielle, le capitaine Kitihoun, ainsi qu'une série d'autres officiers désignés comme conjurés.

Kouyami est interrogé longuement. Il nie avoir été l'instigateur du complot et reporte la responsabilité sur Hountondji. Mais dans un climat où le verdict est scellé d'avance, sa ligne de défense n'a aucune chance d'aboutir. Puis survient l'événement qui déstabilise le scénario du pouvoir : Kouyami s'évade du camp de Séro-Kpéra. L'homme que l'on voulait exhiber comme principal accusé prend le chemin de l'exil. Dès lors, les procès se concentrent sur les co-inculpés, pour sauver la démonstration politique.

On décide de les traduire devant la Cour de sûreté de l'État, juridiction d'exception créée pour juger les crimes politiques, composée de magistrats professionnels et de représentants du Parti-État. Dans sa composition figure notamment Adjou Moumouni, membre du comité central, ce qui illustre la fusion entre pouvoir politique et appareil judiciaire. Le ministère public est représenté par le procureur général Éhoumi, dont la présence imposante impressionne jusqu'aux jeunes stagiaires.

Mais la surprise vient de la défense. Les avocats se constituent et contestent de front la légitimité de la Cour. Alfred Pognon, par sa rigueur et sa clarté, attaque la base légale de la juridiction ; Grâce d'Almeida, qui forme une génération de jeunes robes, plaide avec force contre un tribunal façonné par une doctrine idéologique déjà contestée ; Paul Agbo multiplie les exceptions et repère chaque vice de procédure ; Raoul-

Désiré Assogba formule une arme décisive : l'exception de suspicion légitime. Ils sont rejoints par d'autres, dans un front commun. Le bâtonnier Robert Dossou, figure tutélaire, adopte une posture ambiguë : pour certains confrères, il incarne la défense dans la tempête ; pour d'autres, sa proximité avec le système lui vaut d'être perçu comme un « traitre ». Interrogé, il assume : « Si on les abandonne, ils nous briseront un à un. Je préfère rester dans le système. »

Les audiences s'ouvrent dans une atmosphère de ferveur et de surveillance. La salle est comble, encadrée d'agents. Lorsque la Cour est annoncée, avocats et procureur se lèvent. Un jeune stagiaire chez Grâce d'Almeida découvre à cet instant que le procureur général, malgré son autorité, ne fait pas partie de la Cour. Le cérémonial impressionne. Les avocats plaident avec fougue : ils rappellent que le marxisme-léninisme, matrice idéologique qui avait justifié la création de la Cour de sûreté, a été abandonné par l'État ; dès lors, la juridiction d'exception est frappée d'illégitimité. Assogba dépose l'exception de suspicion légitime, en soutenant que la Cour ne peut plus juger.

Un confrère suggère de consulter les clients. Les avocats les rencontrent, exposent la stratégie, et reviennent avec un mandat clair. Le recours est porté à la Cour suprême, pendant que la Cour de sûreté veut juger au fond. Les défenseurs multiplient les demandes, pratiquent le dilatoire, pour laisser à la Cour suprême le temps de se prononcer. Quand celle-ci ordonne d'aller au fond, les avocats refusent, unanimes. Tous sortent du dossier, préférant la cohérence à la compromission.

À l'audience suivante, les avocats plaident encore une fois la suspicion légitime, tandis que le parquet réclame la poursuite. La Cour finit par valider l'exception. Le symbole s'effondre : la juridiction d'exception est désarmée par la procédure. Dans la foulée, le système s'ouvre : une loi d'amnistie générale, le 29 août 1989, libère les détenus et permet aux exilés de rentrer. Quelques mois plus tard, la Conférence nationale de février 1990 consacre le basculement du pays vers un ordre constitutionnel pluraliste. François Kouyami revient de l'asile et, des années plus tard, retrouvera ses droits militaires.

Ce qui reste dans les mémoires, c'est l'image paradoxale d'une justice muselée et d'avocats libres. Les juges étaient encadrés par le Parti ; les avocats, eux, plaidaient sans retenue. Le bâtonnier Dossou, discuté mais fidèle à sa ligne, défendait l'idée qu'il fallait tenir la brèche. Alfred Pognon, Grâce d'Almeida, Paul Agbo, Raoul-Désiré Assogba et d'autres inscrivirent ce moment comme un jalon de l'histoire du Barreau. Dans un pays où la parole était cadenassée, la robe noire resta le dernier espace où l'on pouvait contester la main qui juge.

On a appelé cela l'affaire Kouyami. Mais ce fut aussi l'affaire d'une profession qui rappela, au cœur d'un prétoire d'exception, que sans avocat, la justice n'est qu'un rituel de pouvoir.

CONCLUSION

Entre 1972 et 1990, la justice béninoise a vécu sous escorte. Le pouvoir s'attachait à refonder l'État, la procédure s'évertuait à ne pas se perdre. Des séminaires de révolutionnarisation rêvèrent d'abolir juges et avocats. La pyramide dite populaire, TPD, TPP et CPC, s'ancra aux juridictions d'exception : Tribunal révolutionnaire national, Cour criminelle d'exception, Cour de sûreté. Un décret tenta même de verdir la toge. Rien n'y fit tout à fait. Les comités remplirent les salles, l'épaulette s'assit près de la robe, l'ordonnance déplaça l'instance vers le Palais. Demeurait ce réflexe, vieux comme notre serment, qui consiste à demander l'acte, exiger la preuve, documenter le refus. L'État aime les toges dociles, les toges aiment les textes têtus.

Les grands procès parlent clair. En 1973 la cour martiale sanctionne une intention qu'aucun arsenal, aucune prise de la radio, aucun financement traçable ne vient solidement attester. En 1975 la jonction dite Assogba et Kovacs soustrait la cause au juge naturel, au profit d'un tribunal de circonstance siégeant au Palais de la Présidence. On y condamne jusqu'à l'avocat empêché de se défendre, et pourtant les traces de droit commun, un juge saisi, une caution versée, un mémoire prêt, suffisent plus tard à mettre l'arbitraire en pleine lumière. En 1977, l'agression extérieure impose une justice d'exception qui juge en principe sur pièces ; la défense y trouve pourtant le moyen d'exiger l'accès aux documents, la confrontation des témoins, l'individualisation des responsabilités. En 1987, l'affaire Anassa met en pleine lumière l'engrenage des peurs et une instruction déréglée, la plaidoirie commise d'office y remonte patiemment la chaîne des nullités sans déclarations de guerre inutiles. En 1988 la filière libyenne révèle un théâtre infiltré, l'audience contraint la Cour à regarder ses preuves autant que ses omissions ; partout la même leçon : L'arbitraire se drape des habits du droit, le droit déjoue patiemment l'arbitraire par la forme.

Ce parcours ne connaît pas de héros solitaires, il cultive des fidélités : Celle de Joseph Adjignon Kèkè, timonier du séminaire de 1976, pour qui l'on ne rend pas la justice sans juges formés ni avocats libres ; Celle de François Amorin, diplomate de l'ombre, qui sauve les institutions d'elles-mêmes par l'argument ajusté ; Celle de Robert Dossou, tour à tour commis d'office et interpellant public, dont la parole puissante n'invective pas mais oblige ; Celles aussi de ceux qui partirent pour continuer, Benjamin d'Almeida, Adrien Houngbédji, de ceux qui changèrent de rive pour préserver leur conscience, le procureur Augustin Maurice Covi devenu avocat, ainsi que les fidélités de celles qui ouvrirent sans bruit, Hélène Kéké, première avocate. Une profession ne tient pas seulement par des éclats, elle tient par des habitudes droites.

Il faut dire la patience matérielle du métier : visites arrachées dans un archipel carcéral, écritures brèves et denses parce que l'espace manque, certificats médicaux versés à propos, incidents minutés, registres du Conseil de l'Ordre tenus avec un soin d'archiviste lorsque tout incitait à la fatigue. À l'heure où l'on s'appelait camarade et où l'on signait prêt pour la Révolution, certaines plumes s'autorisèrent une polie sobriété. Ce fut parfois la seule désobéissance possible.

Lorsque la pression sociale, l'usure économique et la lassitude des appareils ouvrirent, au cours de l'année1989, la porte de l'amnistie générale, il n'y eut pas de miracle. Il y eut l'aboutissement d'un travail dispersé et patient. Avoir tenu la mémoire des nullités, transmis les refus, sauvegardé les rituels de l'audience, permit au pays, le moment venu, de retrouver ses marques. La Conférence nationale de février 1990 n'inventa pas la défense, elle la libéra.

Si l'on veut donner à ces années leur juste poids, retenons l'essentiel. Entre la peur et la loi, la robe a servi de levier. Elle n'a pas toujours gagné, elle n'a pas cédé non plus. Elle a appris à plaider contre le vacarme, à caler une procédure comme on cale une porte dans la bourrasque. On peut verdir une toge, dresser des juridictions d'exception, déplacer la compétence vers le Palais, mais on n'abolit ni la question qui fonde tout procès, qui a fait quoi, quand, comment, jusqu'où, ni l'exigence d'humanité qui en est la réponse. La renaissance démocratique consistera à renouer avec le droit commun, réapprendre la lenteur utile, réinstaller les recours, rendre à la toge sa couleur ordinaire. Si cette renaissance fut une reprise et non une invention, c'est qu'au temps des estrades idéologiques, des avocats continuèrent d'exercer un vieux métier avec de vieilles vertus : mesure, tenue, obstination. Rien de plus, rien de moins, et c'est déjà beaucoup pour une République.

Quatrième partie :

▼

Le barreau du Bénin à l'ère du renouveau démocratique

Par Maitre Rodrigue Saturnin AGBANI, Maitre Wahabou Olougbémiga AKAKPO et Maitre Comlan Constantin MISSAHOGBE

Cette partie raconte comment, du tumulte des années d'instabilité au souffle retrouvé de l'État de droit, l'avocat béninois a converti une tradition de défense en pratique ordonnée. La Conférence nationale de février 1990 et la Constitution du 11 décembre 1990 en forment l'ouverture : la méthode du prétoire irrigue à nouveau la décision publique, la publicité des débats redevient une garantie, le contradictoire une règle, et l'indépendance de l'avocat, moins posture que devoir, s'exerce et se contrôle. Dans le même mouvement, l'OHADA et l'UEMOA installent un horizon tandis que la profession affine ses instruments : CARPA pour la séparation et la traçabilité des fonds, publicité encadrée, prévention des conflits d'intérêts, encadrement du stage et des formes d'exercice.

L'ordonnancement suit cette logique : d'abord « Les avocats à la Conférence nationale souveraine : artisans d'une transition pacifiée », ensuite « Mutations législatives et réglementaires, et perspectives ». Partir de l'événement fondateur, puis examiner les normes et ouvrir les chantiers concrets : telle est la démarche. Car la défense ne se proclame pas ; elle se prouve, par des textes applicables, des procédures loyales et des institutions qui tiennent.

Chapitre 1

Les avocats À la Conférence nationale souveraine : ARTISANS d'une transition pacifiée

À la fin des années 1980, le Bénin vit une faillite économique et politique sans précédent. Les salaires ne sont plus payés, les banques sont en déconfiture, les fonctionnaires et enseignants multiplient les grèves, les étudiants bloquent l'université, les hôpitaux cessent de fonctionner, les denrées alimentaires manquent jusque dans les villes. La parole étatique, saturée de slogans marxistes-léninistes, ne convainc plus. Le Parti de la Révolution Populaire du Bénin, jadis omnipotent, est en perte de crédit.

Le général-président Mathieu Kérékou, arrivé au pouvoir en 1972 par un coup d'État et consolidé en 1975 par la proclamation de la République populaire, comprend qu'il ne pourra pas sauver son régime par la seule répression. Le 7 décembre 1989, il annonce officiellement la renonciation au marxisme-léninisme comme doctrine d'État et convoque une conférence nationale. Ce qui devait être une consultation limitée se mue en refondation historique.

Du 19 au 28 février 1990, 521 délégués se retrouvent à l'hôtel PLM Alédjo de Cotonou. Tous les corps sociaux y sont représentés :

syndicats, associations professionnelles, ordres religieux, organisations de jeunesse, délégués de l'armée, exilés politiques rappelés, partis renaissants, membres de droit du gouvernement. À leur tête, Monseigneur Isidore de Souza, archevêque de Cotonou, préside les travaux. Dès l'ouverture, la présence des avocats est manifeste. Le comité préparatoire, présidé par Me Robert Dossou, a conçu les règles, défini la composition et préparé les organes de travail. Le rapport général lui rend hommage en ces termes : « La Conférence remercie le Président, le Ministre Robert Dossou, et son équipe, pour l'œuvre accomplie. » Autour de lui, d'autres figures du barreau jalonnent le dispositif. Me Hélène Aholou Kèkè, au bureau provisoire, organise les débats de la première journée. Me Grâce d'Almeida, seule femme juriste au sein de la commission constitutionnelle, porte la voix de l'égalité et des libertés. Me Rachidi Ayinla Machifa règle l'ordre des séances. Me Jean-Florentin V. Fèliho, militant des droits humains, relaye les propositions de la société civile. Me Joseph Adjignon Kèkè, vétéran du parlementarisme, sert de passerelle avec le futur Haut Conseil de la République. Me Bertin Borna, revenu d'exil, insiste sur les bases économiques de la démocratie. Enfin, Me Adrien Houngbédji, figure de l'exil et de la résistance, réapparaît et consacre par sa présence la réconciliation nationale.

Le 24 février 1990, la Conférence adopte sa Déclaration sur les objectifs et les compétences. Elle constate « la grave crise économique, sociale, culturelle et politique qui paralyse le Bénin », proclame « la caducité » des structures issues du Parti de la Révolution populaire du Bénin, et surtout affirme « sa souveraineté et la force exécutoire de ses décisions ». Le texte annonce la mise en place d'un organisme national de suivi, la rédaction d'une nouvelle Constitution par une commission indépendante et sa soumission au peuple par référendum. Le vote est sans appel : 372 voix pour, 17 contre et 17 abstentions. Un transfert de souveraineté s'opère : la Conférence se déclare supérieure aux organes d'État existants et fixe un calendrier de transition.

L'attitude du président Kérékou est déterminante. Présent dans la salle, il accepte, selon les termes du rapport général, « l'acte de courage politique » d'accompagner la Conférence et de se soumettre à ses résolutions. Il conserve la présidence mais admet la nomination d'un Premier ministre civil pour la transition. Sollicité par une partie des délégués, Me Adrien Houngbédji décline et propose le nom de Nicéphore Dieudonné Soglo, économiste de réputation internationale.

La Conférence déroule alors ses décisions. Le 1er mars 1990, la République populaire du Bénin redevient République du Bénin. Le 9 mars 1990, le Haut Conseil de la République, présidé par Monseigneur de Souza, est installé en qualité de parlement transitoire. Les apports concrets de la Conférence à la population se lisent dans les textes adoptés et dans l'organisation mise en place entre février 1990 et décembre 1990. La loi n° 90-009 fixe la séparation des pouvoirs, institue le Haut Conseil de la République comme organe législatif de transition, encadre l'action gouvernementale par des mécanismes d'interpellation et de contrôle, organise l'accès équitable des partis politiques aux médias publics, précise la compétence pour le règlement du contentieux électoral et prévoit la désignation, en cas de vacance, d'une autorité intérimaire. La Constitution approuvée le 2 décembre 1990 et promulguée le 11 décembre 1990 consolide ces garanties, inscrit les droits et libertés, fixe le régime des institutions et prévoit des dispositions transitoires assurant la continuité juridique jusqu'à l'installation complète des nouvelles autorités. En mars 1991, Nicéphore Dieudonné Soglo est élu président de la République ; Mathieu Kérékou reconnaît le résultat. L'alternance pacifique est réalisée.

Dans la démocratie naissante, la place des avocats se traduit par des responsabilités identifiables dans le Gouvernement, au Parlement, et au sein des organes issus de la Conférence. Plusieurs avocats occupent des portefeuilles. Me Jean-Florentin V. Fèliho est appelé, au début de la transition, aux responsabilités de de l'intérieur et de la sécurité au sein de l'Exécutif. Me Robert Dossou est nommé ministre des Affaires étrangères et de la Coopération au cours de la période. Me Grâce d'Almeida est nommée garde des Sceaux, ministre de la Justice, de la Législation et des Droits de l'Homme. Me Edgar Yves Monnou exerce les fonctions de ministre des Affaires étrangères et de la Coopération dans la phase suivante du renouveau démocratique. Ces attributions font entrer la culture du prétoire au cœur de la conduite des affaires publiques, notamment dans la diplomatie, la justice et la sécurité intérieure.

Au Parlement, la première législature s'étend du 1er avril 1991 au 31 mars 1995. Les avocats y siègent et y exercent des charges précises. Me Adrien Houngbédji est élu député et préside l'Assemblée nationale pendant la législature. Me Joseph Adjignon Kèkè, vice-président du Haut Conseil de la République à l'issue de la Conférence, siège comme député et prend part à l'édification du contrôle parlementaire. Me Alfred Pognon siège comme député et contribue aux travaux de commission. Me Abraham Zinzindohoué siège comme député et participe aux commissions permanentes. Me Edgar Yves Monnou siège également comme député. Me Bertin Borna, vice-président du présidium de la Conférence nationale, est élu député et préside la Commission des finances et des échanges. La représentation issue des urnes prolongc ainsi, dans l'hémicycle, l'expertise juridique éprouvée pendant la Conférence.

De 1990 à 1996, la construction démocratique procède donc de deux mouvements complémentaires. Le premier, initié par la Conférence, consiste à doter le pays d'actes fondateurs et d'organes opérationnels, à commencer par le Haut Conseil de la République, la loi n° 90-009 et la Constitution du 11 décembre 1990. Le second, porté par les élections pluralistes de 1991, confie à des responsables précisément identifiés — parmi lesquels plusieurs avocats — la charge de faire fonctionner ces institutions et d'en garantir l'effectivité. Par leur participation à la préparation, à la délibération, à la rédaction normative, au contrôle parlementaire et à l'exercice de portefeuilles ministériels, les avocats assurent la traduction institutionnelle des choix de la Conférence et la continuité de l'État dans la nouvelle démocratie.

Chapitre 2

Mutations législatives et réglementaires, et perspectives

À la fin des années 1980, la profession referme la parenthèse de la toge verte imposée le 26 février 1983 puis confirmée le 6 juin 1984. Le retour à la robe noire ne relève pas d'un détail vestimentaire : il signifie que la défense retrouve sa neutralité et sa gravité, affranchies des couleurs de l'époque. Cette restitution du symbole ouvre la voie à une remise en ordre des conditions d'accès et des usages, afin que l'autorité de la robe s'appuie sur des règles claires plutôt que sur des habitudes.

Le 23 janvier 1988, un décret organise le Certificat d'aptitude à la profession d'avocat. L'entrée dans la carrière cesse d'être un prolongement de diplômes obtenus ailleurs pour devenir un parcours maîtrisé : préparation conjointe avec l'Université nationale du Bénin devenue plus tard Université d'Abomey-Calavi et le Conseil de l'Ordre. Des épreuves écrites anonymes avant les oraux, seuil d'admission fixé, session annuelle au dernier trimestre, délivrance du diplôme par l'Université.

La clarification se prolonge lorsque, le 19 mars 2009, le Règlement intérieur du Barreau est révisé. Les devoirs jusque-là implicites deviennent des obligations écrites ; la publicité se voit bornée, l'économie des honoraires est mieux encadrée, la procédure disciplinaire s'ordonne contradictoirement. Le texte introduit la société civile professionnelle, de manière à renforcer les équipes sans diluer les responsabilités. La même volonté d'efficacité conduit, le 12 mars 2009, à la création du Fonds d'Assistance Juridique et Judiciaire du Barreau, qui donne un contenu concret à l'accès au droit : accueil, orientation, prise en charge de dossiers lorsque les ressources manquent, et mobilisation de la profession sur des priorités d'intérêt général.

La confiance du public, enfin, reçoit l'outil qui la garantit. La Caisse des règlements pécuniaires des avocats assure la séparation stricte des fonds, la traçabilité des mouvements et un contrôle ordinale effectif. Elle protège le client, le confrère et la réputation collective ; elle protège, au fond, la justice elle-même, car une profession qui se trompe d'économie se trompe de liberté. Il est juste, à ce stade, de saluer la mémoire de Maître Brice Tohoungba, qui en fut l'architecte attentif et persévérant. Par son énergie et sa vision, il a préparé le terrain où la profession a pu, ensuite, faire naître un dispositif opérationnel, traçable et sécurisé de maniement des fonds.

Ainsi, du retour à la robe noire à la fin des années 1980 jusqu'aux réformes de 2009, le droit interne a bâti un ensemble cohérent : un accès au métier exigeant et lisible, une déontologie plus actuelle, des formes d'exercice adaptées et un maniement des fonds à la hauteur de la confiance publique. Cette base solide permet à la profession de regarder au-delà de ses frontières sans renier ce qui la fonde.

Depuis 1993, l'Organisation pour l'Harmonisation en Afrique du Droit des Affaires (OHADA) institue un corpus normatif supranational qui s'impose directement dans chacun des États parties. Ses actes uniformes ont un effet immédiat et une primauté sur les lois nationales contraires dans leurs domaines respectifs (droit commercial général, sociétés commerciales et groupements d'intérêt économique, sociétés coopératives, sûretés, procédures simplifiées de recouvrement et voies d'exécution, arbitrage, médiation, procédures collectives d'apurement du passif, comptabilité et information financière). Ils ne sont pas de simples modèles : ils obligent les juridictions et les praticiens, structurent les contrats, la preuve, les sûretés, la vie des sociétés, le traitement des entreprises en difficulté et l'exécution forcée.

Cet ordre juridique dispose de ses propres institutions pour fonctionner: le Conseil des ministres adopte les actes uniformes ; un Secrétariat permanent prépare et suit les réformes ; une école régionale forme magistrats et avocats et surtout, une Cour commune de justice et d'arbitrage exerce un pouvoir d'interprétation et de cassation afin d'assurer l'unité de lecture du droit uniforme, et contrôle un régime d'arbitrage complété par un texte autonome sur la médiation. Ainsi, l'intégration ne se limite pas à un prétoire régional : elle produit une légalité commune, des procédures convergentes et une jurisprudence de référence.

Pour l'avocat béninois, les conséquences sont concrètes. Il faut maîtriser la hiérarchie des normes (primauté des actes uniformes), intégrer les procédures régionales (recours, arbitrage, médiation), adapter la pratique (sûretés normalisées, gouvernance des sociétés, comptabilité et information financière harmonisées, traitement des difficultés selon le schéma commun) et sécuriser les écritures en anticipant l'interprétation que donnera la Cour commune. L'avocat ne change pas d'éthique en changeant d'État, mais il exerce dans un espace de droit unique, où l'uniformité des textes et l'autorité des décisions de la Cour organisent la prévisibilité et la sécurité juridiques.

Poursuivons avec l'Union économique et monétaire ouest-africaine (UEMOA), en suivant le fil chronologique des réformes et leurs effets concrets sur la vie des avocats.

La première inflexion survient le 25 juillet 2006. L'UEMOA consacre la libre circulation et l'établissement de l'avocat à l'échelle régionale. Concrètement, un avocat ressortissant d'un État membre peut intervenir dans un autre État à condition d'élire domicile auprès d'un confrère du barreau d'accueil, de se soumettre à la discipline de cet ordre et de respecter les usages de procédure et de plaidoirie du lieu. S'il souhaite s'installer durablement, il doit remplir les conditions d'inscription au tableau fixées par la loi nationale de l'État d'accueil. Dans la pratique, cela a instauré des réflexes simples et précis : avant de plaider hors de son État, l'avocat organise son élection de domicile, vérifie les formalités de dépôt et les délais propres à la juridiction saisie, informe le bâtonnier compétent et s'assure que ses correspondances portent les mentions attendues. La mobilité professionnelle cesse d'être une exception: elle devient une procédure ordonnée.

Le mouvement prend sa pleine mesure le 25 septembre 2014. Un règlement d'harmonisation érige alors une architecture commune de la profession dans l'ensemble de l'Union, avec entrée en vigueur au 1er janvier 2015. Le texte définit le statut de l'avocat, précise les immunités attachées à l'exercice, l'inviolabilité du cabinet et des correspondances, trace la ligne des incompatibilités et organise une discipline à la fois proportionnée et contradictoire. Il aligne l'accès au métier sur des critères objectifs : réussite au Certificat d'aptitude à la profession d'avocat, prestation de serment, conditions de moralité et inscription au tableau. Il encadre le stage dont la durée est allongée. Cependant les obligations du maître et du stagiaire sont précisées notamment en matière de formation initiale avec une validation formalisée à l'issue. Il ouvre et sécurise les formes d'exercice : exercice individuel, association d'avocats, société civile professionnelle, cabinets groupés et structures de moyens. Surtout, il reformule le serment autour d'une éthique positive : l'avocat promet d'exercer avec honneur, indépendance, probité, délicatesse, loyauté et dignité, dans le respect des règles de son Ordre. On passe d'une logique de réserve envers l'autorité à une promesse de tenue professionnelle opposable au praticien, lisible par le public et actionnable par l'Ordre.

Cette ossature n'est pas restée théorique. Elle a produit des effets concrets sur l'argent, le dossier et la plume. Du côté des fonds, la Caisse des règlements pécuniaires des avocats, longtemps prévue en droit interne mais demeurée inopérante, a trouvé dans cette charpente régionale la méthode et les garde-fous qui lui manquaient : séparation stricte des comptes, traçabilité des mouvements, gouvernance ordinale et contrôles périodiques.

L'Union a ensuite fait ce qu'un législateur sérieux doit faire : outiller la réforme par des textes d'application. Le 11 janvier 2018, un premier acte consacre l'acte d'avocat. Il ne s'agit pas d'une simple rédaction, mais d'un instrument probatoire sécurisé, avec mentions obligatoires (identité des parties, qualité et identification du ou des avocats, date, lieu, objet, annexes paraphées), obligation d'information et de conseil, modalités de conservation et régime de contestation organisé, notamment sur la sincérité des signatures et la réalité du consentement. Le même jour, un second acte précise le régime du droit de plaidoirie à l'échelle régionale afin d'éviter que la mobilité ne se heurte à des pratiques hétérogènes : l'avocat dispose d'un tarif lisible, d'un mode de preuve de paiement et, le cas échéant, de dérogations encadrées selon la nature de la procédure.

Le 21 février 2019, la formation devient un continuum contrôlé. Un premier texte organise l'examen du Certificat d'aptitude à la profession d'avocat pour tout l'espace : conditions d'accès (niveau de diplôme en droit, moralité), contenu des enseignements (procédures nationales et régionales, déontologie, écriture contentieuse, modes amiables, techniques d'argumentation), composition du jury, pondération des épreuves (écrits anonymes puis oraux), seuils d'admission, reconnaissance du diplôme et équivalences. Un second texte, adopté le même jour, érige la formation initiale et la formation continue en obligation : un volume annuel de mise à jour doit être atteint, une attestation délivrée par un organisme reconnu doit être déposée avant une date butoir en début d'année suivante, et des mesures disciplinaires graduées sanctionnent les carences répétées. L'idée est claire : dans un espace professionnel ouvert, la compétence n'est pas un point d'arrivée ; c'est une mise à jour permanente.

Le 5 juillet 2019, un code de déontologie commun donne enfin sa musique à l'ensemble. Il fixe les principes cardinaux — indépendance, secret, loyauté, confraternité, diligence — et les traduit en règles opérationnelles. Les conflits d'intérêts y sont définis positivement (intérêts concurrents, risque de secret partagé, client adverse), assortis d'outils de prévention. La publicité est autorisée mais encadrée : informative, véridique, non comparative et sans démarchage ; le site internet, la plaque et les documents professionnels sont admis à condition d'éviter toute promesse de résultat et toute atteinte à la dignité. La relation au client est formalisée : contrat de mission, information préalable sur les honoraires, compte-rendu régulier et restitution des pièces. Les honoraires sont libres mais transparents : facturation au temps, au forfait ou avec une part de résultat comme complément ; le pacte de *quota litis* est interdit. La conduite à l'audience est codifiée autour de la courtoisie, du respect du contradictoire et de la mesure dans l'expression. La discipline obéit à une procédure contradictoire précise : instruction, droits de la défense, débat, décision motivée, voies de recours, avec une échelle de sanctions allant de l'avertissement à la radiation, en passant par le blâme et la suspension.

À côté de ces normes adoptées par les États, les ordres nationaux ont mis en place un règlement intérieur harmonisé pour unifier les usages essentiels et fluidifier la coopération inter-ordres. Ce texte cadre la composition et le fonctionnement des organes ordinaux, fixe des procédures électorales claires, détaille la procédure disciplinaire (saisine, rapport, instruction, débats, décision, recours), protège le secret professionnel et les correspondances entre confrères, encadre le maniement des fonds par des circuits ordinals exclusifs, fixe des standards pour la collaboration, le salariat d'avocat et l'exercice en société (statuts, gouvernance, prévention des conflits), et formalise les échanges transfrontaliers (élection de domicile, information du bâtonnier, mentions obligatoires).

De 2006 à 2019, la progression est continue et lisible. La libre circulation a d'abord rendu possible l'exercice au-delà du territoire d'origine, sous la garde du barreau d'accueil. L'harmonisation de 2014 a, ensuite, installé un socle commun pour le statut, le serment, le stage, le tableau, la discipline et les formes d'exercice, avec entrée en vigueur au 1er janvier 2015. Les actes de 2018 et de 2019 ont rendu ce socle opérationnel en sécurisant l'acte, en clarifiant la plaidoirie, en alignant la formation et en posant une déontologie commune. Le règlement intérieur harmonisé a transformé ces principes en pratiques quotidiennes. À l'arrivée, l'avocat peut franchir une frontière sans changer d'éthique, le justiciable retrouve partout la même qualité de service, et la Caisse des règlements pécuniaires des avocats dispose de la confiance et des contrôles qui garantissent la réputation collective de la profession.

Des règles désormais stabilisées, il convient d'en tirer les perspectives : priorités à fixer, chantiers à ouvrir, garanties à reconquérir ou parachever.

À l'intérieur même de l'Ordre, le premier enjeu est celui de la Caisse des règlements pécuniaires des avocats. Le règlement communautaire du 25 septembre 2014, entré en vigueur le 1er janvier 2015, impose l'existence d'une caisse autonome, placée sous l'autorité ordinale et insaisissable par l'État. Or, la loi au Bénin a soumis la caisse au régime de la Caisse des dépôts et consignations. Cette tutelle publique heurte de front l'esprit communautaire, qui voulait précisément couper les maniements de fonds des avocats de l'emprise administrative. Dans les barreaux du Sénégal, du Togo et du Niger, les CARPA fonctionnent comme prévu : comptes bancaires ouverts par l'Ordre, contrôle du conseil d'administration, commissariat aux comptes, sans mainmise de la Caisse des dépôts. Le Bénin doit donc réaligner sa réglementation interne, faute de quoi sa CARPA n'aura pas l'indépendance requise et exposera l'ensemble du Barreau à une perte de crédibilité.

Le second enjeu est celui des commissions d'office. Le texte communautaire est sans ambiguïté : seul le bâtonnier a le pouvoir de désigner. Pourtant, certaines pratiques judiciaires récentes au Bénin ont admis que les juridictions puissent commettre un avocat d'office directement, sans passer par l'Ordre. C'est une entorse à une régle surpanationale et une fragilisation du rôle ordinal. Dans les barreaux de Côte d'Ivoire et du Sénégal, les règlements intérieurs rappellent fermement cette exclusivité du bâtonnier et les juridictions se conforment à ce circuit. Le retour à l'orthodoxie communautaire est indispensable si l'on veut garantir la qualité et l'éthique des désignations.

La formation constitue un troisième pilier. Depuis le règlement de 2019, tout avocat doit justifier chaque année d'un nombre minimal d'heures de formation continue, sous peine de sanction. Le Bénin n'a pas encore mis en place un dispositif robuste de suivi et de contrôle. Or, les voisins avancent : à Abidjan, le centre de formation des avocats organise un catalogue annuel contrôlé par l'Ordre, et à Lomé, le barreau dispose d'un centre spécialisé pour la formation initiale et continue. Si le Bénin s'est doté d'un Centre de formation professionnelle, il reste que la formation initiale et celle continue reste lacunaire.

L'aide juridique, enfin, illustre l'écart entre le texte et la réalité. Un décret a été adopté au Bénin pour organiser ce droit fondamental au profit des plus démunis, mais son application se fait attendre. Les organes, les crédits, les circuits de paiement et de suivi restent à définir et installer. Le Burkina Faso ou le Sénégal a réussi à institutionnaliser une aide juridictionnelle dotée d'un budget et d'organes fonctionnels. Le Bénin ne peut demeurer en retrait sans compromettre l'égalité d'accès à la justice.

Sur le plan économique et stratégique, la profession doit accompagner la montée en puissance des grands projets (infrastructures, énergie, finance, télécoms). Les cabinets ivoiriens et sénégalais ont déjà consolidé des équipes pluridisciplinaires et régionales, capables d'intervenir dans des arbitrages et des grands contrats transfrontières. Si le barreau béninois reste dispersé, la valeur créée échappera à ses cabinets. La spécialisation assumée, la constitution de structures collectives (sociétés civiles professionnelles, cabinets groupés), et l'intégration dans des réseaux régionaux sont indispensables.

À l'international, de nouvelles exigences apparaissent. Le moratoire de l'Organisation mondiale du commerce sur les droits de douane des transmissions électroniques court jusqu'au 31 mars 2026. C'est une opportunité pour structurer des offres juridiques en ligne à portée transfrontière. Dans le même temps, le Protocole sur le commerce numérique adopté dans le cadre de la zone de libre-échange africaine impose déjà des normes sur les flux de données, la cybersécurité et la protection du consommateur. Les cabinets devront anticiper ces normes dans leurs contrats. L'arbitrage constitue un autre terrain : la concurrence est rude, les places de Dakar et d'Abidjan s'organisent pour devenir des hubs. Le Bénin doit valoriser sa pratique contentieuse, spécialiser ses avocats, et se doter de structures de médiation et d'arbitrage visibles pour ne pas rester périphérique.

À ces évolutions s'ajoutent la concurrence internationale entre avocats, la surveillance renforcée en matière de lutte contre le blanchiment, qui impose des procédures de vigilance mais ne doit pas dissoudre le secret professionnel, et la révolution numérique. La dématérialisation des procédures, la généralisation des plateformes judiciaires et l'usage croissant de l'intelligence artificielle obligent à une gouvernance rigoureuse : chaîne de preuve électronique complète, clause de localisation des données, interdiction du ré-entraînement des modèles sur les dossiers, supervision humaine obligatoire. Les barreaux les plus avancés ont déjà publié des chartes sur la gouvernance numérique ; le Bénin doit en faire autant.

Ainsi se dessine un panorama d'exigences. En interne : restaurer l'autonomie de la CARPA, rendre effectives la formation continue, l'aide juridique et la juridiction disciplinaire d'appel, protéger la commission d'office. En externe : se hisser au niveau des standards communautaires par la spécialisation, l'intégration régionale, la sécurisation de la preuve électronique et la gouvernance de l'intelligence artificielle. Si le Barreau du Bénin relève ces défis, il ne se contentera pas de défendre son indépendance : il en fera une valeur ajoutée dans la concurrence régionale et internationale.

Cinquième partie :

▼

Du serment aux actes

Par Maitre Alexandrine SAIZONOU-BEDIE

Cette cinquième partie suit un fil limpide : montrer comment un serment prononcé à l'audience se transforme en actes concrets, dans le cabinet, au prétoire et jusque dans les lieux où la peine s'exécute. L'ordre adopté épouse le chemin réel de la profession : « Entrer dans la profession », puis « Vivre le serment », avant « Le Barreau au féminin pluriel », les « Chroniques du Palais », et enfin « Défendre la dignité jusque dans les cachots ».

La démarche se justifie simplement : partir du seuil où l'on prête parole, suivre sa mise en œuvre dans le quotidien, reconnaître celles qui ont élargi la tribune, éprouver la robe là où la justice se débat et, au bout du chemin, veiller à ce que même derrière les murs, la justice garde un visage humain.

Chapitre 1 :

ENTRER DANS LE METIER

Très jeune, j'ai eu le privilège d'approcher la salle d'audience du tribunal d'Abomey grâce à mon grand-père maternel, feu Ludovic da Silva. Sa robe noire, son maintien et la gravité des lieux m'ont marquée : un jour, moi aussi, je porterais cette robe. Je ne savais pas encore si je deviendrais magistrate ou avocate, mais la justice avait pris place en moi.

Après le décès de ma mère à Abomey, mon père regagna Porto-Novo. Mes vacances se passaient alors chez mon oncle Léopold da Silva, où je retrouvais aussi la cousine aînée de maître Léopold Olory-Togbé. C'est au contact de ce dernier, cousin de ma mère, que mon destin s'est dessiné : il parlait, et je rêvais. Il m'encouragea à embrasser le droit et m'ouvrit le chemin de l'avocature.

En septembre 1989, je rentrai au pays après l'université et commençai comme clerc dans son cabinet : rédiger, classer, observer, apprendre — un apprentissage par immersion. Défendre les vulnérables devint vite plus qu'un métier : une manière d'exister, à tel point qu'une compagne de mon père me surnommait malicieusement « Lawya ». Le 23 février 1995, je prêtais serment et devenais avocate stagiaire.

Pour des profanes, il faut dire simplement d'où nous venons. Jusqu'en 1965, on ne parlait pas encore d'« avocat » au sens moderne, mais d'avocat-défenseur, officier ministériel admis par arrêté du ministre de la Justice. Ce statut héritait de l'organisation antérieure : l'Ordre était sous la tutelle du procureur général et, en réalité, du Garde des Sceaux. L'avocat-défenseur exerçait dans une étude — on ne disait pas « cabinet » — et devait fournir une caution, à l'instar des autres officiers ministériels. Cette caution filtrait socialement l'accès à la robe. La loi de 1965 abolit ce régime : l'avocat libéral, auxiliaire indépendant de justice, remplaça l'avocat-défenseur. Et, dès 1966, l'usage abandonna « étude d'avocats » au profit de « cabinet d'avocats ». C'est à ce moment que se fixe l'architecture d'un Barreau effectivement autonome.

L'entrée dans la profession, elle, est restée longtemps une affaire d'hommes, de rites et de réseaux. Jusqu'en 1988, on entrait par cooptation : un patron, souvent un maître réputé ou un membre influent du Conseil de l'Ordre, vous présentait à la compagnie. Le Conseil examinait le dossier et décidait de l'admission, parfois « sous réserve » de produire tel diplôme ou telle pièce manquante. C'était moins une procédure formalisée qu'un rite initiatique, où la valeur du postulant se jaugeait à travers la réputation de son patron, ses relations et la confiance que l'on consentait à lui accorder.

L'exemple d'Adrien Houngbédji est resté célèbre. Docteur en droit, ancien magistrat, il sollicitait son inscription au Barreau. Le Conseil, implacable dans son formalisme, l'admit au stage sous réserve de produire sa licence en droit. Or, en France, ce diplôme ne se délivrait plus matériellement à cette époque. Il dut donc patienter plusieurs mois, victime d'un paradoxe : être déjà au sommet du savoir juridique et néanmoins tenu en suspens par une exigence administrative. Cet épisode illustre la rigueur tatillonne d'un système qui, à sa manière, voulait rappeler à chacun que nul, fût-il docteur ou ancien magistrat, ne pouvait échapper aux rites d'entrée dans la maison.

Ce système avait ses avantages et ses dérives. D'un côté, il garantissait une sélection par la confiance personnelle : un patron ne cooptait pas un candidat qu'il n'était pas prêt à accompagner et à exposer à ses pairs. De l'autre, il créait une dépendance forte et parfois injuste : le talent seul ne suffisait pas, il fallait l'aval d'un aîné et l'approbation d'un cercle restreint. Beaucoup d'hommes et de femmes de valeur furent écartés, faute d'avoir trouvé le « bon » patron.

Tout changea avec le décret du 23 janvier du 1988, qui institua le Certificat d'aptitude à la profession d'avocat (CAPA). À partir du début des années 1990, l'accès passa d'un régime de recommandation personnelle à un système fondé sur la formation et l'examen. Nul ne pouvait plus entrer sans formation spécialisée. Le mérite académique et la réussite à un test normé prirent la place des protections et des réseaux. Cette réforme, voulue pour moderniser le Barreau et l'aligner sur les standards internationaux, fut vécue comme une petite révolution : le droit d'exercer cessait d'être un privilège pour devenir une conquête.

Ma génération se situe au carrefour de ces deux époques. Nous avions encore la mémoire des cooptations, de leurs usages et de leurs anecdotes ; mais nous étions aussi les premiers à subir la rigueur nouvelle du CAPA. Entre ces deux mondes, nous avons appris à conjuguer la reconnaissance des anciens rites et l'acceptation des nouvelles exigences. Ce double héritage a façonné notre identité : nous savions d'où nous venions, mais nous mesurions aussi que le Barreau entrait dans une ère nouvelle, où l'avocat devait être non seulement coopté par ses pairs, mais aussi certifié par l'épreuve.

Avant même de prêter serment, il fallait accomplir un passage obligé : les visites de courtoisie. Le règlement intérieur, en son article 26, était formel : le dépôt du dossier n'intervenait qu'après avoir rendu visite à tous les membres du Conseil de l'Ordre et au Bâtonnier en exercice.

Ce n'était pas une simple formalité administrative : c'était une manière de se présenter, de se soumettre à l'examen silencieux des aînés, de montrer respect et humilité.

Un confrère, reçu en 1987, se souvient encore de son entrée au Barreau comme d'un véritable parcours initiatique.

La première fois, il s'était contenté de solliciter et d'obtenir un rendez-vous directement auprès du secrétariat, sans déposer de demande écrite d'audience. Il fut néanmoins reçu par le Bâtonnier. Mais celui-ci lui signifia que la visite accomplie était non avenue, car elle n'avait pas respecté la forme prescrite. « Vous devez reprendre la démarche par une demande d'audience en bonne et due forme », lui dit-il.

La deuxième fois, il revint avec sa lettre dûment déposée. Mais il se présenta sans costume. Non qu'il fût négligé, mais le Bâtonnier avait pour exigence qu'un postulant soit reçu en tenue formelle. La visite eut lieu, mais elle fut encore déclarée non avenue : « Revenez dans la tenue qui sied à l'Ordre », lui rappela le Bâtonnier.

La troisième fois, enfin, muni de son dossier complet d'admission au stage et correctement vêtu, il crut que la formalité était accomplie. Mais le Bâtonnier, avec sa patience sévère, lui lut l'article 26 du règlement intérieur : le dépôt du dossier ne pouvait intervenir qu'après les visites faites à tous les membres du Conseil de l'Ordre. Et il ajouta que, selon l'usage non écrit mais respecté par tous, il fallait également rendre visite aux anciens bâtonniers.

Chaque fois, le Bâtonnier l'avait reçu, mais chaque fois, il lui rappelait l'omission commise, jusqu'à ce que le rite soit intégralement accompli. C'était une pédagogie subtile, une leçon de patience et de respect des formes. Car au Barreau, on n'entre pas par effraction : on y entre par la discipline des usages, par la reconnaissance des anciens et par l'humilité d'un apprenti qui apprend d'abord à saluer la maison avant d'y déposer son dossier.

À cela s'ajoutait une règle non écrite mais intangible : la visite aux anciens bâtonniers. Nul texte ne la prescrivait, mais tout le monde savait qu'elle était obligatoire. Cette coutume faisait sentir que le Barreau est d'abord une maison de mémoire : chaque nouvel entrant doit s'incliner devant ceux qui ont porté la charge et incarné l'institution avant lui.

Avant même de songer au serment, chaque candidat devait se soumettre à l'enquête de moralité. C'était, et c'est toujours, une étape obligatoire : le Conseil de l'Ordre désigne un rapporteur chargé de vérifier que l'impétrant offre toutes les garanties de probité et de dignité.

Mais dans les années 1970 et 1980, cette enquête donnait parfois lieu à des lenteurs interminables. Un rapporteur, connu pour « dormir » sur les dossiers, laissait patienter les candidats des mois entiers, parfois plus d'une année. L'un d'eux, excédé, osa réclamer des nouvelles. Mal lui en prit : il fut rabroué sans ménagement, et le rapporteur, piqué, en fit rapport… au Bâtonnier.

Ces épisodes rappellent que l'enquête de moralité n'était pas seulement un contrôle administratif : elle constituait une mise à l'épreuve du caractère. L'impétrant devait apprendre patience, humilité et respect des formes avant de franchir le seuil de la profession. Et la règle n'est pas abolie : encore aujourd'hui, tout candidat au Barreau doit passer sous ce regard discret, qui mesure la droiture autant que le savoir.

Vint la robe, premier sacrifice. En 1987, elle coûtait 98 000 F CFA, une somme lourde pour un entrant. Beaucoup d'impétrants, faute de tailleurs locaux formés à cet habit si particulier, la faisaient coudre à

Paris dans maisons de couture qui fournissait depuis des décennies les robes d'avocats et de magistrats dans tout l'espace francophone. Certains patrons, conscients du poids financier, avançaient l'argent ou participaient à la dépense, comme pour rappeler que la robe n'était pas qu'un vêtement mais un outil de travail transmis de maître à disciple.

Une patronne, dont la carrure était proche de celle de son stagiaire, commanda elle-même sa robe à la maison Bosc. Le tailleur parisien, par inadvertance, prit pour modèle une robe féminine. Quand le colis arriva à Cotonou et que le jeune homme l'essaya, le détail apparut immédiatement : la boutonnière était placée du « mauvais » côté. On n'entre pas dans cette maison sans passer par de petites mortifications.

L'histoire s'acheva heureusement : avant son audience de prestation de serment, il fit reprendre la robe par un tailleur local, qui recousit la boutonnière. Le jour du serment, il pouvait paraître en toute dignité, mais l'anecdote resta, transmise comme une légende de couloir. Elle rappelait que la robe, symbole d'indépendance et de probité, s'acquiert toujours au prix d'un sacrifice matériel et parfois d'une leçon d'humilité.

Le jour où je fus reçue, le Bâtonnier me dit peu de choses et une seule essentielle : « La probité.»

Être avocat stagiaire n'était pas une liberté nouvelle, mais une mise en apprentissage. Le stage se vivait comme chez un artisan : on observait, on rédigeait, on classait, on accompagnait son maître à l'audience. On pouvait parfois prendre la parole, mais toujours adossé à son patron, qui assumait la responsabilité de chaque mot prononcé.

Il faut que le profane le sache : le stagiaire n'a pas de clientèle personnelle. Il n'ouvre pas de cabinet, ne reçoit pas de clients en son nom. Il travaille uniquement à travers son maître, sous son autorité. Sa place est celle d'un apprenti : utile, formé à tout, mais jamais autonome.

La règle n'a pas changé. Aujourd'hui encore, l'avocat stagiaire est tenu dans ce cadre strict : dépendant de son patron, soumis au respect des aînés, lié par le devoir d'humilité. Ce qui a évolué, en revanche, c'est sa condition sociale. Longtemps, il ne reçut aucune rémunération : il vivait dans une dépendance totale, parfois obséquieuse, vis-à-vis de son maître. Dans les années 1990, une indemnisation, modeste mais réelle, fut instaurée. Elle reconnut enfin que le stagiaire, tout en apprenant, contribuait aussi au travail du cabinet.

Ainsi, entre permanence de la règle et lente amélioration des conditions matérielles, le stage est resté une école de patience et de discipline. On n'y entrait pas pour « faire carrière », mais pour apprendre d'abord à se soumettre aux usages, à respecter ses aînés et à comprendre que la robe se mérite, à force de respect et d'humilité.

CHAPITRE 2

VIVRE LE SERMENT

Être avocat, c'est plus qu'un métier, c'est un sacerdoce. Le Règlement n°05/CM/UEMOA du 25 septembre 2014 en fixe aujourd'hui les contours dans l'espace communautaire.

L'avocat est d'abord conseil et rédacteur : il assiste, conseille, rédige tous actes, contrats, statuts, conventions ou consultations juridiques. Il est aussi représentant et défenseur : il plaide devant toutes les juridictions et administrations, se lève pour porter la parole de celui qui n'en a pas les moyens, rappelle au juge et à la société leurs propres lois. Il est enfin mandataire : il accomplit au nom de son client toutes formalités utiles, dans le respect du mandat qui lui est confié.

À ces attributions classiques s'est ajoutée une innovation majeure : l'acte d'avocat. Inspiré du modèle français, il s'agit d'un acte sous seing privé contresigné par l'avocat. Ce contreseing certifie que l'avocat a éclairé chacune des parties sur la portée de l'acte et ses conséquences juridiques. Il confère une sécurité accrue : en cas de litige, l'acte fait foi jusqu'à inscription de faux. C'est un instrument de confiance et de modernisation, qui place l'avocat au cœur de la sécurisation des relations juridiques et économiques.

Dans d'autres pays, on rencontre facilement des avocats « spécialisés » : droit des affaires, droit fiscal, droit pénal, droit social. Au Bénin, la spécialisation est encore l'exception. L'avocat béninois est un généraliste : par nécessité autant que par tradition, il passe d'un dossier foncier à une affaire criminelle, d'un contentieux familial à une plaidoirie commerciale. C'est là sa force : une polyvalence forgée dans un barreau de taille réduite, où chacun doit pouvoir répondre à la diversité des litiges.

Cette mission, il l'exerce à travers le cabinet d'avocat : individuel, groupé, en association ou, depuis la réforme de 2009, en société civile professionnelle (SCP). Quelle que soit la forme choisie, l'avocat reste un entrepreneur. Il doit assumer seul les charges induites : loyers, salaires, impôts, fournitures, électricité. Il est à la fois juriste et gestionnaire, plaideur et chef d'entreprise.

Le Conseil de l'Ordre veille à ce que cette indépendance ne soit jamais compromise. Il contrôle non seulement la discipline des confrères, mais aussi l'éthique matérielle de leurs bureaux. On raconte qu'une inspection pouvait aller jusqu'à vérifier le mobilier : aucun canapé n'était toléré dans un cabinet. Pourquoi ? Pour prévenir toute tentation de paiement « en nature » et rappeler que l'espace de l'avocat est un lieu de droit, pas un salon privé.

Derrière le prestige de la robe se cache donc une réalité plus concrète : l'avocat béninois est un généraliste polyvalent, investi de prérogatives multiples par le droit communautaire, mais aussi un entrepreneur isolé, tenu de faire vivre sa maison et d'assumer ses charges, sous le regard du Conseil de l'Ordre. À la croisée de ces dimensions, l'avocat demeure un acteur essentiel de la justice et un garant de confiance dans les rapports sociaux et économiques.

Un mot suffit à l'évoquer : la robe. Pour beaucoup, l'avocat, c'est cet homme ou cette femme drapé(e) de noir qui parle fort à l'audience et défend son client avec verve. Mais derrière l'image, il faut comprendre la mission : l'avocat est un acteur de la justice. Il conseille, assiste, plaide et représente. Il est l'intermédiaire entre le citoyen et la justice, un pont entre la société et le tribunal. Son rôle dépasse la défense individuelle : il participe au service public de la justice, sans être un fonctionnaire, mais un professionnel indépendant et libéral.

Dans l'espace de l'UEMOA, comme l'énonce le Règlement de 2014, l'avocat a des prérogatives précises :

- il est le seul à pouvoir plaider et représenter devant toutes les juridictions ;
- il assiste ses clients aussi devant les administrations ;
- i l peut être médiateur, arbitre, syndic ou liquidateur ;
- il donne des conseils et rédige des actes, dont l'« acte d'avocat », qui garantit la sécurité juridique d'un écrit.

Ces règles, souvent invisibles pour le profane, se traduisent chaque jour par des scènes de vie, qui montrent ce que signifie vivre la robe.

J'ouvre mon cabinet quand la ville bâille encore, et je commence par ce cérémonial sans lequel tout se brouille : la porte se referme, le téléphone cesse de clignoter, les dossiers prennent place, la robe s'installe sur le dossier de la chaise comme un témoin silencieux. Je ne travaille pas selon ma fantaisie ; je travaille lié par un serment. Ce que je refuse de faire, je le refuse parce qu'il est interdit de le faire. Ce que j'accepte, je l'accepte parce qu'il doit être fait.

Une « start-up » m'explique par courriel avec sérieux qu'un avocat moderne doit « capter » le justiciable là où il se promène, c'est-à-dire sur son téléphone. Elle propose des annonces qui promettent, des mots-clés qui pêchent large, des témoignages qui étourdissent, des vidéos qui jurent la victoire et, pour parfaire le tableau, une rémunération au « client apporté ». Je referme l'écran comme on rabat la vitre d'un fiacre trop bruyant. On ne racole pas, fût-ce en ligne : le démarchage est interdit, sur la toile comme dans la rue. Mon site existe, certes, autorisé préalablement par le Conseil de l'Ordre : il informe sobrement — qui je suis, ce que je fais, comment me joindre, à quel coût et selon quelles modalités — et s'arrête là. Nulle promesse de résultat, nulle statistique triomphale, nulle comparaison avec mes confrères, nuls « avis clients » transformés en banderoles. Sur les réseaux, même tenue : j'explique le droit, je ne me vends pas ; je n'expose aucun dossier en cours, je ne sollicite personne par messages privés, je ne récolte pas d'âmes au filet des publicités tapageuses. On me dira que le siècle réclame du bruit ; je répondrai que la robe réclame de la tenue — et que le Conseil de l'Ordre, en formation disciplinaire, sanctionne les débordements, écran compris.

On frappe ; un homme entre, pressé de rompre avec son avocat actuel. Il condense en quelques phrases le tragique de toutes les urgences : « Reprenez mon dossier, je paierai mieux, plus vite, plus fort. » Je lui sers un verre d'eau, ce modeste ralentisseur d'impatience, et j'explique. Je peux succéder à un confrère, oui, mais proprement : je n'arrache pas la clientèle d'autrui par promesses ou insinuations, le détournement de clientèle est prohibé. Je ne me constitue qu'une fois réglés les honoraires légitimement dus au premier conseil ; c'est une condition. S'il naissait demain un litige entre lui et ce confrère et que je doive intervenir contre ce dernier, j'en informerais le Bâtonnier ; mais la succession, elle, se fait par transmission ordonnée, non par croche-pied. Il comprend, parce que je donne des raisons ; et les raisons, dans un métier d'ordres et de formes, valent mieux que les serments d'efficacité.

À neuf heures trente, je reçois une jeune femme pour une affaire pénale. Je pose d'emblée les pierres d'angle, en termes que chacun peut entendre. D'abord, le secret : tout ce que vous me dites reste ici, et non sur une messagerie ni dans un salon. Ensuite, l'enquête : je ne divulgue rien au dehors, même si l'on m'assure que « cela ferait bouger les choses ». Nous servirions mal la vérité en la criant sur les places publiques ; nous la servons mieux en la réservant à la défense. Mes notes, prises à la main, rejoignent leur dossier dans l'armoire du cabinet ; je sais où elles dorment, donc je réponds d'elles.

Je pars au Palais avec des dossiers que mon contradicteur a déjà reçus : la communication des pièces n'est pas une coquetterie, c'est la condition d'un débat loyal. Dans un couloir, on m'invite à « dire un mot » à la Présidente pour un détail d'agenda. Je réponds assez fort pour que l'air fasse foi : s'il y a un détail, nous le réglerons tous ensemble ; rien avec le juge qui ne soit su de l'autre partie. À l'audience, je plaide, et je plaide sans baisser les yeux. Lorsque le magistrat, confondant fermeté et humeur, me coupe et laisse tomber une saillie de mépris contre mon moyen, je me lève comme on se dresse, non pour provoquer, mais pour rappeler ce qui nous tient : j'expose, posément et haut, que la défense est libre, que ma parole est protégée par l'immunité de la défense précisément pour dénoncer ce qui blesse le droit, que j'indiquerai chaque texte, chaque pièce, et que je ne tairai rien parce que l'on grimace. Je nomme l'injustice, je nomme la goujaterie, et je les réfute point par point. La salle n'a pas besoin d'éclats, elle a besoin de clarté ; je la lui donne, avec force et sans peur. Voilà à quoi sert l'immunité : permettre la parole utile, entière, quand le juge lui-même voudrait la rapetisser à un geste d'obéissance.

À midi, la notification du Bâtonnier tombe comme un coup de cloche : commission d'office. J'y vais. Je me présente, j'explique les droits, j'écoute, je vérifie que la procédure tient debout. Je ne promets pas un miracle ; je promets la défense, ce qui est autre chose et vaut davantage.

De retour au cabinet, je m'assieds pour écrire. La correspondance entre avocats est, par principe, confidentielle : j'y mets de la courtoisie exacte, des dates, des délais raisonnables, des pièces numérotées. Je distingue les lettres destinées à rester entre conseils de celles qui pourront être produites devant le juge ; pour ces dernières, j'indique noir sur blanc qu'elles sont non confidentielles (mention en en-tête : « Non confidentiel — production possible ». À défaut : « Confidentiel entre avocats — non communicable »). Je ne cherche ni l'effet ni la blessure ; je construis un pont de phrases solides : les faits d'abord, les pièces ensuite, la demande claire, le délai précis. La fermeté n'a pas besoin de grimaces ; la politesse n'est pas de la faiblesse, c'est la lisibilité.

Puis vient l'inévitable modernité qui croit gagner du temps en sautant les règles : « Envoyez une offre de règlement au nom de votre cliente, on régularisera après. » Je réponds : je ne lie personne sans mandat écrit, clair et daté. De même, je ne manipule aucun fonds sans autorisation écrite et justificatifs. Les sommes confiées ne transitent pas par mon compte ; elles passent par la Caisse des règlements pécuniaires des avocats, la CARPA, caisse du Barreau où l'argent du client est séparé et tracé : un compte spécial du Barreau, avec un sous-compte par dossier, où l'argent du client est séparé, tracé, et ne sort que sur pièces et instructions écrites. À la fin, je remets un état lisible, où chacun voit distinctement ce qui relève des frais, des débours, des émoluments, des honoraires. La probité n'est pas une vertu décorative ; c'est une comptabilité qui s'énonce.

L'après-midi étend la nappe claire des négociations : le client d'un confrère me propose un entretien à huis clos, une sorte de « minute à part ». Je décline, sauf accord exprès de mon confrère et de mon client. Rien ne vieillit plus mal qu'une phrase murmurée sans témoin ; rien ne dure mieux qu'un accord discuté à la même table, sous la même lumière. J'avance clause après clause avec l'autorisation claire de ma cliente ; et tant que personne n'y consent, aucune ébauche de paix ne se retrouvera comme une pièce à charge dans un dossier : une main tendue ne doit pas devenir une preuve contre celui qui la tend.

Plus tard, je rédige un contrat. Une clause apparemment pratique, trop souple pour être honnête, tente de contourner la loi. Je l'efface et propose une version régulière et équilibrée, qui protège chacun et que l'administration pourra enregistrer sans grimacer. Rédiger un acte, ce n'est pas inventer des ruses ; c'est construire un texte qui ne trahira personne, ni aujourd'hui, ni demain.

Vient un rendez-vous d'honoraires, que j'aime franc. Je dis comment je calcule : le temps, la difficulté, l'urgence parfois ; je demande, si nécessaire, une provision raisonnable ; nous pouvons convenir d'un forfait quand la mission s'y prête. Et je précise, en termes simples, que je n'adhère à aucun pacte de quota litis : je ne suis jamais payée uniquement si l'on gagne. Il y a un honoraire fixe pour le travail certain et, parfois, une prime de résultat raisonnable, prévue par écrit. Rien de nébuleux. L'argent net est l'allié de la confiance.

Sur ce, arrive l'épisode qui met à mal l'indépendance. Un client, tout fier d'une influence souterraine, m'assure qu'« un juge ami » recommande tel argument, et conseille d'en taire tel autre. Je refuse d'un bloc. Mon indépendance n'est pas une formule ; c'est ma souveraineté dans le choix des moyens. Je ne prends d'instructions que du droit et de la stratégie de défense, pas d'un clin d'œil d'escalier. Un juge qui recommande hors audience devient un risque ; un avocat qui obtempère cesse d'être un rempart. Céder à une « recommandation » officieuse ferait peser un soupçon et pourrait fragiliser la procédure : je protège mon client aussi contre cela. Je choisis ce que je plaiderai parce que je pourrai en répondre, en droit et en conscience.

La journée touche à sa fin et la tentation du siècle reparaît sous une autre forme : un magnat de l'immobilier exige que je me rende chez lui, « par commodité » ; il offre le confort, les rafraîchissements, tout le tralala de la puissance satisfaite. Je refuse, calmement. L'avocat reçoit au cabinet, là où le secret est garanti, où les dossiers sont sous clé, où les décisions se prennent au calme. Je me déplace pour une impossibilité vraie, hospitalisation ou incapacité, pas pour un privilège de salon. Le lendemain, il vient, et reconnaît, à la sobriété de la pièce, la dignité d'un lieu où la parole ne s'égare pas.

« Je jure, en tant qu'avocat, d'exercer ma profession avec honneur, indépendance, probité, délicatesse, loyauté et dignité, dans le respect des règles de mon Ordre. »

Ce serment n'est pas une belle phrase : c'est l'horloge de ma journée. Il règle mes refus et mes actes. L'honneur m'interdit le racolage, fût-il numérique : nulle commission versée pour « m'adresser » un client, nul démarchage sur internet ; mon site informe sobrement, il ne promet pas. L'indépendance me défend de recevoir des « conseils » officieux, même d'un juge, et me commande de plaider les moyens que j'estime justes, au vu des pièces et du droit. La probité veut que l'argent confié passe par la CARPA, compte du Barreau avec un sous-compte par dossier : fonds séparés, tracés, débloqués seulement sur pièces et ordre écrit ; jamais de rémunération exclusivement au résultat. La délicatesse tient la porte close du cabinet : je reçois ici, pas au café, ni « chez» le magnat qu'amusent les commodités ; le secret ne voyage pas. La loyauté éclaire mes correspondances : courtoisie des lettres, mentions « confidentiel » ou « non confidentiel » explicites, communication des pièces à l'adversaire, rien avec le juge que l'autre partie n'entende. La dignité, enfin, me rappelle que la robe n'est pas un costume : si je manque, le Conseil de l'Ordre, en formation disciplinaire, peut me sanctionner — de l'avertissement à la radiation — et la justice, le cas échéant, peut me demander des comptes.

Ainsi commence chaque jour : par une promesse tenue. Tout le reste - conseiller, rédiger, plaider, négocier, refuser ce qui dévoie - n'est que la prose fidèle de ce serment.

CHAPITRE 3 :

LE BARREAU AU FÉMININ PLURIEL

« La femme a le droit de monter sur l'échafaud ; elle doit avoir également celui de monter à la tribune. » — Olympe de Gouges

Je n'ai pas attendu d'enfiler la robe, ce 23 février 1995, pour savoir que d'autres l'avaient domptée avant moi, et qu'à force de courage patient elles avaient changé une permission en droit, puis le droit en habitudes. Les couloirs du Palais murmurent d'abord un nom qu'on dit comme une clef : Ruth Katz. À la fin des années soixante, on la voyait déjà au banc des défenseurs à Cotonou, droite dans sa soie noire, l'écriture nette, le contradictoire précis ; Adrien Houngbédji fut son disciple et s'aguerrit à cette école de rigueur. La porte n'était plus un battant récalcitrant : elle s'ouvrait.

Bien avant nous, au-delà de l'Atlantique, d'autres femmes avaient forcé la serrure. Olympe de Gouges avait donné la formule et payé de sa tête : si la femme peut monter à l'échafaud, on doit lui reconnaître la tribune. Il fallut pourtant attendre l'aube du XXe siècle pour que la France consente à recevoir des femmes au barreau : Olga Petit prêta serment à Paris le 6 décembre 1900, devançant de quelques jours Jeanne Chauvin, qui avait ardemment plaidé la cause de cette réforme et compte parmi les toutes premières à plaider. De là vient peut-être, jusque chez nous, cette conviction tranquille : rien n'est jamais « concédé » aux femmes, tout est conquis, puis entretenu par l'usage et la tenue.

Puis vint 1974 : Hélène Aholou-Kèkè, première Dahoméenne avocate. Les anciens ne vous parleront pas d'abord de ses titres, mais de son pas sûr dans les prétoires, du salut exact, de la voix qui porte sans violence. Pugnace, parfois rugueuse, intransigeante pour la forme et le fond, elle ne chercha jamais à plaire : elle se fit respecter. Élevée bâtonnier en 1989, elle rappela que la tribune n'est pas une faveur mais un service rendu au droit.

Agnès Amélie Campbell installa, elle, l'ordre au ras du bureau. Je laisse parler celui qui l'a servie de près, Simplice Comlan Dato :

« Cet écrit est une offrande de mémoire à une Avocate exceptionnelle, une figure tutélaire du Barreau béninois qui a incarné une école de rigueur et de méthode, une formatrice infatigable, une bâtisseuse d'Institutions. Elle n'était pas seulement une avocate : elle était une institution vivante, une référence, une source. »

Et voici son atelier de Scoa-Gbéto : *« Son cabinet était un modèle d'organisation. Rien n'y était laissé au hasard. Chaque dossier était suivi avec une rigueur chirurgicale, chaque audience préparée avec méthode, chaque client reçu avec considération. Elle avait l'habitude de dire : "Nul n'est indispensable, même pas moi-même." Aux audiences, elle prenait des notes exhaustives, permettant de rédiger des conclusions limpides et précises, documentées en doctrine et en jurisprudence, ne laissant aucune possibilité aux juges de déroger à leur obligation de rendre la Justice conformément à la loi. »*

Ce n'était pas qu'un cabinet : c'était une fabrique de professionnels. « Elle a formé plusieurs générations. Tous ont reçu de Maître Campbell l'exigence du détail, l'obsession du dossier bien tenu, l'anticipation qui ne laisse place à aucune improvisation. Elle ne transmettait pas seulement des savoirs : elle transmettait une posture. »

De la même étoffe était Grâce d'Almeida Adamon. J'emprunte encore la voix du Bâtonnier Angelo Hounkpatin : *« Grâce me manquera toujours. Nous étions devenus comme frère et sœur après toutes ces années passées ensemble. Je retiens d'elle son caractère spontané, franc et énergique. Esprit rassembleur : elle aimait les retrouvailles, une sorte de communion malgré nos divergences. On savait collaborer pour gagner un dossier. Avec son côté énergique, elle pouvait prendre l'initiative de la défense d'un dossier qui nécessitait sa présence. En ces occasions, elle me disait : "Angelo, laisse-moi faire." Je compare notre association à un mariage entre l'eau et le feu. »*

Et la méthode, presque artisanale, qui rend la preuve lisible : *« À son retour d'Haïti, où elle avait participé à la réforme de la justice, elle a repris tous les dossiers traités durant son absence et les a reclassés rubrique par rubrique. "Lorsqu'on prend un dossier, on doit pouvoir le compulser chronologiquement." C'était une femme minutieuse et méthodique. La présence de Grâce dans le prétoire, il ne fallait pas rater événement pareil. C'était beau de la voir plaider, un vrai rhéteur. Avec le travail, on peut s'émanciper. »*

Du 22 novembre 1995 au 9 avril 1996, la Justice lui fut confiée, première femme, chez nous, à porter ce portefeuille, sans qu'elle renonce au style appris sur les bancs de la défense : classer, dater, éclairer. Le 1er mai 2005, quand sa disparition fut connue, nous comprîmes que nous perdions davantage qu'un nom : une méthode devenue nature.

À cette chaîne, Gracia Noutaïs-Holo ajouta l'épure : écritures sans graisse, phrase brève pour porter un raisonnement long ; la forme, en droit, n'est pas un ruban : c'est la politesse de la vérité.

Deux trajectoires enfin élargissent la tribune au-delà de nos murs. Marie-Élise Gbèdo revient de Paris avec licence, maîtrise, diplôme d'études approfondies obtenu en 1983, certificat d'aptitude à la profession d'avocat décroché l'année suivante et un serment prêté au barreau de Paris en 1985. Elle s'inscrit chez nous en 1987 : « je devais faire partie des cinq ou six premières femmes avocates du Bénin », se souvient-elle. Elle ouvre son cabinet, préside l'Association des femmes juristes, entre au gouvernement et survit à une tentative d'assassinat le 5 mars 1998. Pas du tout impressionnée, elle se présente à la présidentielle de 2001sous le slogan Hwenusu, « l'heure a sonné » puis à celle de 2006, publie *Le Destin du roseau*, et plus tard tient la Justice sous une autre présidence. Pour notre maison commune, elle eut cette formule simple et juste : l'inauguration, en décembre 2021, de la Maison de l'Avocat à Cotonou fut « notre plus belle victoire en soixante ans » ; et, tout de suite de rappeler l'exigence qui va avec : se parler franchement entre confrères, prévenir quand on est empêché, relever la déontologie à la hauteur des murs que l'on a bâtis. Entre deux colères utiles, elle salue Augustin Coovi, « bon pénaliste », et Robert Dossou, « l'intemporel ».

Reine Alapini-Gansou porte, elle, nos habitudes loin : avocate depuis 1986, enseignante, formatrice, défenseure obstinée des droits, envoyée en missions d'enquête, membre de juridictions d'arbitrage, pédagogue de la procédure pénale internationale, élue en mars 2024 juge et deuxième vice-présidente de la Cour pénale internationale. Elle refuse les banderoles, et préfère les usages. Un barreau n'est pas une île : ce que nous apprenons ici sert plus loin, pourvu qu'on l'applique avec la même droiture.

C'est à cette école que j'entrai, robe au bras, le 23 février 1995. Je m'étais figuré une confraternité pure ; je découvris une ville avec ses places lumineuses et ses ruelles à cancans. J'appris très vite ce que tant de femmes apprennent partout : pour être reconnue, il faut travailler deux fois, et si vous réussissez, on dira que votre réussite vient d'ailleurs. Ma présence au prétoire était constante, mon respect des formes sans faille : j'entrais, je saluais, je plaidais ; je notais, je classais, je revenais. À la faveur d'une mission administrative, un magistrat chargé de liquider d'anciennes banques d'État me confia des dossiers commerciaux. Je ne savais pas qu'une telle faveur du travail, car il s'agissait bien de cela, du travail, réveillerait des passions endormies. Une aînée, qui œuvrait de longue date pour ces établissements, s'approcha pleine d'aigreur : « Si j'avais su, je ne t'aurais jamais laissé prendre ces dossiers si j'avais su que tu étais allée médire de moi pour les avoir. » Dans le même temps, un bâtonnier me conseillait sans détour, m'éclairant sur les contrats et les honoraires ; j'appris que chez nous, la concurrence peut prendre des formes bien mesquines.

Je découvris aussi la bêtise industrieuse de la rumeur. Elle m'affubla d'un titre commode : « la femme du procureur ». C'était faux : mon mari est avocat. Mais la rumeur voyage plus vite que les démentis, et colle mieux qu'un tampon. Je choisis la seule réfutation qui dure : la constance. J'étais au cabinet à l'aube, j'en sortais à la tombée de la nuit ; je plaidais, j'écoutais mes clercs, je classais, je reprenais. On n'efface pas une ombre par des cris ; on l'épuise par le temps.

La robe, heureusement, vous donne des modèles et des sœurs. Je me revois, un jour de fièvre, tenant ma robe comme un manteau ; Agnès Amélie Campbell m'arrêta net : « Ce n'est pas ainsi qu'on tient la robe. » Dans le local de l'ancien Conseil de l'Ordre, j'appris à plier, à boutonner, à poser ; je compris que cette étoffe n'est pas un vêtement : c'est un devoir. De Grâce d'Almeida, je garde comme un viatique cette phrase rapportée par Angelo Hounkpatin : *« Une femme, il n'y a rien de plus beau… c'est la femme qui fait l'homme. »*, et de mon père, la veille de mon serment, la recommandation qui me tient encore la colonne droite : *« Monsieur l'Empereur, n'oublie jamais d'où tu es partie. N'oublie jamais que tu sors d'une famille. Et ne salis pas le nom de cet homme. »*

On parle rarement de ce que la robe exige hors du prétoire : l'art de concilier les heures longues et la maison, les enfants malades et l'audience qu'on ne peut manquer, les repas écourtés, les réveils avant l'aube, les messages envoyés pour prévenir, apaiser, réorganiser. Nous portons la robe et l'ordinaire des jours : la robe ne nous dispense de rien ; elle nous oblige davantage. C'est là, peut-être, la singularité féminine du métier : faire tenir ensemble la règle et la vie, sans sacrifier ni l'une ni l'autre.

De ces leçons, j'ai voulu faire plus qu'un souvenir : une discipline partagée. C'est ainsi qu'est née l'Association des Femmes Avocates du Bénin (AFAB), que j'ai fondée pour que la transmission ne dépende plus des hasards : parrainage d'entrée et de carrière, relecture croisée des écritures, binômes d'audience pour qu'aucune débutante ne reste seule, ateliers de déontologie, actions de défense au profit des plus vulnérables.

Je n'idéalise rien : la politique s'invite parfois là où elle devrait se taire, la peur gagne parfois du terrain, et l'on court après le quotidien au risque de perdre l'essentiel. Mais je n'ai pas fait vœu de pauvreté ; j'ai fait serment de défendre : la veuve, l'orphelin, le vulnérable, et aussi celui dont la force inquiète parce que la justice n'est pas un tri d'affections. Si l'on me demande ce qu'être avocate change, je réponds sans emphase : ce n'est ni un privilège ni une pose ; c'est une manière obstinée de faire tenir ensemble la justice et la vie et de veiller, chaque jour, à ce qu'une partie n'humilie jamais l'autre.

À mes cadettes, je n'offre ni sucreries, ni menaces. Qu'elles sachent seulement ceci : la profession ne vous refusera pas la place, elle vous la fera payer. Vous aurez à démentir la malveillance par la netteté, la condescendance par la compétence, l'insinuation par la durée. Parlez depuis votre banc, haut et clair ; appelez un confrère plutôt que d'accumuler les griefs ; soignez votre phrase comme on soigne une blessure ; gardez la courtoisie comme un pouvoir ; examinez vos pièces avec la même suspicion que celle d'en face ; et, lorsque la salle s'échauffe, demandez la suspension qui sauve la dignité de tous.

CHAPITRE 4

CHRONIQUES DU PALAIS

Le Palais est un organisme vivant. Il respire aux heures sombres, bâille aux aurores, se redresse à midi comme un vieil athlète qu'une cause noble ranime. Dans ses couloirs lavés de poussière et de pluie, la robe n'est pas un vêtement : c'est une ascèse et une manière d'habiter le vrai. Les scènes qui suivent ont été recueillies auprès de confrères qui en furent acteurs ou témoins.

La nuit, la session d'assises s'était étirée jusqu'à l'aube ; la salle, peu à peu, s'assoupit comme un théâtre après le dernier acte. Le Bâtonnier Alfred Pognon plaidait encore quand les membres de la Cour, vaincus par la fatigue, sombrèrent à leur tour. Il se tut pendant un moment qui parut durer une éternité. Ce silence prolongé finit par sortir le Président des bras de Morphées. Celui-ci invita l'avocat à « continuer », affirmant que « la Cour est à son écoute ». La réponse fut d'une politesse impérative : il voulait plaider en ayant l'écoute de tous les membres de la Cour. Ce refus courtois remit l'audience à l'heure de la justice : on ne juge pas en somnambule. Le récit m'a été rapporté par Me Guy-Lambert Yèkpè, témoin direct de la scène.

L'art de prouver tient parfois à un rien, pourvu que ce rien touche juste. Un matin, l'accusation s'obstinait à railler « l'oubli » invoqué par un accusé, y voyant un pieux mensonge. Son conseil sortit, puis revint la braguette ostensiblement ouverte. Le Président le lui fit observer avec une bienveillance digne ; l'avocat répondit que si l'oubli peut atteindre l'homme qui parle, il peut, à plus forte raison, atteindre celui qui tremble à la barre. Le dogme de l'infaillibilité se fendilla d'un trait ; on revint à l'homme.

Il arrive aussi que la plaidoirie prenne la couleur d'une chapelle. Une consœur, au terme d'une plaidoirie émouvante pour éviter la peine maximum à son client, s'avança jusqu'à la barre et s'agenouilla en larmes pour demander pardon. On en discuta plus tard à la buvette et dans la salle des pas perdus ; mais ce jour-là, nul ne contesta que nous plaidons des vies, non des hypothèses. J'y entends encore l'écho d'un jeune confrère, devant le juge des mineurs, qui, occupant pour un garçon qu'on disait meurtrier de son propre frère, réprimanda vigoureusement son client sur un ton paternel, avant de rappeler aux juges que la justice des hommes tient davantage du conseil de famille que de la cour céleste, et que toute sanction doit rester humaine jusque dans sa fermeté.

La science, parfois, entre dans le prétoire comme un huissier de certitudes. Peu avant les vacances judiciaires de 1985, on accusait une veuve d'avoir mêlé au dîner de son époux un shampoing artisanal, le « yombo dî » et de l'acide de batterie. Les moyens de forme, soulevés avec soin, furent écartés au nom de la doctrine selon laquelle l'arrêt de renvoi purge les irrégularités. Alors Me Séverin Quenum rapporte que Me Edgar-Yves Monnou, défendant l'accusée, fit citer le professeur Sadler, toxicologue. L'analyse établit que la prétendue mixture n'était que du chlorure de sodium, autrement dit du sel de table, et qu'une dose réellement nocive aurait tout au plus altéré le goût du plat. Au point d'incandescence de l'audience à l'heure des plaidoiries, devant une Cour médusée, l'avocat reconstitua lui-même la préparation suspectée d'avoir causé la mort de la victime puis l'ingurgita. Ce geste plus éloquent que la plus brillante plaidoirie finit d'anéantir l'accusation.

Il est des fois où la confraternité est mise à rude épreuve par l'esprit de contradiction. Dans un dossier de corruption, un aîné lança, à l'adresse de Me Bertin Amoussou, cette phrase reproduite intégralement :« Maître Amoussou prend ses ergo d'élucubration de professeur d'université pour se livrer à de la masturbation intellectuelle. » La réplique, nette comme une estocade, fila aussitôt :« c'est donc que mon éjaculat qui vous tombent dessus. » Aucun geste de trop ; l'audience reprit, et l'on se souvint qu'au barreau, l'esprit est une arme plus tranchante qu'un katana.

À l'inverse, il arrive qu'au plus dur du combat, la confraternité se fraye un chemin inattendu. C'est ainsi que dans une affaire de vol à main armée et d'assassinat, après de lourdes réquisitions tendant à la peine capitale, l'avocat de la victime n'hésita pas à aller réconforter les confrères de la défense qui, sous le choc, avaient sollicité une suspension. On peut plaider dur sans perdre l'essentiel.

La solidarité, elle, franchit les frontières. Me Elvire Vignon se souvient : sa promotion, qui prêta serment le 14 janvier 1993, apprit presque aussitôt l'arrestation de Me Joseph Kokou Koffigoh à Lomé. Les avocats comme un seul homme battirent le macadam en robe au cri de : « Libérez Koffigoh !!! Libérez Koffigoh !!! » C'est ainsi que l'on entre dans un barreau : par la conscience d'une grande famille. Que cela paraisse moins visible aujourd'hui n'est qu'un motif supplémentaire pour ranimer les braises ici, et dans les associations internationales.

Au temps de la Révolution, une étrange lubie idéologique s'imposa au Barreau : il fut exigé que les avocats portent désormais une robe verte, chamarrée de bandes rouges et de franges jaunes. Un décret présidentiel en fixait la coupe et les magistrats reçurent instruction de sanctionner tout avocat qui oserait paraître à l'audience dans la traditionnelle robe noire. Le bâtonnier de l'époque, fidèle à l'esprit de résistance, osa rappeler que « la loi n'est pas juste parce qu'elle est loi », et qu'un avocat, citoyen libre, ne reçoit pas de directives autres que celles issues du droit.

Dans ce climat tendu, Maître Edgar-Yves Monnou fit acte de bravoure. Un matin, il entra au prétoire vêtu de sa robe noire, celle de son serment. Le président de la formation, interloqué, lui ordonna sèchement d'aller se changer. Monnou, imperturbable, répondit avec gravité : *« Monsieur le Président, le serment que j'ai prêté n'était pas dans la robe verte. C'est la robe noire qui m'engage. Si je dois plaider, quoi qu'il m'en coûte, ce sera dans cette robe. Ne vous en déplaise, je ne l'enlèverai pas. »*

La résistance ne s'arrêta pas là. Le gouvernement avait désigné une couturière officielle, tenue de vérifier sa griffe sur chaque robe verte, garantissant ainsi le contrôle total de la profession jusque dans le fil et l'aiguille. Mais les avocats, dans un élan d'unité rare, refusèrent catégoriquement cette tutelle vestimentaire. Ils firent venir, en secret, des couturières religieuses, qui leur cousirent des robes à la mesure de leur dignité.

Cette fronde collective marqua les esprits. Elle montra que l'avocat, même réduit à sa robe, restait d'abord un symbole de liberté, capable de défendre sa propre indépendance avant même celle de ses clients.

Je tiens du Bâtonnier Robert Dossou cette scène de route et de prétoire. Autrefois, pour plaider hors de Cotonou, on appelait pour savoir qui montait à Porto-Novo, et l'on partageait la voiture, adversaires compris. Ce jour-là, il prit la route avec Me Alfred Pognon vers le vieux tribunal.

À la descente, une plaisanterie, un rire commun attira sur eux le regard des justiciables massés sous l'arbre. L'audience s'ouvrit. Me Robert Dossou interrogeait avec vigueur une partie civile non assistée ; Me Alfred Pognon se leva pour se constituer spontanément à ses côtés. Le justiciable s'en offusqua en criant : « *lui, ami de la défense ?* ». Il fût vite rassuré par le Juge qui lui expliqua que les avocats se combattent dans le dossier et se retrouvent hors du dossier comme membres d'une même maison. Le justiciable comprit et Maitre Alfred Pognon plaida pour lui. Ainsi se donnait à voir, en quelques minutes, la confraternité qui n'enlevait rien à la loyauté due au client.

Du même Robert DOSSOU, je rapporte cette pointe d'ironie élégante. Il plaidait contre Me Florentin Féliho dans un dossier d'accident de la circulation qui avait fait des victimes nombreuses. Celui-ci réclamait plusieurs millions de francs CFA pour ses clients. « *Quand vint mon tour,* se souvient Me Robert DOSSOU, *sur les intérêts civils, j'ai pris la parole en disant que j'ai écouté attentivement Me Féliho et que, vraiment, je l'aime, je l'adore, j'ai apprécié sa plaidoirie ; je l'adore parce que j'ai vu qu'il aime son métier. Il l'aime tellement qu'il a fini par s'assimiler à ses clients, et je me suis cru dans le hall d'une Loterie nationale avant d'être rappelé à la réalité.* » Me Florentin Féliho éclata de rire — paix à son âme —, le Président sourit : la mesure était dite, sans blesser.

Me Huguette Bokpè-Gnacadja, alors avocate stagiaire, prit une part active à la défense d'un ambassadeur du Bénin auprès des Nations unies, dans les bagages duquel un colis de drogue avait été découvert. Autour d'elle, des aînés chevronnés. À l'heure des plaidoiries, conformément à l'usage, l'honneur revint à la cadette d'ouvrir les débats. Elle se leva, droite, posa ses feuillets et lança une phrase simple comme un gouvernail : « Il était une fois un colis. » Maître Robert Dossou, lui succédant, reprit la même incise, et tous les avocats s'y accordèrent. La défense, dans sa diversité, devint chorale. On gagna dans un bel esprit de symbiose intellectuel.

Il est des heures où l'avocat se tient comme un guetteur de sa propre conscience. Me Séverin Quenum m'a confié ceci du Bâtonnier François Amorin : sur recommandation, il accepta de défendre un homme accusé de meurtre ; le client, très entreprenant, versa aussitôt une provision substantielle, presque excessive. Le dossier révéla l'horreur : jeune fille assassinée, corps cruellement mutilé, le tout inscrit dans un rituel payé par un commanditaire. Au parloir, l'homme promit encore un complément d'honoraires au résultat. Ébranlé, se sentant souillé d'avoir touché cet argent, fruit direct d'un crime odieux, l'avocat se rendit à la cathédrale Notre Dame de Miséricorde de Cotonou. C'était un vendredi. Il y pria, non seulement pour son client, mais pour se purifier lui-même d'avoir été, ne fût-ce qu'un instant, en contact avec les bénéfices de cette barbarie. Dans la foulée, il restitua intégralement la somme perçue, puis se déconstitua. On ne vend pas sa conscience : on la paie, parfois comptant.

À l'opposé, l'ordre de la preuve rend la vérité à sa place. Me Augustin Coovi, face à un justiciable tenté par l'aveu, lui fit remarquer, je cite, « qu'il avait à choisir entre l'aveu et la potence, et, le dossier et son acquittement ». Vint l'audience : l'homme opta pour la dénégation ; l'avocat plaida les pièces, la procédure, les contradictions ; la Cour acquitta, en dépit des certitudes proclamées du ministère public. La clef de voûte avait été dite d'une voix calme : « la vérité judiciaire n'est pas la vérité divine. » À chacun son domaine : la conscience à Dieu, la preuve au tribunal.

Je me souviens que je défendais un homme poursuivi pour le meurtre de son épouse, laquelle s'était refusée à lui. Moins de cinq minutes d'interrogatoire : il reconnut les faits, ajoutant qu'il avait payé la dot et qu'elle « ne devait pas se refuser » ; il expliqua qu'il avait voulu la « corriger », non la tuer. Puis il refusa de répondre aux questions de la Cour et du ministère public. Quand je pris la parole pour l'interroger, il me coupa : « Pourquoi me poser des questions, puisque j'ai déjà tout dit ? » Il trouvait étrange notre système : il venait prendre la sanction. La Cour le condamna à huit ans. L'incompréhension de cet homme dit tout de l'ignorance du commun sur nos usages. On rapporte qu'un chef de l'État admonesta un jour, un bâtonnier en lui reprochant de ne pas « dicter » à un collège d'avocats une stratégie de défense commode pour le pouvoir. Pourtant, la règle est nette : un bâtonnier ne commande pas les consciences ; il garantit l'indépendance de chacun.

Il est aussi des liturgies d'audience où l'on apprend la tenue à l'école des usages. Me Théodore Zinflou rapporte qu'alors stagiaire, il s'était présenté la veille pour être appelé à huit heures. Le lendemain, à huit heures précises, il était au prétoire ; l'appel du rôle achevé, son dossier fut évoqué et les débats commencèrent. Deux aînés arrivèrent alors, voulant faire jouer le principe d'ancienneté :« les jeunes doivent accepter d'apprendre des anciens ». Il dit au Président qu'il ne pouvait pas arrêter des débats déjà en cours au seul motif de l'ancienneté, et que l'ancienneté suppose la ponctualité à l'ouverture de l'audience : on n'arrive pas à quatorze heures pour faire patienter ceux qui étaient là depuis huit heures. Ils insistèrent ; il obtint gain de cause : on prit tous ses dossiers. Il termina vers dix-sept heures. On le menaça d'une plainte au Bâtonnier. Avant de quitter le Tribunal, il adressa un rapport à son maître de stage alors Bâtonnier. La décision qui suivit fixa la règle : « Le corollaire de l'ancienneté à l'audience, c'est la ponctualité à l'ouverture de l'audience. Même un Bâtonnier, absent à l'ouverture, ne tient la préséance que par confraternité. »

Il est des nuits que la pluie n'efface pas. Me Bertin Amoussou, avocat de la partie civile aux côtés de son patron, Me Alfred Pognon, m'a rapporté que des gendarmes, chargés d'assurer la sécurité d'un bureau de poste, ligotèrent le gardien, tentèrent de forcer le coffre — en vain —, puis abandonnèrent le corps du gardien qu'ils avaient tué. Les assises posèrent leur décorum ; les condamnations à mort tombèrent. Parmi les condamnés, l'un devait être de garde, mais n'était pas au poste lorsque les autres opérèrent : il fut condamné au même titre que les autres. Vint l'exécution. Le ciel s'ouvrit : une très grande pluie. L'ordre fut donné. Les détonations claquèrent. Un cri monta : l'homme "absent-présent" respirait encore, criait encore. Un officier s'avança et acheva l'exécution à bout portant. Ces heures apprennent mieux qu'un traité : la peine suprême exige la perfection des formes, parce qu'elle ne se rattrape jamais et parfois, le doute survit au fracas des armes. Depuis, la peine de mort a été abolie.

Dans le même registre funeste où la robe se dresse jusqu'au bout contre l'irrévocable, je place ici le souvenir confié par Adrien Houngbédji. Commis d'office à la défense de Toviakou Mitondji, l'un des principaux accusés dans l'assassinat d'Ousseyemi Hamidou, gardien du docteur Vogler, il rappelle l'affaire crapuleuse : dans la nuit du 28 au 29 mars 1974, les intrus escaladèrent la clôture, frappèrent à coups de gourdin et tuèrent. Les coaccusés comparurent devant une cour criminelle d'exception, moitié magistrats, moitié militaires. À ses côtés, d'autres confrères, tous commis d'office, ne ménagèrent ni leur peine ni leur talent pour déceler et plaider des circonstances atténuantes, dans l'espoir d'épargner la mort à leurs clients. Le 7 juin 1974, la condamnation à mort tomba. Conformément à l'usage, une demande de grâce fut adressée au chef de l'État ; traditionnellement, le chef reçoit les avocats avant d'exercer son droit régalien ; rituel sobre, marque d'estime pour la défense et de respect pour la vie. En lieu et place de ce protocole, dans la nuit du 8 au 9 juin, tomba la notification : exécution au petit matin, aux cocotiers sur la route de l'aéroport ; les avocats pouvaient assister.

Ils se réunirent à quatre heures, partirent vers cinq heures. Les coaccusés furent attachés aux cocotiers. Sous le faisceau des phares, Toviakou Mitondji l'appela : il lui demanda de lui gratter la tête ; il ajouta de se rassurer, de ne pas s'en faire, qu'il n'y aurait rien. La fusillade éclata. Mitondji disparut. On le chercha partout ; puis un grognement se fit entendre dans un massif de fleurs. On le retrouva, et l'exécution fut achevée. Là encore, l'irréversible parla plus fort que toutes les plaidoiries.

Reste enfin ce que j'appelle la mystique, non pas la superstition, mais ces ombres qui frôlent la robe et qu'il faut savoir écarter sans hausser la voix. Une avocate perdit la voix au moment précis de prendre la parole ; un confrère, croisant un autre au seuil du prétoire, s'étonna de le voir arriver quand on lui avait assuré que « des dispositions mystiques » empêcheraient sa venue jusqu'à Ouidah. Me Léopold Olory-Togbé raconta un souvenir d'assises : son client, sans raison claire, l'avait pris en antipathie. Pendant les débats, l'avocat posa des questions embarrassantes, calculées pour semer le doute dans l'accusation mais rudes à supporter. Le client enragea, persuadé que son propre défenseur le desservait. Pourtant, à l'heure des plaidoiries, l'éloquence fit basculer l'audience : le jury comprit et le client aussi que cette stratégie était son salut. Au moment du délibéré, l'homme s'approcha soudain de son conseil, lui asséna un coup sur la tête, puis, dans un geste déroutant, lui remit un petit caillou blanc. Il expliqua qu'il l'avait envoûté, mais reconnaissait désormais s'être trompé. Il y a, dans cette scène, plus qu'un folklore : l'aveu d'une incompréhension têtue des justiciables devant la mécanique judiciaire, et la preuve, en contrepoint, que la seule magie qui vaille en robe se nomme méthode.

Et pour clore ces chroniques, qu'on me permette d'élever le regard jusqu'à la cime où le droit rejoint sa mémoire. Me Séverin Quenum a rapporté l'une des dernières apparitions publiques du Bâtonnier François

Amorin. C'était en 2014, devant la chambre judiciaire de la Cour suprême, ce temple austère où l'on ne parle que principes. Un pourvoi ancien, on murmurait 1966, devait être vidé. Le ministère public avait ciselé ses conclusions, sûr de lui, conforme à l'interprétation stabilisée de la loi du 12 août 1965 sur le permis d'habiter. Tout paraissait écrit.

Puis la barre s'anima d'une présence qui n'était pas celle d'un simple plaideur, mais d'un témoin du temps. Le Bâtonnier François Amorin parla. Ce ne fut pas une plaidoirie ; ce fut une incantation douce, une psalmodie de basse voix qui forçait chacun à se taire pour mieux entendre. Il « récita » la loi, non son squelette, mais sa chair : les débats parlementaires de 1965, les tiraillements, la volonté opiniâtre de modestes fonctionnaires d'accéder à la propriété à Cotonou. Il ne commentait pas : il restituait l'aurore d'un texte, son atmosphère de naissance, son premier souffle.

Face à lui, l'avocat général demeura interdit. Comment opposer un échafaudage juridique de 2014 à celui qui avait vu la loi s'écrire ? Les conclusions, si soigneusement bâties, se vidèrent de tout sens comme une coque trop polie. Il renonça à répliquer. La Cour, saisie d'un vertige rare, se trouva comme placée devant un fantôme auguste : l'intention législative elle-même. Comment juger sans entendre l'origine ? Comment trancher sans s'incliner devant ce témoin ultime du temps ? La sagesse dicta un renvoi.

L'affaire fut-elle jamais vidée ? Nul ne le sait ; peut-être a-t-elle quitté le registre des dossiers pour celui des légendes. Ce jour-là, Amorin ne plaida pas seulement : il rappela que le droit n'est pas qu'une mécanique, mais une mémoire ; que le droit positif, parfois, s'incline devant l'Histoire ; et que, lorsque la robe parle à voix basse, c'est l'édifice tout entier qui retient son souffle. Les avocats présents surent, en silence, qu'ils venaient d'assister à plus qu'une audience : c'était une leçon d'éternité.

Qu'on lise ces chroniques pour ce qu'elles valent : non des parures, mais des preuves. L'avocat n'est ni maquignon d'illusions ni complice d'ombres : il est veilleur d'écoute, artisan de preuves, frère de route, gardien de conscience, pédagogue du vrai, digue contre l'irréparable. La robe oblige : montrer plutôt que jurer, prouver plutôt que tonner, se retirer quand l'intérêt infecte, tendre la main quand l'adversaire chancelle, et rappeler par la tenue, la science et le renoncement que la dignité du barreau ne se déclame pas : elle se paie, et chaque jour se recommence.

Et puisque la justice ne s'achève pas au dernier mot du prétoire, ouvrons maintenant la porte lourde des prisons, où la peine cherche encore sa mesure et l'humanité son visage.

CHAPITRE 5

DEFENDRE LA DIGNITE JUSQUE DANS LES CACHOTS

La porte se referme derrière moi avec un bruit sec. Ce n'est pas spectaculaire, mais cela change tout. L'air devient pesant, les voix se font plus basses, et la décision écrite au Palais prend ici chair. Je suis avocate ; je passe des audiences aux parloirs, et je commence par une évidence simple : on ne comprend une peine qu'en regardant la pièce où elle s'exécute.

Quand on remonte le fil, on tombe sur des registres coloniaux où chaque ligne vaut une scène. Bénédicte Brunet-La Ruche a rouvert ces archives du Dahomey : elles ne donnent pas d'opinions, elles décrivent. À Porto-Novo, un greffier note : quinze à trente hommes par chambre. Ligne suivante : le toit est percé, la pluie traverse. Concrètement, la condamnation prononcée le matin finit, le soir, dans un dortoir mouillé. À Allada, un interprète écrit : deux kilomètres de corvée pour l'eau, faute de puits dans l'enceinte. Le repas, c'est l'akassa et du poisson fumé, parfois abîmé par la chaleur. La douche dominicale est annoncée, pas toujours tenue. Les tinettes sont pleines. On dort par roulement, on respire à l'économie. Le jour, on sort des bras pour la voirie, les chargements, les commissions des postes ; le soir, on rentre des silhouettes fatiguées. Les gardes sont trop peu nombreux. À Grand-

Popo en 1944, un garde boit, s'endort ; l'évasion est notée sans point d'exclamation. Certaines années, Porto-Novo en compte jusqu'à quatre par mois. Le cahier de l'infirmerie, lui, parle de « misère physiologique » et de cachexies. Les contagieux restent dehors par crainte d'épidémie, la folie est « renvoyée au village ». Quand un jardin potager améliore l'ordinaire, la récolte est déduite de la ration officielle : l'effort annule l'effort.

Le mot qui circulait alors est juste : la « boîte », fermée par la promiscuité et le manque, « ouverte » par nécessité, parce qu'on a besoin de bras dehors et d'un ravitaillement qui entre par les familles. Ce n'est pas une théorie : c'est un mode de gestion. Le droit colonial parlait d'ordre et d'exemplarité ; la « boîte » s'occupait d'eau, de toits et d'horaires. Le classement des personnes était sommaire : prévenus et condamnés ensemble, mineurs parfois avec adultes, femmes séparées seulement dans quelques chefs-lieux. On ne « rééduquait » pas ; on gardait et on utilisait. De là, des hiérarchies informelles (les « hommes de confiance ») et une petite économie du quotidien (un savon, une natte sèche, un pansement obtenu).

Dans ce décor apparaît la profession de défenseur avec l'essentiel : la dignité. 1930 au parloir de la Prison de Porto-Novo : un défenseur obtient l'autorisation de visite au terme d'une matinée de tampons. Pas de tirade : il pose un morceau de savon acheté au marché, puis seulement parle du dossier. L'ordre des priorités est clair : d'abord permettre à l'homme de se laver, de dormir au sec, de se vêtir ; ensuite plaider sa cause. Le savon n'a libéré personne ; il a rappelé que la détention n'autorise pas l'indignité. C'est un jalon pour notre mémoire professionnelle.

À ce point, une phrase de Cesare Beccaria (1764) aide à tenir le cap : « La certitude d'un châtiment, même modéré, fera toujours plus d'impression que la crainte d'un autre plus terrible, mais joint à l'espérance de l'impunité. Les peines doivent être promptes et proportionnées aux délits ; leur but n'est pas de tourmenter un être sensible, ni de détruire un homme, mais d'empêcher le coupable de nuire encore et de détourner les autres de l'intention de faire la même chose. » Mieux vaut une peine sûre, claire, exécutée correctement, qu'une sévérité théorique perdue dans les fuites d'eau et les retards.

Après 1945, les circulaires promettent réforme, réinsertion, « défense sociale». Dans les cours, rien ne change : mêmes dortoirs pleins, mêmes corvées dehors, mêmes toits qui fuient. L'idée s'adoucit, l'appareil reste dur.

Après l'indépendance, rien ne s'efface d'un trait. En 1964, Ségbana est créée par décision d'Émile Derlin Zinsou : une sorte de bagne de plus sur la carte. En 1972, l'installation d'un pouvoir révolutionnaire marxiste-léniniste change sa fonction : Ségbana devient un lieu d'éloignement pour opposants. La chaîne est connue : interpellation par la Sûreté ou les comités locaux, interrogatoires au camp de Séro-Kpéra (Parakou), transfert à Ségbana. Dans ce dispositif, l'avocat ne plaide pas : il visite, quand il est autorisé à entrer. Ses marges sont étroites : constater, signaler, demander des soins, rappeler les délais, mais elles existent.

Deux trajectoires, chères au Barreau, donnent à ces années un visage. Aboubakar Baparapé, militant communiste, étudiant au moment des faits (devenu avocat dans les années 1990), est arrêté le 18 février 1986 après des mois de clandestinité. À Séro-Kpéra, il subit les « rodéos » : baignoire d'eau sale, câbles, lanières, coups ; il a l'œil tuméfié. Quand il exige de parler « devant les juges et en présence de son avocat », la réponse tombe : « Où les verras-tu ces gens-là ? Dans ton tombeau ? Tu es rigolo ! » Puis Ségbana, jusqu'à sa libération le 2 septembre

1989. Magloire Yansunnu, avocat et militant communiste, est arrêté dans la nuit du 19 janvier 1988 : menotté jusque dans les toilettes d'un ministère, entassé à quarante dans une pièce d'une trentaine de mètres carrés, privé de douche quand d'autres y vont ; il passe par Séro-Kpéra, puis Ségbana, et est libéré le 3 septembre 1989. Ce sont des dates, des lieux, des conditions précises ; elles rappellent que la robe, elle aussi, pouvait basculer de l'autre côté de la porte.

En 1990, la Conférence nationale met fin à Ségbana comme prison politique. L'appareil se réorganise : administration pénitentiaire identifiable, visites de magistrats, actions de santé et d'éducation plus visibles. Mais, depuis, la matière première de nos dossiers est chiffrée et ces chiffres décident de tout. Le 9 septembre 2024, la population carcérale était de 19 563 personnes, pour une capacité théorique nationale située autour de 6 500 à 7 000 places : un taux d'occupation proche de 280 à 300 %. Localement, l'écart est saisissant : Missérété, construite pour environ 1 000 places, comptait 3 742 détenus en 2023 ; Porto-Novo, conçue pour 250, en accueillait 1 554 ; Cotonou, donnée pour 700, était à 1 595. Entre janvier et juillet 2023, au moins 46 décès ont été recensés dans quatre prisons, sur fond de chaleur extrême, d'accès irrégulier à l'eau et de soins tardifs.

La détention provisoire est devenue la grande fabrique de cette surpopulation. Fin 2023, environ 55 % des personnes incarcérées étaient en attente de jugement, parfois davantage, selon les lieux et les périodes. La préventive est surenchérie : elle encombre, elle retarde, elle échauffe tout le système, et elle frappe d'abord les plus pauvres, ceux qui n'ont ni caution, ni adresse stable, ni avocat joignable.

Les femmes restent exposées à des manques élémentaires : serviettes hygiéniques supportées par les familles, suivi prénatal irrégulier, soins dépendant d'une autorisation et d'une escorte. À Porto-Novo, des témoignages parlent encore de pots utilisés la nuit… qui servent d'oreillers faute de mieux. Les mineurs paient l'arithmétique : places dédiées insuffisantes, lenteur des audiences, situations où l'on cale un adolescent chez les majeurs dans l'attente d'un transfert. Rien de tout cela n'est polémique : ce sont des constats répétés.

Dans ce cadre, notre responsabilité est précise et mesurée. Nous n'ouvrons pas des portes ; nous faisons circuler des décisions. Le levier, ce sont le parquet et le juge saisi : requêtes d'extraction médicale, demandes de mise à l'audience pour des préventives prêtes, saisines pour non-lieu quand le dossier est vide, sollicitations d'aménagement quand la peine courte est déjà couverte par la détention. Avec l'établissement, nous signalons et documentons : mineur repéré chez les majeurs (identité et localisation précises), rupture d'un traitement essentiel (ordonnance et facture payées par la famille). Quand la chaîne tient, on le voit : extraction autorisée, dossier inscrit au rôle, adolescent transféré. C'est modeste, mais efficace.

Reste l'essentiel : dénoncer, sans outrance, ce qui tord la loi, et soutenir ce qui avance. Oui, des efforts sont faits par les pouvoirs publics (visites et inspections, programmes de santé, activités de réinsertions), mais ils sont neutralisés par l'arithmétique d'entrée. Tant que la préventive restera le réflexe, tant que la capacité n'augmentera pas ou que les procédures ne seront pas accélérées pour les dossiers simples, tant qu'une ordonnance médicale mettra des jours à franchir un portail, la décision écrite au Palais se dissoudra dans l'acide de la violence carcérale.

C'est ici que notre mémoire professionnelle retrouve son fil. Dans les années 1930, un défenseur commençait sa visite en déposant un morceau de savon avant de parler droit : rappeler que la privation de liberté n'emporte pas l'indignité.

CONCLUSION

Au terme de ce parcours, rien d'héroïque au sens tapageur, mais une fidélité au serment qui discipline la journée, à la confraternité qui supporte le contradictoire, à la preuve qui préfère la méthode aux tonnerres. La justice, pour tenir, doit survivre au couloir du Palais et franchir la porte des prisons. C'est peu à peu que l'honneur d'un Barreau se gagne : en montrant plutôt qu'en jurant, en prouvant plutôt qu'en tonnant, et en refusant ce qui dévoie. Sous le sceau du serment, la robe demeure promesse tenue.

SIXIÈME Partie :

▼

L'ORDRE INCARNÉ

Par Maître Francis DAKO

Ce fut à Sègbana, dans l'épreuve carcérale où le Bénin révolutionnaire prolongeait parfois le discours politique par la privation de liberté, que se réveilla en moi la vocation de juriste qui finit par s'épanouir au tableau d'un Ordre dont je m'honore aujourd'hui d'appartenir. J'étais captif, livré aux rigueurs d'un temps qui substituait trop souvent à la règle la force et, à la liberté, le silence. Dans cette obscurité pesante, un compagnon d'infortune, Laurent BOGNON, étudiant en droit, sut ranimer l'étincelle de l'esprit. À voix basse, comme on transmet un savoir précieux, il m'initia non aux « mystères » – le droit n'en a pas – mais aux premiers rudiments de la science juridique. Un soir, il prononça un mot à la résonance singulière : « contrat synallagmatique ». Là où régnaient l'arbitraire et la contrainte, cette formule claire m'apparut comme la promesse d'un monde régi non par la violence, mais par l'équilibre des volontés et la force du consentement. Dans l'ombre des cachots, je découvrais que le droit pouvait être l'autre nom de la liberté.

Libéré, je repris et menai à terme mes études universitaires avant d'entrer en stage, avide de repères et de maîtres. Je rencontrai alors deux figures dont la grandeur dominait déjà la mémoire des prétoires. Un magistrat, admiratif, surnommait l'un « le Pape », l'autre « l'Évêque ». Je les vis plaider : l'un avec cette autorité naturelle qui le mena bientôt au bâtonnat, l'autre avec cette constance et cette fidélité qui le portèrent, plus de dix ans après, à la même dignité. Ils m'enseignèrent qu'au-delà de l'éloquence et des charges, le bâtonnat s'inscrit dans une chaîne de responsabilités où chaque élu, à son heure, porte l'autorité morale de la profession et veille à la continuité de son honneur.

Cette autorité, la loi l'a consacrée. La loi n° 65-06 du 20 avril 1965, instituant l'Ordre des avocats du Bénin, prévoit que le Bâtonnier est élu à la majorité absolue puis relative. Mais l'élection n'est pas une formalité : elle est l'acte par lequel le Barreau tout entier se choisit un visage et une voix, confiant à l'un des siens la charge de le représenter et de le protéger. Le Règlement n° 05/CM/UEMOA portant harmonisation des règles régissant la profession d'avocat dans l'espace UEMOA précise les contours de cette charge : « Le Bâtonnier représente l'Ordre dans tous les actes de la vie civile et devant les juridictions. Il est habilité, en cas d'urgence, à prendre toutes les mesures conservatoires que requiert l'intérêt du Barreau. Il prévient et concilie les différends, instruit et statue sur les réclamations des tiers. Il gère les fonds de l'assistance juridique et judiciaire. »

À l'heure où ces lignes sont écrites, la Maison de l'Avocat du Barreau du Bénin abrite, dans sa salle polyvalente, une galerie de portraits censée retracer la succession de nos Bâtonniers. Mais cette galerie demeure incomplète, et la mémoire s'en trouve altérée : Jean-Louis BOURJAC, premier d'entre eux, y manque ; Maurice de LAVAISSIÈRE n'y figure qu'au travers d'une image tronquée, faute d'archives fidèles. La mémoire, si elle ne se nourrit pas de récits exacts, devient infidèle ; d'où la nécessité de redonner chair et voix à ceux qui ont édifié l'institution, de rappeler leurs actes et leurs sacrifices, afin que la continuité du Barreau ne se réduise pas à des cadres suspendus, mais vive dans l'histoire des personnes et des valeurs.

Célébrer soixante années d'existence n'est pas seulement égrener des mandats. C'est d'abord transmettre un héritage, rendre hommage aux pères fondateurs et saluer celles et ceux qui, par le travail et la probité, ont fait tenir la maison commune. Car, au-delà des murs et des portraits, demeure l'essentiel : ce serment commun qui nous unit – servir le droit et défendre la justice, exclusivement et sans compromission – et que chaque génération reçoit, honore et transmet.

Dans les chapitres précédents, c'est l'histoire du Barreau qui a été retracée : son passé colonial, sa constitution en institution, ses épreuves sous la Révolution, puis son inscription dans l'ère démocratique, jusqu'à l'harmonisation communautaire qui a consacré nos pratiques et en a précisé le cadre. Ici commence un autre récit : non plus celui de l'Ordre comme corps, mais celui des femmes et des hommes qui l'ont incarné.

Cette cinquième partie est une galerie de bâtonniers. Chacun y apparaît tel qu'il fut : pionnier, gardien, bâtisseur ou réformateur. Pour rendre compte au mieux de cette succession, nous la présentons en trois temps :

– le temps des fondations ;

– le temps des épreuves ;

– le temps des recompositions.

CHAPITRE I

LE TEMPS DES FONDATIONS

Toute institution naissante cherche un axe. Le Barreau du Dahomey, institué en 1965, le trouva moins dans des emblèmes que dans des gestes décisifs : des règlements rédigés, des principes rappelés à l'audience, des refus opposés au pouvoir, des jeunes formés à la rigueur, une discipline posée comme méthode. Les premiers bâtonniers ne se contentèrent pas d'incarner ; ils firent **;** et leur faire demeure.

Bourjac, doyen des prétoires, consolida la transition et lança l'ossature réglementaire. Amorin entraîna l'Ordre dans l'âge de la loi et porta l'indépendance comme ligne de crête. De Lavaissière maintint le service de l'Institution au cœur de la tourmente. D'Almeida, juriste de large horizon, tint le serment au-dessus des conjonctures. Kèkè, enfin, sut opposer la force des formes à la tentation de l'État total et garantir l'autonomie professionnelle.

À travers ces actions, l'Ordre apprit à parler d'une voix ferme, à se gouverner, à résister sans fracas et, au besoin, à dire non. C'est à cette œuvre fondatrice concrète, patiente et irrévocable que ce chapitre est consacré.

JEAN-LOUIS BOURJAC (1965-1966) : LE GARDIEN DU SEUIL

Il est des hommes dont la destinée s'éclaire non pas tant par la durée d'un mandat que par la place singulière qu'ils occupent au carrefour des époques. Jean-Louis Bourjac appartient à cette lignée rare. Avocat-défenseur en Afrique occidentale française, installé dès les années 1920 au Dahomey, il fut le témoin et l'acteur d'une justice coloniale dont il connut toutes les rigidités, mais dont il sut aussi bousculer les certitudes. Et lorsque vint l'heure de l'indépendance, son nom s'imposa naturellement à la tête du Barreau naissant, comme une figure tutélaire.

L'AVOCAT FRONDEUR FACE AU GOUVERNEUR

Les archives retiennent qu'en 1926, alors qu'il était encore jeune praticien, Me Jean-Louis Bourjac osa écrire au procureur général de Dakar pour dénoncer les tracasseries du gouverneur Fourne dirigées contre sa personne. Geste d'une rare témérité dans un contexte où la parole de l'avocat était encore perçue comme une concession de l'administration coloniale. Le gouverneur, furieux, railla ce qu'il n'était pas loin de qualifier de paranoïa.

Dans ce climat de suspicion et de défiance, Bourjac acquit déjà ce visage d'avocat irréductible, prêt à s'exposer pour défendre l'intégrité de sa mission.

DES PROCÈS MARQUANTS

À partir de cette époque, il s'illustra dans plusieurs causes retentissantes.

Mais c'est surtout dans le procès de « La Voix du Dahomey », en 1936, qu'il grava son nom dans la mémoire collective. Défenseur des journalistes et intellectuels qui dénonçaient les abus du colonialisme, il osa contester la valeur des rapports de police et plaider pour une presse libre dans une colonie où l'opinion publique était tenue en laisse.

LE DOYEN DES AVOCATS-DÉFENSEURS

Lorsque la Seconde Guerre mondiale et ses séquelles eurent passé, Bourjac demeura en place, fidèle à son cabinet de Cotonou. Peu à peu, les générations se succédèrent autour de lui. Pinto, Santos, de Lavaissière, Bartoli, d'Almeida, Kèkè : tous allaient compter dans l'histoire de la profession. Mais lui, il restait le doyen, celui dont l'expérience couvrait quatre décennies de prétoires, et dont l'autorité naturelle inspirait autant les confrères européens que les jeunes Dahoméens qui se formaient à la robe.

LE BÂTONNAT HONORIFIQUE ET FONDATEUR

En 1965, la loi n° 65-6 du 20 avril 1965 créa enfin le Barreau du Dahomey, donnant aux avocats l'autonomie institutionnelle qu'ils réclamaient. Le choix du premier bâtonnier s'imposa : ce fut Jean-Louis Bourjac, par sa longévité, son antériorité et le prestige qui entourait son nom. Hélas, la maladie le minait déjà. Son bâtonnat fut bref, davantage honorifique qu'opérationncl, mais il eut le mérite essentiel de préparer le projet de règlement intérieur. Ses confrères François Amorin et Benjamin d'Almeida allaient le finaliser et l'adopter, mais l'inspiration première portait sa marque.

Ainsi, Bourjac ne fut pas seulement le premier bâtonnier par ordre protocolaire : il en fut le gardien du seuil, celui qui, entre l'avocat-défenseur des colonies et l'avocat libre de l'indépendance, assura la continuité symbolique.

LA DERNIÈRE VEILLE

Affaibli par la maladie, il se retira peu après cette consécration, et s'éteignit en 1966. Sa mort passa presque discrète, mais sa mémoire ne peut l'être. Car il fut celui qui incarna le passage, la transition, l'entre-deux. Ni tout à fait colon, ni encore homme d'un Barreau indépendant, mais ce chaînon nécessaire sans lequel la filiation eût été rompue.

FRANÇOIS AYAWO JOÃO AMORIN (1967-1972) : LE PATRIARCHE ET LEGISLATEUR DE L'ORDRE

ORIGINES ET FORMATION

François Amorin naît le 4 octobre 1918 à Lomé, dans un Togo sous tutelle française. Élève du lycée Van Vollenhoven de Dakar, il y reçoit une éducation marquée par la rigueur et l'ouverture. En février 1947, le *Journal officiel du Togo* annonce l'octroi d'un prêt d'honneur de 20 910 francs CFA, cautionné par Sylvanus Olympio (le futur père de l'indépendance du Togo), afin qu'il puisse entreprendre des études supérieures en Europe. Installé à Lyon, il suit le droit avant de poursuivre à la London School of Economics, où il s'initie aux sciences sociales et politiques.

ENGAGEMENT ÉTUDIANT ET RÉSEAUX PANAFRICANISTES

Ses années européennes sont celles de l'effervescence militante. À Paris, il participe à la fondation du Groupement Africain de Recherche Économique et Politique (GAREP), creuset de la future FEANF. À Londres, il rejoint le West African National Secretariat (WANS), fréquente Kwame Nkrumah et publie sous le pseudonyme « Gbonvi tso ka ». Dans ses écrits, il défend déjà une ligne claire : obtenir l'indépendance d'abord, puis envisager l'unification du Togoland par accords entre États souverains.

De retour au pays, Amorin s'engage dans la Juvento, mouvement de jeunesse fondé en 1951. Ce parti devient l'un des moteurs de la contestation coloniale. Il milite aux côtés de figures comme Anani Santos et Bob Akitani, et contribue à recentrer la stratégie sur deux objectifs : l'unification du Togoland dans ses frontières héritées de l'Allemagne et l'indépendance nationale.

L'ENTRÉE DANS LA CARRIÈRE D'AVOCAT

En 1954, Amorin est admis comme avocat-défenseur près la Cour d'appel de l'AOF et prête serment. Il fait ses premières armes auprès de Me Anani Santos à Lomé, puis de Me Louis-Ignacio Pinto à Cotonou. Plaideur ferme, méthodique, d'une éloquence sobre, il gagne rapidement le respect de ses pairs. Dès ses débuts, il partage sa vie professionnelle entre Lomé et Cotonou, naviguant entre les deux pays, sans jamais se fixer exclusivement dans l'un ou l'autre.

RÉPRESSION ET PROCÈS POLITIQUES

La proclamation de l'autonomie du Togo oriental en 1956 entraîne une vague de répression. Amorin se retrouve en première ligne :

- à Mango, en juin 1957, après une fusillade meurtrière ;
- à Pya-Haut et Hodo, où il démontre par expertise que l'arme saisie sur un militant provenait en réalité de la gendarmerie ivoirienne ;
- à Atakpamé, où il obtient un désistement in limine litis qui sauve Théophile Mally d'une exclusion politique.

Ces procès, tout en étant des batailles judiciaires, deviennent aussi des relais logistiques pour la Juvento, reliant le prétoire à l'action politique.

Amorin s'illustre également sur le terrain diplomatique. En 1957, il participe à la Conférence des chefs d'État africains indépendants à Accra, obtient une séance spéciale des ministres des Affaires étrangères et un appui logistique pour la campagne électorale (notamment des bicyclettes pour les militants). Par ses réseaux, il mobilise Amadou-Mahtar M'Bow et des diplomates haïtiens afin d'influer sur Max Dorsinville, commissaire onusien chargé de la supervision électorale. À ce dernier, il lance : « Êtes-vous là pour dresser un constat post mortem ? » Sa formule contribue à renforcer la vigilance des observateurs de l'ONU.

Le scrutin se tient sous surveillance internationale. Malgré les entraves et la violence, la participation est massive. Le soir, Radio-Lomé diffuse le « Deo » avant d'annoncer la victoire d'Albert Doh à Nudja. L'allégresse populaire explose et un proverbe scelle l'événement : « Kominin Sendere, Gueria wayi » — quelle que soit la durée de la nuit, le jour finit par se lever. Amorin fait partie de ceux qui ont préparé ce lever du jour.

À la fin de l'année 1958, Sylvanus Olympio lui propose d'entrer au gouvernement avec rang de ministre. Amorin refuse, choisissant de rester indépendant. Ce refus illustre la cohérence d'une vie : ni compromission, ni dépendance au pouvoir.

LES GRANDS PROCÈS DU DAHOMEY

Installé aussi à Cotonou, il devient l'un des avocats les plus respectés du jeune Dahomey. Deux procès restent emblématiques :

- en 1961, celui des dirigeants de l'U.D.D., où il plaide la primauté des libertés publiques et l'indépendance du juge ;
- en 1963, celui du député Bohiki, où il démonte les failles de l'enquête et rappelle que la passion politique ne saurait se

substituer à la rigueur du droit notamment quant au respect des privilèges parlementaires.

LA CRÉATION DU BARREAU DU DAHOMEY

Après le renversement du président Maga en octobre 1963 et l'arrivée de Justin Ahomadégbé à la tête du gouvernement, François Amorin porta avec insistance l'idée de doter les avocats d'une institution propre, garante de leur indépendance et de leur dignité. Il s'adressa d'abord au chef du gouvernement, qui accueillit favorablement cette proposition. Alexandre Adandé, Garde des Sceaux du nouveau cabinet et ancien tuteur d'Amorin au lycée Van Vollenhoven de Dakar, reprit le projet à son compte et mobilisa son administration pour en préparer la mise en œuvre.

Le témoignage de Me Bernard Paraïso éclaire ce moment fondateur avec une précision rare :

« L'idée de la création du Barreau du Dahomey a germé dans l'esprit d'un homme, Maître François Amorin. Il en parla d'abord au président Ahomadégbé, qui approuva sans hésiter. Puis il s'en ouvrit à Alexandre Adandé, alors Garde des Sceaux, qui avait été son tuteur au lycée de Dakar. Adandé, sensible à la démarche, mit le ministère en mouvement. C'est ainsi qu'un projet de texte fut préparé par l'administration. Maître François Amorin, en étroite collaboration avec Maître Benjamin d'Almeida, reprit ce projet, l'amenda, le précisa, le perfectionna. C'est ce patient travail qui permit de soumettre au gouvernement puis à l'Assemblée le texte de la loi. Voilà comment est née, par la volonté et l'opiniâtreté d'un avocat, la loi n° 65-6 du 20 avril 1965 créant le Barreau du Dahomey.»

BÂTONNIER DE L'ORDRE

Le premier bâtonnier, Me Jean-Louis Bourjac, étant empêché par la maladie, Amorin assume de facto la direction de l'Ordre. Le 5 novembre 1966, il est élu bâtonnier et le demeure jusqu'en 1972. Il fait adopter le règlement intérieur, pose les bases disciplinaires de l'Ordre et établit l'autorité morale du Barreau au sein de l'État naissant.

Son magistère est marqué par l'indépendance et la rigueur.

ENGAGEMENTS ULTÉRIEURS ET SYMBOLES

En 1983, il s'éleva contre l'idée d'une robe verte pour les avocats béninois, rappelant que la tenue n'est pas ornement mais signe d'indépendance. François Amorin s'éteignit à Cotonou le 22 octobre 2018, à cent ans, et repose à Agoué. Toute sa vie fit pont entre Lomé et Cotonou : au Togo, figure de la Juvento, acteur des combats pour l'indépendance, témoin du 27 avril 1958 ; au Bénin, architecte du Barreau, artisan des textes fondateurs, gardien de la discipline professionnelle.

Patriarche par l'autorité, législateur par l'exactitude, il demeure dans la mémoire collective comme un « Moïse » du Barreau, celui qui ouvrit la voie et transmit la loi aux générations suivantes.

MAURICE DE LAVAISSIÈRE (1972–1973) : UN BATONNIER DANS LA TOURMENTE

AUX ORIGINES COLONIALES : L'ENTRÉE DANS LA CARRIÈRE

La trajectoire de Maurice de Lavaissière s'inscrit dans la filiation du droit colonial. Le 26 septembre 1949, un arrêté du Gouverneur général de l'A.O.F. le nomme secrétaire d'avocat-défenseur du ressort de la Cour d'appel de Dakar, attaché à l'étude de Me Raymond Viale à Lomé.

Il prête alors le serment prescrit par l'arrêté du 12 janvier 1935, s'engageant dans la voie judiciaire à l'ombre d'un praticien expérimenté.

L'ANCRAGE À LOMÉ

Pendant une quinzaine d'années, il exerce à Lomé comme **avocat-défenseur**. Le *Journal officiel du Togo* en témoigne à plusieurs reprises, et l'on retrouve son patronyme dans les colonnes administratives comme dans la vie économique locale, notamment à travers une officine pharmaceutique familiale.

Le décret du 24 août 1964, signé du président togolais Grunitzky, entérine sa radiation sollicitée du tableau d'avocats-défenseurs du Togo. Cette décision met fin à sa « période togolaise » et ouvre la voie à son installation définitive au Dahomey.

L'EXPÉRIENCE DAHOMÉENNE

Par l'arrêté n°167 MJL/SDJ du 20 novembre 1964, Me Maurice de Lavaissière, avocat-défenseur près la Cour d'appel de Lomé avec résidence à Lomé, né à Paris le 23 janvier 1917 est autorisé à fixer sa résidence à Cotonou. Il y est précisé que Me de Lavaissière, pour être inscrit au barreau de la Cour d'appel de Cotonou, justifier du versement à la Caisse du trésorier payeur du Dahomey d'une somme de 5 000 (cinq) mille francs à titre de cautionnement.

La loi du 20 avril 1965 crée au Dahomey l'Ordre des avocats. Maurice de Lavaissière y est inscrit dès l'origine. À partir de cette date, il devient l'un des artisans de la construction de l'institution. Élu au Conseil de l'Ordre dès 1965, il y siégera sans discontinuer jusqu'à son élection comme bâtonnier en 1972.

Cette présence continue au Conseil, cette fidélité sans interruption à l'Ordre, donnent à de Lavaissière un profil singulier : celui d'un avocat de coulisses, mais toujours au service de l'institution.

LE BÂTONNAT DANS LA TOURMENTE

Le 21 décembre 1972, il est élu bâtonnier, succédant à François Amorin. Son mandat débute au moment même où le Dahomey bascule dans la Révolution, après le coup d'État militaire du 26 octobre 1972. Dans ce contexte de défiance généralisée envers les corps intermédiaires, sa tâche est périlleuse : maintenir l'autonomie du Barreau alors que le pouvoir cherche à tout encadrer.

De Lavaissière, homme de rigueur et de procédure, n'est pas un tribun. Son style sobre contraste avec les exigences d'un contexte où l'avocat devait incarner une forme de contre-pouvoir. Les pressions deviennent rapidement insoutenables.

Le 28 avril 1973, une Assemblée générale extraordinaire constate sa démission de la fonction de bâtonnier et même de l'Ordre, avec effet au 31 mars 1973. Ce retrait, abrupt et spectaculaire, traduit à la fois la violence des contraintes politiques et sa volonté de préserver la dignité de la profession en refusant toute compromission.

Le 30 juin 1973, une Assemblée générale élective porte Me Benjamin d'Almeida à la tête de l'Ordre. Le passage de relais assure la continuité d'un Barreau décidé à résister à la tourmente.

Héritage

Le bâtonnat de Maurice de Lavaissière fut bref, mais en se retirant plutôt que de céder, il a incarné une idée simple : l'Ordre des avocats n'est pas réductible aux volontés du pouvoir politique. Dans la mémoire professionnelle, il demeure le bâtonnier de la tourmente.

BENJAMIN D'ALMEIDA (1973-1975) : LE BATONNIER AU SERMENT SANS FRONTIERE

JEUNESSE ET FORMATION

Né en 1928, Benjamin d'Almeida grandit dans le Dahomey colonial avant d'intégrer le prestigieux lycée Faidherbe de Saint-Louis du Sénégal, pépinière d'élites africaines. Ses condisciples se souviennent d'un esprit vif et entier. Dans ses *Mémoires d'un étudiant africain*, Amady Aly Dieng évoque sa présence à l'internat, au milieu de jeunes venus du Dahomey, du Togo ou de Guinée, dont beaucoup deviendront plus tard des cadres politiques et intellectuels de premier plan.

Il poursuit ses études de droit à Paris et rejoint la Fédération des étudiants d'Afrique noire en France (FEANF). En 1956, il représente l'organisation à Prague lors d'un séminaire international, signe précoce d'un engagement panafricain. L'étudiant passionné allait devenir l'avocat intransigeant.

CARRIÈRE D'AVOCAT ET ENGAGEMENT POLITIQUE

Plaideur cosmopolite, il prêta serment devant quatre cours d'appel : Paris, Dakar, Cotonou et Abidjan. Avocat de style, il plaidait avec méthode, d'une voix sobre mais tendue d'émotion, jusqu'à parfois s'étouffer dans l'élan de sa conviction. Sa plume, dense et concise, refusait l'ornement. Il avait en horreur le mensonge : lorsqu'un client s'entêtait à nier l'évidence, il se déchargeait de la cause, préférant perdre un dossier que sa vérité.

Il participe à la Conférence africaine sur la primauté du droit de Lagos en 1961, où il apparaît comme avocat à la Cour d'appel de Cotonou aux côtés de figures telles que Kéba Mbaye, Abdoulaye Wade ou François Amorin. La « Loi de Lagos » annonçait déjà la Charte africaine des droits de l'homme et des peuples.

En 1968, il est appelé par le président Émile Derlin Zinsou au poste de ministre de la Santé publique et des Affaires sociales, cumulant les intérims de l'Information, du Tourisme et des Affaires étrangères. Mais la chute de Zinsou en 1969 interrompt sa carrière politique.

LE BÂTONNAT

Élu Bâtonnier le 30 juin 1973, en succession de Me Maurice de Lavaissière, il dirige le Barreau du Bénin dans un contexte révolutionnaire où le parti unique cherchait à contrôler toutes les institutions. Entouré de Maitres Jean F. V. Fèliho, Adrien Houngbédji, François Amorin et Joseph Adjignon Kèkè, il assure le fonctionnement de l'Ordre en veillant à préserver son indépendance. On lui doit également le premier tableau de l'Ordre.

Il dut gérer les persécutions infligées à Adrien Houngbédji par le pouvoir révolutionnaire avant d'en devenir lui-même la cible.

L'EXIL IVOIRIEN

À son tour menacé après la condamnation à mort d'Emile Derlin Zinsou, il est contraint à l'exil avant la fin de son mandat de bâtonnier.

En Côte d'Ivoire où il trouve refuge, l'ancien bâtonnier doit accepter le rôle ingrat de simple collaborateur en cabinet d'avocats.

Avec le concours du Bâtonnier ivoirien d'alors Mathieu Lucien, dit Ngoeklin, il obtient finalement la nationalité ivoirienne avant de s'inscrire au Barreau de Côte d'ivoire.

Benjamin d'Almeida mena à Abidjan une vie modeste, parfois précaire, mais demeura fidèle à son idéal d'avocat libre. Il poursuivit en parallèle une activité littéraire en publiant un roman, *Les tribulations de Tapsoba Vagnon*, à La Pensée universelle.

RETOUR ET POSTÉRITÉ

À son retour au Bénin, il fallut une décision de la Cour d'appel de Cotonou pour reconnaître qu'il avait conservé le droit de plaider. Ce retour par le droit, et non par la grâce, illustre son destin : l'avocat n'est jamais délié de son serment.

Benjamin d'Almeida s'éteint en 2000. Mais son héritage demeure : son fils Max d'Almeida, également avocat, perpétuent la lignée.

Me Benjamin d'ALMEIDA fut tout à la fois le militant panafricain de sa jeunesse, le ministre éphémère, le Bâtonnier sans peur, l'exilé résilient et l'homme de vérité.

Il incarna la mission la plus haute de l'avocat : porter la vérité sans peur et tenir son serment jusqu'au bout du chemin.

JOSEPH ADJIGNON KEKE (1977-1979, 1982-1984) : SERVITEUR DE L'ÉTAT, MAIS AVOCAT D'ABORD

AUX ORIGINES

Né le 5 décembre 1927 à Avrankou, au sein d'une famille de notables dont son père, Kèkè Adjignon Alokou, fut chef de canton et grand propriétaire terrien, Joseph Adjignon Kèkè grandit dans un univers où dignité et responsabilité se transmettaient comme des héritages naturels. Élève brillant, il fit ses classes à l'école Victor Ballot de Porto-Novo, avant de poursuivre au lycée Béhanzin, puis au lycée Faidherbe de Saint-Louis du Sénégal.

Admis ensuite au prestigieux lycée Henri-IV de Paris, il obtint un baccalauréat scientifique mention très bien. À la Sorbonne, il décrocha une maîtrise en droit et le certificat d'aptitude à la profession d'avocat, tout en suivant une formation d'ingénieur en techniques agricoles. Président de l'Association des étudiants dahoméens de France, il révéla dès sa jeunesse des talents d'organisateur et de meneur. Esprit curieux, il s'essaya aussi à la production cinématographique, collaborant à deux films dans les années 1950.

L'AVOCAT D'ABORD

De retour au Dahomey, il embrassa la profession d'avocat en 1959 avec l'ardente conviction que l'avocature était un sacerdoce civique. Joseph Kèkè était réputé pour son art de la procédure. Affable dans ses manières, mais nerveux et intransigeant dans le combat, il savait déceler les failles adverses et les exploiter sans concession. Il tirait une jouissance à transformer les règles en armes. Ses confrères le surnommaient « le fin limier », toujours sur la piste du détail qui fait basculer une cause.

La grande maîtrise de soi qu'il affichait dans son éternel costume blanc, contrastait avec l'autorité parfois dure qu'il exerçait sur les siens.

SERVITEUR DE L'ÉTAT

Parallèlement à sa carrière d'avocat, Joseph Adjignon Kèkè mena une brillante carrière politique. Élu député en 1959, il fut nommé Ministre de la Justice, Garde des Sceaux (1960-1963) dans le premier gouvernement du président Hubert Maga. Plusieurs fois reconduit à ce poste, il accéda ensuite au portefeuille stratégique de l'Économie et du Plan (1970-1972).

Le coup d'État de 1972, qui porta le général Mathieu Kérékou au pouvoir, mit fin brutalement à cette trajectoire. Déposé, il fut incarcéré pendant près d'un an. Cette épreuve, loin de l'abattre, renforça sa conviction que la justice et le droit devaient rester des remparts contre l'arbitraire.

PREMIER BÂTONNAT (1976-1979)

Élu Bâtonnier de l'Ordre des avocats du Bénin en 1976, il dût manœuvrer avec diplomatie lors du tournant idéologique qui fit basculer le pays dans le bloc de l'est.

Avec François Amorin et Robert Dossou, il fit notamment échec au projet de fonctionnarisation du barreau.

SECOND BÂTONNAT (1982-1984)

En 1982, dans un climat dominé la méfiance du pouvoir envers les institutions indépendantes, ses confrères le rappelèrent au bâtonnat.

Son prestige personnel, sa voix respectée dans la société civile comme dans la sphère politique, firent de lui un bouclier institutionnel pour l'Ordre.

L'ACTEUR DU RENOUVEAU DÉMOCRATIQUE

En 1990, il participa activement à la Conférence nationale des forces vives, moment fondateur du renouveau démocratique. Élu vice-président du Haut Conseil de la République, il accompagna la transition politique avec une autorité morale unanimement reconnue.

Il fut ensuite élu député de la première législature (1991-1995) sous la bannière du Rassemblement national pour la démocratie (RND), le parti qu'il avait fondé. À l'issue de ce mandat, fidèle à son sens du devoir, il se retira volontairement de la vie politique active.

HÉRITAGE

À partir de la fin des années 1980, il se retira du prétoire tout en poursuivant son œuvre au cabinet. Le 1er juillet 2017, à Cotonou, il s'éteignit à l'âge de quatre-vingt-dix ans. Le Parlement, par la voix de Me Adrien Houngbédji, lui rendit hommage comme à un haut commis de l'État et à un avocat de la liberté. Son héritage irrigue une véritable dynastie du Barreau : deux de ses fils, Me Ernest Kèkè et Me François Kèkè, ont embrassé la profession ; sa nièce, Me Hélène Aholou Kèkè, première bâtonnière du Bénin et figure politique de premier plan, a prolongé ce sillage. Deux fois bâtonnier, plusieurs fois ministre, acteur de la transition démocratique et patriarche d'une lignée d'avocats, Joseph Adjignon Kèkè demeure dans la mémoire collective « le stratège en blanc ».

CHAPITRE 2:

LE TEMPS DES EPREUVES

Vint ensuite une génération qui dut porter le bâton non plus dans l'élan des commencements, mais au cœur des tourmentes. Les années 80 furent celles des contraintes politiques, de la Révolution et de ses emprises sur toutes les institutions. Dans ce climat d'idéologie et de surveillance, le Barreau dut se tenir droit : ni complice ni rebelle, mais fidèle à sa mission d'indépendance.

Ce fut le temps des épreuves. Florentin Fèliho, avec sa main de fer dans un gant de velours, imposa discipline et dignité jusque dans la tenue de la robe. Angelo, mandarin raffiné, fit entendre la voix du Barreau face aux prétentions d'ingérence de l'État. Robert Dossou, érudit et flamboyant, sut incarner la vigilance des libertés dans un moment de bascule historique. Enfin, Hélène Aholou Kèkè, première femme bâtonnière, introduisit la voix féminine et fédératrice dans un monde jusqu'alors clos, au seuil de la Conférence nationale.

JEAN FLORENTIN VICTOR FELIHO (1979-1982, 1987-1988) : LA MAIN DE FER DANS UN GANT DE VELOURS

ORIGINES ET FORMATION

Né à Abomey le 24 novembre 1932, Jean Florentin Victor Fèliho grandit dans un univers où l'ordre, la dignité et la fidélité à la parole donnée constituaient des repères intangibles. De cette atmosphère empreinte de rigueur, il garda toute sa vie une exigence implacable à l'égard de la discipline et de la tenue.

Ses études de droit le conduisirent dans la magistrature. Par décret n° 65-059 du 18 février 1965, il fut nommé substitut général par intérim du procureur près la Cour d'appel de Cotonou ; quelques semaines plus tard, le décret n° 65-083 du 26 mars 1965 le désignait procureur de la République par intérim près le Tribunal de première instance de Cotonou. Ces fonctions révélèrent sa précision, son sens des délais et son respect scrupuleux de la procédure. Déjà, l'homme se faisait remarquer par une fermeté tranchante, une exigence rugueuse et une autorité qui ne souffrait pas la contestation.

DE LA MAGISTRATURE AU BARREAU

À la fin des années soixante, il abandonna la magistrature pour s'inscrire au Barreau. Ce passage n'était pas une simple bifurcation de carrière : c'était un choix existentiel, celui de la liberté. L'avocat, pensait-il, n'a d'autre hiérarchie que sa conscience et la loi, et ne se plie devant aucun autre pouvoir que celui du droit.

Dès ses premières plaidoiries, il s'imposa par un style reconnaissable entre tous. Fèliho plaidait comme il se comportait dans la vie : avec fougue, avec éclats, parfois emporté jusqu'à la véhémence. Il haussait le ton, s'emportait, tonnait même contre le juge ou contre son contradicteur, sans jamais perdre le fil du raisonnement. Mais sous cette impulsivité, il y avait un esthète de la langue. Ses colères étaient habillées d'une langue élégante, ciselée et dont il soignait chaque tournure. Son verbe, tendu comme un arc, jaillissait en unissant rigueur et beauté. Il maniait l'ironie avec autant d'aisance que la solennité, et sa plaidoirie, même lorsqu'elle éclatait en tempête, gardait toujours la musique d'un grand style.

Cette alliance rare de l'emportement et de l'esthétique donnait à ses interventions une puissance particulière. On pouvait redouter ses colères, mais nul n'y restait indifférent : il imposait silence, il captait l'attention, il convainquait par la force de ses mots autant que par la brutalité de ses éclats. Fèliho faisait de la langue son arme, et son impulsivité devenait, par le truchement du verbe, une démonstration éclatante de son autorité.

LES DEUX BÂTONNATS

Élu bâtonnier en septembre 1979, il succéda à Me Joseph Adjignon Kèkè. Le contexte était tendu : le Bénin vivait sous le régime marxiste-léniniste du général Kérékou, et le Barreau apparaissait comme un contre-pouvoir suspect. Dans ce climat, Fèliho sut maintenir l'indépendance de la profession sans rompre le dialogue avec l'État. Il raffermit les règles déontologiques, renforça la confraternité et rappela à chacun que l'avocat n'était pas un simple technicien du droit, mais le gardien des libertés.

Il imposait aussi la dignité de la forme : la robe était pour lui le signe visible du serment, et l'avocat devait être impeccablement vêtu. « La forme conditionne la réceptivité du fond », aimait-il répéter. Il rappelait que l'avocat parle déjà au juge par sa tenue avant même d'ouvrir la bouche.

Sa rigueur se traduisait dans des maximes restées proverbiales.

Rappelé en 1987 pour un second bâtonnat, il affronta deux épreuves décisives. La première fut la bataille des commissions d'office : il fit à cette occasion, triompher le principe que même commis d'office, l'avocat reste un avocat libre. La seconde fut interne : il fit instituer l'obligation de rémunérer le stagiaire, estimant qu'il n'était plus tolérable que l'apprentissage se fît dans la gratuité. Pour lui, la dignité de la robe commençait dès l'entrée dans la profession, et il imposa que le stagiaire soit reconnu dans son travail. Ces deux décisions, résument la marque de son second bâtonnat.

Un jour, deux doyens arrivés en retard à l'audience voulurent passer avant tous les autres au nom de leur ancienneté. Me Florentin Fèliho trancha : « Le corollaire de l'ancienneté, c'est la ponctualité. » Cette phrase fit jurisprudence dans la pratique du Barreau de l'époque.

ENGAGEMENTS MILITANTS ET PROLONGEMENT POLITIQUE

Homme de rigueur et de principes, il mena aussi des combats militants. À la présidence de l'Association des Chrétiens pour l'Abolition de la Torture, il s'engagea contre la torture et en faveur de la défense des droits fondamentaux. Dans les dernières années du régime du PRPB, il fit paraître un pamphlet retentissant, *Les dix commandements de Jean Florentin Fèliho*. Le texte, radical, parfois extrême dans sa formulation allant jusqu'à suggérer que « le parricide est permis » traduisait sa volonté de secouer les consciences et d'imposer une rupture avec les pratiques liberticides.

Enfin, lors de la transition démocratique, il fut appelé au Gouvernement, d'abord comme ministre de l'Intérieur, de la Sécurité publique et de l'Administration territoriale, puis comme ministre délégué à la Présidence, chargé de la Défense nationale. Même là, il resta fidèle à sa ligne : rigoureux, inflexible, colérique parfois, mais toujours guidé par la discipline et le respect de l'État de droit.

UNE FIN DIGNE, UNE MÉMOIRE VIVANTE

Le 3 décembre 2010, il s'éteignit à Cotonou. Sa disparition suscita une émotion profonde dans le Barreau. On se souvint de ses éclats de voix, de ses colères parfois terribles, de ses emportements tonitruants. Mais l'on rappela surtout son incorruptible loyauté, sa fidélité à la robe et son élégance insolente.

Sa mémoire reste celle d'un maître dont la main de fer, même lorsqu'elle s'abattait avec fracas, était toujours enveloppée d'un gant de velours.

LUIZ ANGELO (1985-1987) : LE MANDARIN DANS LES PRETOIRES

ORIGINES ET FORMATION

Licencié en droit, Luiz Angelo se forgea d'abord dans les arcanes de l'administration publique. Les décrets des années 1960 le portèrent au sommet de la hiérarchie : Directeur adjoint des Douanes, de l'Enregistrement et du Timbre, puis Directeur de l'Enregistrement, des Domaines et du Timbre, Conservateur de la Propriété foncière et Curateur aux successions vacantes. Cette familiarité avec les rouages de l'État fit de lui un homme de rigueur et d'autorité, un serviteur austère mais respecté. En 1971, il fut promu Ambassadeur extraordinaire et plénipotentiaire du Dahomey auprès du Nigéria. Relevé de ses fonctions diplomatiques en 1972, il n'en conserva pas moins le prestige d'un haut fonctionnaire, marqué du sceau de l'Ordre national du Dahomey, distinction réaffirmée en 2016 lorsqu'il fut encore promu « à titre exceptionnel » dans l'Ordre national du Bénin.

Mais ce mandarin choisit la robe. En novembre 1966, il prêta serment d'avocat. Formé à l'école juridique française, il importait au Dahomey l'exigence intellectuelle, la discipline et le souffle de liberté des grandes traditions parisiennes. Ses plaidoiries étaient sobres mais denses, rigoureuses et élégantes, moins vouées à séduire qu'à convaincre par la démonstration. L'homme d'État devenait homme de robe, et portait dans le Barreau ce mélange singulier d'autorité et de raffinement qui fit de lui un *mandarin en robe*.

LE MAÎTRE D'ÉCOLE ET LE PÉDAGOGUE

Au Barreau, Me Luiz Angelo imposa sa probité et son sens élevé de la confraternité. Plusieurs générations d'avocats se formèrent à son école, marqués par sa pédagogie ferme et sa discipline de mandarin.

Il aimait rappeler que « la parole est action et le verbe est pouvoir ».

LE BÂTONNAT DE 1985-1987 : UN MANDARIN FACE À LA TEMPÊTE

Élu Bâtonnier en 1984, Me Luiz Angelo exerça dans un contexte de grande instabilité politique. Le régime révolutionnaire du Général Kérékou vacillait, et l'administration cherchait à s'immiscer dans toutes les institutions. Le Barreau devait incarner une exigence de justice, parfois à contre-courant du pouvoir.

Sous son bâtonnat, le Barreau gagna en crédibilité institutionnelle. Angelo se dressa en défenseur de la liberté de plaider, dénonça les ingérences administratives et appela ses confrères à une vigilance éthique permanente. Avec son autorité de mandarin et sa robe d'avocat, il sut donner au Barreau une voix ferme et claire.

LA RIPOSTE HISTORIQUE : LA ROBE CONTRE LA TUTELLE

Me Séverin Maxime Quenum a rapporté l'un des épisodes fondateurs de ce bâtonnat. Lors d'une cérémonie de prestation de serment d'avocats stagiaires, alors que des scandales de maniement de fonds ternissaient l'image du Barreau, le Procureur général revendiqua publiquement un droit de contrôle disciplinaire sur les avocats.

La réponse de Luiz Angelo, fidèle à son style, fut cinglante et doctrinale :

« L'Ordre des avocats – aussi ancien que la magistrature elle-même – est une institution sacrée, née avec les lois, nécessaire à leur interprétation. »

En une phrase, le mandarin en robe avait rétabli la hiérarchie : le Barreau n'était pas un corps subordonné mais une institution autonome, égale en dignité à la magistrature. Ce duel oratoire, demeuré dans les mémoires, incarna la résistance du Barreau aux tentations de tutelle étatique.

HÉRITAGE ET MÉMOIRE

En 1987, Me Luiz Angelo transmet le flambeau à Me Jean Florentin Fèliho, avant que celui-ci ne le passe à Robert Dossou. La mémoire collective retient de Me Luiz Angelo l'image d'un mandarin en robe : un haut fonctionnaire raffiné devenu avocat d'autorité, un pédagogue exigeant.

Homme de haute culture et de grande probité, il incarna la parole qui tranche et éclaire, la robe qui protège et résiste.

Me Luiz Angelo s'est éteint le 12 décembre 2021, à l'âge de 90 ans.

ROBERT DOSSOU (1988-1989) : LE BATONNIER DU TOURNANT HISTORIQUE

ORIGINES ET FORMATION

Né le 13 mai 1939 à Covè, au cœur du Zou, dans une fratrie de treize enfants dont onze issus d'une même mère, il grandit dans une famille modeste où son père, fonctionnaire, incarnait le sérieux de l'État. Élève brillant mais indiscipliné, il négocia avec son père un pacte singulier : liberté de caractère contre excellence scolaire. Sa mémoire exceptionnelle l'y aida.

Au Lycée Victor Ballot de Porto-Novo, il s'impose déjà comme meneur : président du Collège du scoutisme, délégué des élèves, lecteur passionné de l'Étudiant d'Afrique noire, journal de la FEANF. Bachelier en philosophie en juin 1959, il part pour Bordeaux. Diplômé de l'Institut d'études politiques en 1962, auditeur à La Haye en 1963, il rejoint Paris où il accumule diplômes et titres : licence en droit public (1964), CAPA (1965), DES de droit public (1966), DES de droit privé (1968), DES de sciences criminelles (1968).

Mais Robert Dossou n'est pas qu'un étudiant appliqué : il est un militant incandescent. Président de la section FEANF de Bordeaux en 1962, puis de l'Union générale des étudiants dahoméens (1963-64) et enfin de la FEANF elle-même (1964-65), il incarne une génération d'étudiants africains pris dans la fracture idéologique du temps. Membre du Parti Africain de l'Indépendance (PAI), il choisit en 1964 le camp chinois : il sera maoïste, voyageant en Chine, en Albanie, tissant des liens avec les bastions du marxisme. Cofondateur de l'OMLD, il milite aussi aux côtés des travailleurs dahoméens en France, dont il préside l'association de 1969 à 1971. Sa jeunesse fut donc une longue école de révolte organisée.

L'AVOCAT ET LE RETOUR AU DAHOMEY

En 1967, il rejoint le Cabinet Jean Colas de La Noue, avocat au Conseil d'État et à la Cour de cassation, puis ouvre son cabinet boulevard de Belleville. Avocat des « métèques » comme il aimait dire avec humour, il prend en charge des affaires de racisme et défend les étudiants menacés pour leurs idées. Lors d'une plaidoirie en faveur d'Abdoulaye Beye, président de la section FEANF de Clermont, menacé d'expulsion, il dénonce le climat liberticide et ose comparer la situation à celle de l'époque gaulliste. Les services du ministre de l'Intérieur Raymond Marcellin veulent l'expulser : il ne doit son salut qu'à la mobilisation des syndicats enseignants et étudiants.

En parallèle, il enseigne : assistant à la Faculté de droit et sciences économiques de Paris-Sorbonne (1968-73), puis à Paris I.

En octobre 1973, il rentre au Dahomey sur invitation du recteur d'université. Le pays sort du coup d'État du 26 octobre 1972 et s'engage bientôt dans la voie du marxisme-léninisme. Dossou ouvre un cabinet d'avocat et rejoint l'Université nationale du Bénin, où il sera délégué du personnel (1974-78), chef de section (1976-78), puis doyen de la Faculté de droit de 1978 à 1991. C'est lui qui introduit, dès 1983, un enseignement consacré aux droits de l'homme.

Avocat, il se fait connaître par sa participation à des causes majeures, dont le procès Bob Denard après la tentative de coup d'État de 1977. Aux côtés de Joël Nordmann, il inscrit la cause du Bénin dans le droit international public, dénonçant le mercenariat comme une plaie de la souveraineté africaine.

À la barre, Me Robert Dossou déploie une science rare du verbe. Ses plaidoiries ne sont pas de simples exercices techniques : elles se muent en fresques où le droit dialogue avec la philosophie, la littérature, l'histoire et la poésie. Il sait jouer des émotions avec une maîtrise consommée, modulant la voix, variant le rythme, alternant gravité et douceur pour conduire l'auditoire là où il veut.

Chaque argument s'élève, enrichi d'images qui transcendent la lettre des textes pour atteindre l'esprit des lois. Ses confrères disent qu'il « peint » la nature humaine dans ses plaidoiries, donnant à voir les ombres et les lumières de l'âme, éclairant les consciences par la beauté du langage autant que par la force du raisonnement.

Chez lui, la robe n'est pas seulement l'insigne d'une profession : elle devient un manteau oratoire, un instrument de révélation qui rappelle à chacun que la justice est d'abord une affaire d'humanité.

L'UNIVERSITAIRE, LE DOYEN ET LE BÂTONNIER DU TOURNANT

Ses cours, denses et conceptuels, formaient des générations entières. Pour Dossou, le droit n'était pas une simple technique mais une conscience civique. Ses publications en témoignent : *Le marxisme, le droit et la justice* (1976), *Sur l'élimination du mercenariat en Afrique* (1978), *La démocratie et les droits de l'homme* (1980).

Élu Bâtonnier du Barreau du Bénin en 1989, il prend la tête de l'Ordre dans un moment critique : l'État est en faillite, le régime révolutionnaire vacille. Dossou, dernier des « historiques », incarne un Barreau vigilant, refusant la compromission. Sa mission : maintenir l'indépendance de la robe alors que les libertés chancellent.

Ses plaidoiries, morceaux d'érudition, se distinguaient par une densité rare. Il convoquait l'histoire, la littérature, la philosophie, les sciences pour donner chair à ses arguments. Il plaidait comme il enseignait : avec rigueur, en élevant le débat.

On le retrouve plaidant dans le procès Anassa Abdoulaye devant la Cour criminelle d'exception (1987). Dans un climat de peur, il dénonce subtilement les dérives des juridictions d'exception, démontre les failles de l'accusation, met en lumière la perversion d'une justice instrumentalisée. C'était moins une plaidoirie de circonstance qu'un acte de résistance juridique.

L'HOMME POLITIQUE

En août 1989, il quitte le bâtonnat, nommé ministre délégué au Plan et à la Statistique. Mais son rôle décisif vient quelques mois plus tard : face à la faillite de l'État et aux grèves généralisées, il est nommé président du Comité national préparatoire de la Conférence nationale des forces vives (décembre 1989-février 1990).

C'est lui qui dialogue avec Mathieu Kérékou, négociant la souveraineté du forum. « Nous sommes convaincus qu'un seul parti ne peut plus monopoliser la vie politique en République populaire du Bénin », proclame-t-il le 29 juillet 1989. Ses mots, diffusés à la radio, cristallisent l'exigence du multipartisme.

La Conférence nationale (février 1990) marque la fin de la République populaire et l'avènement du Bénin démocratique et pluraliste. Robert Dossou y joue un rôle central, architecte des textes fondateurs et artisan du consensus.

Par la suite, il sera député (1991-93), président de la Commission des lois, ministre des Affaires étrangères (1993-95), leader politique et président de parti. En 2008, il accède à la présidence de la Cour constitutionnelle du Bénin, qu'il dirige jusqu'en 2013, présidant également la Conférence des juridictions constitutionnelles africaines et l'Association africaine de droit international.

LA FIDÉLITÉ À LA ROBE ET L'HÉRITAGE

Avocat, universitaire, ministre, président de Cour, arbitre international… Me Robert Dossou a porté mille habits. Mais sa fidélité fut toujours pour la robe. Même lorsqu'il s'absentait pour servir l'État, il revenait au Barreau, comme à une maison première.

Son héritage est double : institutionnel, par les structures qu'il a contribué à bâtir et les textes qu'il a inspirés dont le certificat d'aptitude à la profession d'avocat dont il inaugura l'organisation en tant que Doyen de la faculté de droit ; confraternel, par l'exemple d'un avocat érudit, exigeant et visionnaire. Ses plaidoiries, nourries de culture et de courage, ses enseignements, empreints de rigueur et de hauteur, continuent d'inspirer les générations.

Dans la mémoire du Barreau béninois, Me Robert Dossou demeure le Bâtonnier du tournant historique : celui qui accompagna la fin d'une ère, ouvrit la voie d'une autre et incarna, en toutes circonstances, la conviction que l'avocat est d'abord le gardien des libertés.

HELENE AHOLOU KEKE (1989-1990): PIONNIERE DU FEMINISME EN ROBE

Après des études juridiques menées en France, Hélène Kèkè embrassa la carrière de magistrat. Mais très tôt, la jeune femme éprouva le besoin d'une parole plus indépendante et d'un exercice plus libre de son métier. Le décret n° 74-184 du 28 juin 1974 accepta sa démission de la magistrature. Quelques semaines plus tard, le 8 août 1974, elle prêta son serment d'avocat. Ce passage de la magistrature à la défense marqua le choix d'une trajectoire qui allait faire d'elle l'une des figures les plus marquantes du Barreau et, au-delà, de la République.

UNE ÉLECTION HISTORIQUE

En décembre 1989, dans un climat d'effervescence annonciateur de la Conférence nationale, Me Hélène Aholou Kèkè fut élue bâtonnière de l'Ordre des avocats du Bénin pour achever le mandat écourté de Me Robert Dossou. Elle devenait ainsi la première femme à occuper cette charge éminente, brisant un plafond de verre dans un univers jusque-là réservé aux hommes. Son élection symbolisait à la fois l'ouverture du Barreau à la représentativité féminine et son inscription dans la dynamique de démocratisation qui traversait le pays.

LA CONFÉRENCE NATIONALE SOUVERAINE

Quelques semaines après son élection, en février 1990, elle participa à la Conférence nationale des forces vives, moment fondateur de la démocratie béninoise. Elle siégea au bureau provisoire, où sa présence témoignait de l'autorité et du respect dont elle jouissait. Ainsi, la première femme bâtonnière apparaissait déjà comme l'une des voix féminines de la transition démocratique.

LE STYLE D'UNE AVOCATE

Son style fit date. Elle plaidait avec une clarté qui ne laissait place à aucune ambiguïté. Sa parole était sobre, précise, rigoureuse, éloignée de tout artifice. Elle imposait par sa seule autorité naturelle, plus que par l'éclat des effets de manche. Son éloquence se caractérisait par la fermeté du ton, la justesse des formules, et parfois une ironie subtile, maniée avec la retenue d'un esprit sûr de lui-même. Dans un Barreau encore largement masculin, elle s'imposa par la rigueur de son esprit et l'élégance de sa conduite.

UNE AMAZONE FÉDÉRATRICE

Comme la reine Tassi Hangbé, dont la mémoire inspirait encore les imaginaires, Hélène Aholou Kêkê sut s'entourer. Aux côtés de

Me Léopold Olory Togbé, elle forma un cercle soudé. Autour d'elle gravitaient les « amazones » du Barreau, Antonia Grâce d'Almeida Adamon et Agnès A. Campbell, ainsi qu'une pléiade de disciples et de jeunes confrères qu'elle forma et inspira ainsi que de futurs magistrats promis à de brillantes carrières.

DU BARREAU À LA RÉPUBLIQUE

En 2007, elle entra au Parlement et fut réélue en 2011. Elle présida la Commission des Lois et des droits de l'homme de l'Assemblée nationale, instance stratégique qu'elle sut hisser à un niveau d'autorité inédit. Sous sa présidence, la Commission accompagna des réformes capitales : abolition de la peine de mort en 2012, adoption des codes de procédure pénale et civile, réforme du code foncier et domanial, élaboration du code de l'enfant, loi sur la prévention et la répression des violences faites aux femmes, loi instituant la Commission béninoise des droits de l'homme.

HÉRITAGE

Élevée au rang de commandeur de l'Ordre national du Bénin en 2009, Hélène Aholou Kèkè demeure une figure tutélaire. Ses filles, Sandrine et Christelle, ont poursuivi son chemin dans le droit, et son exemple continue d'inspirer ses nombreux disciples. À la croisée du Barreau et de la République, elle reste l'un des symboles les plus éclatants de la conquête féminine des responsabilités et de l'exigence d'une parole juridique au service de la démocratie.

À la fin de son mandat, elle transmit le flambeau à une autre figure marquante, Me Raoul Désiré Assogba, qui poursuivit l'œuvre de modernisation du Barreau au cœur des grandes réformes institutionnelles des années 1990.

CHAPITRE 3 :

LE TEMPS DES RECOMPOSITIONS

Avec l'aube démocratique des années 1990, le bâtonnat s'ouvre à une ère nouvelle. La Conférence nationale a redonné souffle aux libertés, la Constitution de 1990 a refondé l'État de droit, et le Barreau retrouve une place éminente dans la République. Désormais, les bâtonniers ne portent plus seulement le poids des épreuves : ils deviennent artisans de réformes, bâtisseurs d'institutions et figures d'ouverture internationale.

Ce fut le temps du renouveau. Raoul Désiré Assogba, esprit intransigeant, accompagna l'entrée du Barreau dans la démocratie retrouvée. Alfred Pognon, réformateur aux colères fécondes, affirma la place de l'Ordre dans la République et sur la scène internationale, jusqu'à poser la première pierre de la Maison de l'Avocat et attirer le **Centre International en Afrique de Formation des Avocats Francophones** (CIFAF) à Cotonou. Jacques Migan, le bâtonnier du compromis, chercha à concilier les exigences de la profession avec les réalités politiques d'une société en mutation. Gabriel Dossou, maître des rapports de force, incarna la puissance oratoire et la vigueur combative d'un Barreau désormais installé dans la démocratie pluraliste. Et leurs successeurs, chacun selon son style, poursuivirent cette œuvre de modernisation et d'ouverture.

RAOUL DESIRE ASSOGBA (1991–1992) : LE BATONNIER DE L'AUBE DU RENOUVEAU DEMOCRATIQUE

UN ESPRIT VOLTAIRIEN ET EMPORTÉ

Me Raoul Désiré Assogba se distingua d'abord par son style voltairien. Comme le philosophe dont il portait l'esprit, il maniait l'ironie comme une arme et l'esprit critique comme un bouclier. Ses plaidoiries n'étaient pas seulement des démonstrations juridiques, elles étaient des satires vivantes : incisives, brillantes, pleines de formules assassines. À la barre, il savait réduire au silence un adversaire par une remarque cinglante, et arracher à un auditoire un sourire complice tout en défendant avec gravité les droits de son client.

Mais derrière ce génie de l'ironie se cachait un homme emporté. Colérique, parfois excessif, il s'enflammait vite, ne supportant ni la médiocrité ni l'injustice. Ses colères, souvent mémorables, traduisaient moins un défaut de caractère qu'une intransigeance absolue : tout manquement à l'honneur ou à la probité lui semblait une offense intolérable.

LES PASSES D'ARMES AVEC EDGAR-YVES MONNOU

Dans la mémoire des confrères, ses joutes avec Me Edgar-Yves Monnou demeurent légendaires. C'était moins des débats que des duels, où chaque mot faisait mouche et où les tempéraments s'affrontaient autant que les arguments.

LE BÂTONNAT

Son élection en décembre 1990 fit de lui le premier Bâtonnier de l'ère démocratique, au lendemain de la Conférence nationale. Sa mission fut d'accompagner le Barreau dans l'aube de l'État de droit instauré par la Constitution du 11 décembre 1990.

Deux axes dominèrent son mandat :

- l'indépendance du Barreau, à l'abri des ingérences politiques ;
- la discipline et la déontologie ;

Ironie de l'histoire ; celui qui s'était montré longtemps hostile à l'idée d'un examen d'aptitude à la profession d'avocat, qu'il jugeait trop académique, devint pourtant, sous l'autorité du doyen Robert Dossou, alors à la tête de la Faculté des sciences juridiques, économiques et politiques (FASJEP) de l'Université nationale du Bénin, et en vertu du décret n° 88-43 du 23 janvier 1988, le père du premier Certificat d'Aptitude à la Profession d'Avocat. À l'homme qui redoutait cette institution, le destin confia la tâche de l'inaugurer. Sa propre ironie voltairienne semblait s'être retournée contre lui: il fit avec sérieux ce qu'il avait combattu avec fougue.

Les admis à ce premier CAPA sont au nombre de onze.

UNE DISCIPLINE SANS INDULGENCE

Son sens de la déontologie était d'une rigidité implacable. Il exerça les pouvoirs disciplinaires avec un empressement qui frappa les esprits : aucun écart n'échappait à sa vigilance, aucun manquement ne restait impuni. Mais ce zèle intransigeant, s'il témoignait d'une intégrité absolue priva ses décisions de la mesure qui assure leur autorité durable.

HÉRITAGE ET DISPARITION

Disparu trop tôt, emporté par un destin aussi brusque que son tempérament, Me Raoul Désiré Assogba laissa une empreinte contrastée mais indélébile. Son fils Me Dieudonné Mamert ASSOGBA perpétue sa mémoire et la continuité de son nom.

Dans l'histoire du Barreau, il reste le Bâtonnier de la transition démocratique : homme de verve et de colère, d'esprit voltairien et d'intégrité sans compromis, dont les contradictions mêmes donnèrent à son passage la force d'un symbole.

ALFRED POGNON (1993-1998) : LE BATONNIER REVOLTE

FORMATION ET DÉBUTS

Né en septembre 1943, Alfred N. Pognon poursuit ses études en France, à l'École nationale de la magistrature (ENM), avant de revenir au pays. En 1973, il choisit la voie de l'avocature et prête serment au Barreau du Bénin.

Il effectue son stage auprès de Me Adrien Houngbédji. Le départ en exil de ce dernier l'amène à reprendre seul le cabinet, avec une clientèle composée notamment d'opérateurs économiques, de compagnies maritimes et d'assurances. Confronté très tôt à des responsabilités lourdes, il s'impose par une voix qui emplissait la salle d'audience, par des improvisations fulgurantes et par une plume capable de transformer un rapport en manifeste.

L'AVOCAT REBELLE

Alfred Pognon fit preuve d'une éloquence hors du commun. Son verbe, souvent enflammé, savait se déployer sans notes, improvisant des plaidoiries qui tenaient les juges et le public en haleine. Ses colères proverbiales n'étaient jamais gratuites : elles traduisaient une révolte intérieure qu'il mettait au service de la justice.

Dans le même temps, il exerça une activité intense dans les contentieux commerciaux et économiques, portant des affaires complexes jusqu'à la

Cour suprême. Là encore, son style fit la différence : il savait insuffler aux chiffres et aux clauses la force de son éloquence, transformant le droit économique en combat d'idées.

Ses colères trouvèrent aussi leur expression dans les luttes corporatistes. En 1985, après l'humiliation de son stagiaire lors d'une audience à Porto-Novo, il adressa à un magistrat une correspondance brutale, véritable réquisitoire incendiaire. L'épisode, audacieux pour un simple avocat, fit éclater une solidarité immédiate du Barreau.

Mais c'est surtout l'affaire du conteneur qui scella sa réputation d'avocat insoumis. Le témoignage de Me Bertin Amoussou, son collaborateur d'alors, en restitue la force :

« Pendant que j'étais avec le Bâtonnier Pognon, j'ai reçu, un jour, une dame qui m'a dit que son fils avait été arrêté et enfermé dans un conteneur pour l'obliger à faire un aveu. Je me suis rendu à Porto-Novo pour voir le Procureur en vue d'obtenir un permis de communiquer. De midi à quinze heures, il m'a laissé poireauter avant de me recevoir, sur l'insistance de sa secrétaire. Quand il m'a enfin reçu, il m'a dit que si j'étais venu me plaindre, je pouvais sortir de son bureau. Je lui ai répondu que je m'en allais et qu'il allait entendre parler de moi. Dès que je suis revenu au cabinet, j'ai rédigé un rapport que Maître Alfred Pognon a amendé et que nous avons ventilé à toutes les autorités, y compris le Garde des Sceaux.

À l'époque, il y avait le Parquet Populaire Central (PPC), qui avait son siège à Ganhi, là où se trouve aujourd'hui la CRIET. Le PPC a convoqué tous les magistrats pour une séance, à l'occasion de laquelle ils ont décidé la radiation pure et simple du stagiaire que j'étais, et la fermeture du cabinet de Maître Alfred Pognon pour six ans. Certains confrères nous ont soutenus, mais d'autres étaient contre nous, au point de proposer eux-mêmes la sanction à appliquer. C'est un avocat qui leur a apporté les textes organisant le Barreau pour qu'ils s'en inspirent afin de nous frapper.

Mes étudiants qui étaient au PPC me filaient toutes ces informations en temps utile. Le PPC a requis la peine à nous appliquer, et le dossier a été transmis au chef de l'État, premier magistrat. Le président Kérékou, sans même prendre le dossier, dit : "Quand j'aurai un problème, ce seront les avocats qui seront mes conseils et les juges qui trancheront. Et vous voulez que je sanctionne des avocats ?" Il les renvoya vers le ministre.

Le ministre, qui nous a reçus, dit à son tour que si le président n'avait pas voulu nous sanctionner, ce n'était pas lui qui le ferait, et il nous demanda de partir. Finalement, le magistrat à l'origine de toute cette cabale contre nous est venu chez nous pour présenter ses excuses et demander pardon. »

LE BÂTONNAT

Élu Bâtonnier en 1993, Alfred Pognon dirigea l'Ordre pendant six années. Son passage à la tête du Barreau fut marquée par trois élections successives, dont la seconde fut annulée sur recours de Me Hélène Aholou Kèkè, ce qui permit à Pognon de solliciter et d'obtenir un troisième mandat, présenté comme son second « légal ». Cette singularité témoigne de sa capacité à défendre sa légitimité avec autant d'ardeur qu'il défendait ses clients.

Sous son bâtonnat, il imposa :

- la formation continue,
- le renforcement de la discipline ordinale,
- et l'affirmation intransigeante de l'indépendance de l'avocat.

En 1993, il obtint pour Cotonou, l'organisation de la Conférence internationale des Barreaux (CIB), événement qui inscrivit le Barreau béninois dans le cercle restreint des acteurs francophones de premier plan. Il favorisa également l'installation du Centre International en Afrique de Formation des Avocats Francophones (CIFAF), héritage durable.

Le 13 novembre 1995, il posa la première pierre de la Maison de l'Avocat.

Ses communiqués de Bâtonnier, souvent rédigés de sa main, reflétaient son style : une plume acérée, un verbe sans concession, en osmose pour conquérir l'opinion et affirmer la place de l'Ordre dans la République.

ENGAGEMENT POLITIQUE

Élu député en 1991 sous la bannière du parti Notre Cause Commune (NCC), il siégea à la première législature du Renouveau démocratique. À l'Assemblée nationale, sa voix imposante et son franc-parler prolongèrent son style d'avocat.

CARRIÈRE INTERNATIONALE

À partir des années 1990, il se projeta sur la scène internationale.

Après le génocide de 1994, il participa aux missions d'Avocats Sans Frontières au Rwanda. En 1999-2000, il défendit Mgr Augustin Misago, évêque de Gikongoro, acquitté à l'issue d'un procès retentissant. Devant le Tribunal pénal international pour le Rwanda (TPIR), il plaida dans des dossiers emblématiques, tels ceux de Jean-Bosco Barayagwiza (2001) et de l'abbé Athanase Seromba (2004). Il prit aussi part aux travaux préparatoires de la Cour pénale internationale (CPI).

HÉRITAGE

Me Alfred Pognon s'éteint le 10 novembre 2022, à 79 ans.

Il laisse le souvenir d'un avocat entier, primesautier, maître d'une éloquence capable d'improvisation, dont la plume et le verbe se répondaient pour conquérir les esprits. Bâtonnier réformateur, parlementaire vigoureux, internationaliste du droit, il incarna une génération de tribuns qui firent résonner la voix du Barreau béninois au-delà des frontières.

Son héritage est institutionnel, avec la Maison de l'Avocat et le CIFAF ; il est aussi familial, puisque quatre de ses neveux – Serge, Yaya, Maximin et Hugues – ont choisi à leur tour de porter la robe, prolongeant ainsi son influence et sa passion pour la défense.

JACQUES MIGAN (1999–2000) : le Bâtonnier du compromis

FORMATION ET PREMIERS ENGAGEMENTS

Jacques Acheffon Migan, docteur en droit privé de l'Université Paris X – Nanterre, revint au pays avec la volonté de mettre son savoir au service des institutions. Enseignant à l'École nationale d'administration et de magistrature, il se forgea parallèlement une réputation d'avocat méthodique et rigoureux. Plus porté vers le conseil que vers la plaidoirie, il s'imposa comme un consultant juridique permanent.

LE SYNDICAT COMME TREMPLIN

En 1996, alors que se dessinait le projet de créer une profession de « conseils juridiques» distincts des avocats, Jacques Migan prit l'initiative de rassembler les confrères au sein d'un Syndicat des avocats du Bénin. Cette initiative syndicale, qui lui donna une visibilité nouvelle, servit de tremplin à son élection à la tête de l'Ordre.

LE BÂTONNAT DE LA CONTINUITÉ

Élu en janvier 1999, il succéda à Alfred Pognon dans un Barreau déjà engagé sur la voie de la modernisation. Son bâtonnat ne fut pas celui des ruptures, mais celui de la consolidation. Il sut entretenir un dialogue fécond avec le gouvernement, privilégiant la coopération institutionnelle et consolidant ainsi la place du Barreau dans la vie publique.

L'une des étapes marquantes de cette période fut l'ancrage du CIFAF. Le CIFAF donna au Bénin un rôle central dans le réseau francophone de formation juridique, inscrivant durablement le Barreau dans un espace plus large que ses frontières. Moins enclin aux plaidoiries retentissantes que certains de ses prédécesseurs, Jacques Migan incarna un style différent : celui d'un juriste de rigueur, attentif aux équilibres, soucieux d'ancrer l'institution dans la durée.

AU SERVICE DE L'ÉTAT ET DE LA FRANCOPHONIE

À l'issue de son mandat, il fut appelé à occuper d'importantes fonctions publiques. En 2001, il rejoignit la Présidence de la République comme conseiller technique juridique, participant à la sécurisation des politiques publiques et à l'élaboration de textes majeurs. Il retrouva ensuite la sphère professionnelle à travers le CIFAF, dont il assura le développement et le rayonnement régional.

L'État béninois reconnut son parcours en le décorant, en 2016, du titre de commandeur de l'Ordre national du Bénin, distinction honorifique saluant son apport à la formation et à la promotion de la profession d'avocat. En 2024, il fut nommé Haut-Commissaire à la prévention de la corruption.

HÉRITAGE

Avec Me Jacques Migan, le Barreau entre dans une phase de continuité et de consolidation. Héritier des réformes de ses prédécesseurs, il consolide l'indépendance de l'institution, en renforce le rayonnement et affermit la place de l'avocat comme un acteur essentiel de la vie institutionnelle.

En 2001, il cède le flambeau à Me Séverin Anatole Hounnou, inscrivant son nom dans la chaîne des Bâtonniers qui, chacun à leur manière, auront façonné l'histoire du Barreau du Bénin.

SEVERIN ANATOLE HOUNNOU (2001-2003) : LE BATONNIER DU SURSAUT MORAL

UNE VOCATION FAÇONNÉE PAR LA RIGUEUR

Né pour le droit, façonné par la rigueur, Me Sévérin Anatole Hounnou quitte la magistrature pour embrasser la robe et prête serment le 27 décembre 1984. Il choisit la liberté de parole, la responsabilité personnelle et le risque — bref, l'ascèse de l'avocat. Son stage auprès du Bâtonnier Joseph Adjignon Kèkè affermit une méthode : clarté, logique, stratégie.

Dès l'abord, il lie l'institution à la tradition, parce qu'une profession qui dure tient par ses usages et ses rituels. Comme il le dira lors de la Rentrée solennelle du 7 novembre 2003 :

« Nous entendons… œuvrer pour l'avènement d'un Barreau fondé sur des traditions et des usages, parce que nous sommes persuadés qu'une institution ne peut avoir vocation à la permanence et à la pérennité que si elle coule dans le moule de traditions et d'usages qui lui servent à la fois de repères et de points d'ancrage. »

UN PLAIDEUR D'EXCEPTION, L'ÉLOQUENCE INCARNÉE

Au prétoire, Me Sévérin Hounnou impose un style dépouillé, tranchant, tendu vers l'essentiel. Il ne quémande ni faveur ni indulgence. Sa parole « frappe droit au but », et sa sévérité glace autant qu'elle convainc. On le dit « méchant » : on veut dire, en réalité, intraitable. L'éloquence chez lui n'est pas un ornement, c'est une éthique : l'articulation nette des principes, leur défense sans chicane, la réfutation des faux-semblants.

Ce sens de la parole juste s'adosse à un diagnostic sans détour sur le temps présent :

« Notre société est aujourd'hui caractérisée par un bouleversement de l'échelle des valeurs et une dilution de la conscience morale. Ce qui était un scandale pour nos pères ne l'est plus pour nous. »

Cette phrase dit tout de son mépris des accommodements : il refusait tout ce qui jure avec la noblesse de la robe.

L'HOMME INTRANSIGEANT

Il assumait une intransigeance presque ascétique. Être « carré » n'était pas une posture ; c'était sa manière d'honorer la robe. Et la robe, chez lui, revendiquait sa noblesse « jusque dans ses excès » : préférence constante pour le principe sur l'opportunité, pour la tenue sur la connivence.

Il ne ménageait pas davantage la profession que la société :

«Les violations de nos règles déontologiques… vont du non-paiement des contributions financières fixées par l'Ordre à la rétention des sommes recouvrées pour le compte des clients, en passant par le manque de déférence aux cours et tribunaux, le manque de courtoisie dans les rapports avec les confrères… »

Ce n'était pas vitupération, mais discours de vérité : « nommer » la faute, pour relever la profession.

LE BÂTONNAT : MODERNITÉ ET AUTORITÉ

Élu le 6 janvier 2001, il succède à Me Jacques Migan. Son bâtonnat dense, poursuit les réformes engagées et s'affirme comme l'homme de la modernisation de l'administration de l'Ordre qu'il dote d'un parc informatique en même temps qu'il l'engage dans les voies des nouvelles technologies de l'information et de la communication. Mais la clé de voûte de sa mandature est sans doute la déontologie.

Me Cyrille Djikui rapporte ainsi que le cadre d'une affaire très controversée, l'Assemblée générale des avocats, sous la présidence du Doyen du conseil de l'Ordre, en l'absence du bâtonnier en déplacement, avait décidé de déclencher une grève pour protester contre les poursuites engagées contre certains confrères.

Informé de ces délibérations à son retour, le Bâtonnier Sévérin Anatole Hounnou prit la mesure de la situation et saisit immédiatement le Conseil de l'Ordre qu'il convainquit avec force arguments du caractère funeste d'une telle grève. Rappelant que le conflit qui avaient débouché sur ces poursuites opposaient des avocats à d'autres, il insista notamment sur le fait que l'Institution ne peut être asservie à des factions.

Sa ligne fut claire : la justice d'abord, l'Ordre avant les solidarités de circonstance. Cet épisode illustre la conception exigeante qu'il avait du rôle du Bâtonnier : protéger l'intégrité de l'institution, quitte à s'opposer à l'élan majoritaire.

« La solidarité professionnelle ne doit jamais se muer en complicité, car, à ce compte, notre corporation n'aura plus rien à céder à la mafia. »

Le rôle du Bâtonnier, pour lui, n'est pas d'arrondir les angles, mais de tenir le cap.

L'ENSEIGNANT AUSTÈRE, LE MENTOR EXIGEANT

Enseignant de droit judiciaire privé à l'Université nationale du Bénin, il forme des générations d'étudiants. Sa pédagogie est exigeante, parfois redoutée, toujours respectée. Il façonne des tempéraments dont Me Cyrille Djikui, futur Bâtonnier, en leur transmettant l'idée que le droit n'est pas seulement un métier, mais une discipline intérieure.

Il réclame de la profession un examen sans fard :

« Je nous invite à nous livrer à l'examen de notre conscience collective et à nous regarder dans notre miroir intérieur. »

Et fixe l'horizon de la formation :

« Être des avocats compétents et irréprochables sur le terrain de la moralité. Telle doit être désormais notre double et commune aspiration. »

UNE INTÉGRITÉ SANS CONCESSION

Dans les dossiers à forts enjeux économiques, il se montra inflexible. Nulle facilité, nul « arrangement », nulle pression ne trouvaient grâce à ses yeux : la probité n'était pas pour lui une option, mais une exigence absolue. Lorsque l'image de l'Ordre risquait d'être ternie, il n'hésitait pas à envisager les mesures les plus radicales, y compris contre ses propres confrères :

« J'envisage même la possibilité de me porter partie civile au nom de l'Ordre dans les procès pénaux qui seront faits à des confrères dont les comportements délictueux ont un retentissement fâcheux et négatif sur l'ensemble de la profession. »

Mais cette rigueur n'était pas l'expression d'une dureté sèche ou d'une indifférence aux hommes. Elle s'enracinait au contraire dans une éthique profondément humaniste, qui donnait sens à l'action du Bâtonnier et à la mission de l'avocat :

« Notre profession procède de la pure tradition humaniste… aujourd'hui plus qu'hier, il est, reste et demeure vrai que science sans conscience ne sera jamais que ruine de l'âme.»

LE TESTAMENT MORAL

Son dernier discours est un testament. Il y lie l'histoire, la morale et la responsabilité professionnelle, convoquant les images fortes de la décadence pour prévenir la nôtre :

« Cette crise morale pernicieuse, si elle devait perdurer, pourrait être le signe avant-coureur d'une déchéance collective… Sodome et Gomorrhe y ont succombé. Rome… a péri à cause de la corruption endémique de ses mœurs. »

Mais le texte n'est pas que blâme : c'est un programme. Il annonce un « programme d'assainissement moral » et une « répression sans complaisance » des manquements, pour corriger l'image de l'avocat « dans l'opinion » et « lever toute équivoque » sur la nature morale de notre mission. En ce sens, sa sévérité n'est pas punitive : elle est restauratrice.

UNE FIN PRÉMATURÉE

Le 19 novembre 2003, il tient son dernier Conseil de l'Ordre. Le 20 novembre, il part pour la France pour un contrôle médical. Il ne reviendra pas. Refusant l'apparat jusque dans sa disparition, la revue Droits & Lois le rappelle avec une sobriété poignante :

« Il n'a voulu ni oraison funèbre, ni discours : il a réclamé comme ne le sont capables que les grands hommes, le silence et le recueillement. »

Ses mots d'adieu, eux, ne se démentent pas :« Faites ce que vous avez à faire sans état d'âme. »

GABRIEL A. DOSSOU (2005-2008) : LE MAITRE DES RAPPORTS DE FORCE

ORIGINES ET FORMATION

Gabriel A. Dossou est originaire des Collines, où il effectue l'ensemble de sa scolarité primaire et son premier cycle secondaire jusqu'en classe de troisième. Il poursuit ensuite ses études de la Seconde à la Terminale au Collège d'enseignement général de Gbégamey, à Cotonou, en série littéraire. C'est là qu'il découvre son goût pour l'argumentation et les humanités, qui deviendront l'une des bases de sa pratique d'avocat.

Il poursuit ses études supérieures à la Faculté des sciences juridiques, économiques et politiques de l'Université nationale du Bénin, où il reçoit une formation solide qui le prépare à l'exercice du métier d'avocat.

UNE CARRIÈRE REMARQUABLE

Le 10 décembre 1987, il prête serment comme avocat devant la Cour d'appel de Cotonou. Il effectue son stage dans le cabinet de Me Joseph Adjignon Kèkè, ancien Bâtonnier, qui lui transmet une culture d'exigence et de rigueur.

Très vite, Gabriel Dossou s'impose par son franc-parler et sa présence forte. Au plan national, il prend part à plusieurs affaires retentissantes :

- l'affaire des frais de justice criminels, qui entraîna la condamnation et la radiation de plusieurs magistrats ;

- les procès impliquant d'anciens responsables d'entreprises publiques (MP, BCB, BBD c/ Ramanou Amoussa, Barnabé Bidouzo et autres), qui laissèrent leur empreinte sur la vie judiciaire béninoise.

Il va par la suite intervenir dans des contentieux de grande envergure, au service d'entreprises mais aussi d'États africains, notamment le Niger et le Togo.

Sa réputation s'établit sur la combinaison d'une plaidoirie vive et d'une stratégie procédurale avisée.

LE BÂTONNAT

Élu en novembre 2004, après le décès prématuré de Me Sévérin Anatole Hounnou, Gabriel Dossou prend la tête du Barreau pour quatre années. Son bâtonnat est marqué par trois axes principaux :

- le renforcement de la discipline et de la déontologie, qui consolide la crédibilité du Barreau auprès des magistrats et des justiciables ;

- une diplomatie ordinale faite de rapports fermes mais mesurés avec les pouvoirs publics ;

- un investissement particulier dans la formation continue et l'accompagnement des jeunes avocats, pour préparer la relève à un métier en transformation.

À la différence de son prédécesseur, dont la sévérité tranchante s'imposait comme une marque de fabrique, Gabriel Dossou sut faire preuve de bienveillance et d'une réelle capacité à arrondir les angles.

Sans jamais renoncer aux principes, il fit de l'écoute et de la recherche du compromis un outil de gouvernance, convaincu qu'un Ordre fort est celui qui sait concilier la fermeté de la règle et l'attention aux hommes.

UN STYLE SINGULIER

La personnalité de Gabriel Dossou tient à un équilibre subtil. D'un côté, une voix puissante, un ton direct, une stratégie affirmée, qui en font un maître des rapports de force. De l'autre, une aptitude à l'apaisement et à la conciliation, qui lui permit de préserver la cohésion interne de la profession dans des moments sensibles.

Ce double registre, associant vigueur et bienveillance, distingue son bâtonnat et explique le respect dont il jouissait, aussi bien dans les prétoires que dans les instances ordinales.

HÉRITAGE

Praticien expérimenté, Bâtonnier soucieux de discipline mais aussi d'équilibre, chef de file d'une lignée, Gabriel A. Dossou a marqué son passage à la tête de l'Ordre par un style singulier : la capacité à manier la force quand il le fallait, mais aussi à arrondir les angles pour préserver l'unité et la dignité de la profession. Sous son impulsion, ses frères Romain et Guy embrassent également la carrière d'avocat. Le nom Dossou devient ainsi une véritable bannière au sein du Barreau, symbole d'une famille unie par la robe et par la fidélité aux valeurs de la profession.

ARTHUR BALLE (2009-2012) : LE BATISSEUR DISCRET

ORIGINES ET FORMATION

Arthur Ballé appartient à cette génération d'avocats façonnés par plusieurs vocations. Diplômé en 1983 de la Faculté de droit de l'Université nationale du Bénin, il choisit d'abord la voie de l'écriture et de l'information. Élève du Centre d'études des sciences et techniques de l'information (CESTI) de Dakar, il obtient en 1985 un diplôme supérieur de journalisme, option presse écrite, et rejoint aussitôt l'Agence Bénin Presse (ABP) où il couvre, entre 1985 et 1987, les rubriques « Économie » et « Droit ».

Mais son destin l'appelle à franchir le pas de la robe. Le 11 août 1988, il prête serment à la Cour d'appel de Cotonou et intègre le cabinet de Me Alfred Pognon, figure tutélaire du Barreau béninois. Dès lors, il concilie deux héritages : la rigueur juridique et la clarté du verbe héritée du journalisme. Premier bâtonnier béninois issu à la fois de la presse et du droit, il fit de cette double culture une force singulière : goût de la clarté, sens du public et art de rapprocher le Barreau de la société.

UNE CARRIÈRE BIEN REMPLIE

Durant plus de deux décennies, Arthur Ballé se forge une réputation dans les contentieux commerciaux et maritimes, domaines où il s'impose comme une référence du Barreau béninois. Il plaide pour des armateurs, des compagnies d'assurances et des opérateurs économiques.

En parallèle, il développe une activité soutenue de conseil auprès d'institutions publiques et privées. Pour lui, l'avocat était à la fois praticien du droit et acteur de la cité.

En 2011, fort de cette expérience, il franchit une nouvelle étape en cofondant, avec Claret Bédié, la première Société Civile Professionnelle d'Avocats (SCPA) du Bénin. Cette innovation institutionnalise l'exercice collectif de la profession et marque l'aboutissement d'une carrière riche en contentieux comme en conseil.

LE BÂTONNAT : GOUVERNER PAR LA RÉFORME ET LE CONSENSUS

Élu en décembre 2008, à la suite de Me Gabriel A. Dossou, Arthur Ballé effectuera deux mandats à la tête de l'Ordre. Il est le premier candidat au Bâtonnat à s'être présenté devant ses pairs avec un programme écrit, exposant noir sur blanc ses priorités.

Son bâtonnat s'inscrit dans une logique de continuité institutionnelle, mais se distingue par plusieurs réformes sociales et financières décisives :

- La création du FAJJUB (Fonds d'assistance judiciaire et juridique du Barreau) : réforme emblématique, qui permet aux justiciables démunis d'accéder à une défense assurée par des avocats du Barreau. Ce dispositif consacre l'avocat comme acteur de justice sociale et renforce la mission humaniste de la profession.

- Le relèvement des cotisations ordinales : conscient du coût de cette innovation, il convainc le Conseil de l'Ordre d'augmenter les contributions des avocats, garantissant ainsi l'autonomie financière du Barreau et la pérennité des projets collectifs.

- La révision du règlement intérieur : il modernise les règles ordinales de discipline et de gouvernance, en les adaptant aux exigences contemporaines d'un ordre professionnel.

- Les rentrées judiciaires itinérantes : innovation politique et symbolique, destinée à rapprocher l'institution des justiciables de l'intérieur du pays, rompant avec une tradition jusque-là cantonnée à Cotonou.

Sous son mandat, les rentrées solennelles s'illustrent par des thèmes ambitieux, à la croisée du droit et de la société.

Enfin, Arthur Ballé dut aussi mener un combat discret mais déterminé : il s'opposa au projet de la Cour suprême de mise sur pied de deux Barreaux distincts, l'un à Cotonou, l'autre à Parakou. Son opposition, menée sans fracas mais avec constance, fut décrite comme un « combat à fleuret moucheté » : ferme dans le fond, souple dans la forme, fidèle à son style.

UN STYLE : TEMPÉRANCE ET EFFICACITÉ

Arthur Ballé se distingue par une approche plus tempérée que certains de ses prédécesseurs.

Il savait privilégier le dialogue et trouver des solutions pratiques, sans céder sur l'essentiel. Cette capacité à concilier rigueur institutionnelle et gouvernance consensuelle fit de lui un Bâtonnier respecté, apprécié pour sa modération, son pragmatisme et sa proximité avec les confrères.

HÉRITAGE

Me Arthur Ballé a marqué son bâtonnat par un double héritage : celui d'un gestionnaire rigoureux, soucieux de l'indépendance financière du Barreau, et celui d'un réformateur social, qui fit entrer l'Ordre dans une mission nouvelle de solidarité envers les plus faibles.

En créant le FAJJUB, en révisant le règlement intérieur, en initiant les rentrées itinérantes, il a inscrit le Barreau du Bénin dans une dynamique à la fois institutionnelle et citoyenne. Son mandat reste associé à l'idée que le Barreau ne doit pas seulement défendre les avocats, mais aussi incarner une justice accessible, moderne et solidaire.

CYRILLE YAOVI DJIKUI (2013-2016): LA SOUVERAINETE DE LA ROBE

Les origines d'une vocation contrariée

Né au Bénin dans les années soixante, Cyrille Yaovi Djikui suit un parcours juridique classique. En 1986, il décroche une maîtrise en droit des affaires et carrières judiciaires à l'Université nationale du Bénin (aujourd'hui Université d'Abomey-Calavi).

Reçu à l'École nationale d'administration et de magistrature en 1990, il obtient son diplôme de fin de formation en magistrature. Mais l'État suspend alors les recrutements : le futur magistrat ne prêtera jamais serment de juge. Ce coup du sort détourne sa vocation et l'oriente vers l'avocature.

L'entrée dans la robe

En 1995, il réussit au Certificat d'aptitude à la profession d'avocat (CAPA), alors organisé par l'Université. En 1997, il prête serment comme avocat. Il entre alors au cabinet du Bâtonnier Séverin Anatole Hounnou, dont il devient l'un des disciples les plus représentatifs. Il s'impose rapidement comme un praticien polyvalent et un juriste érudit.

Le pédagogue et le formateur

Dès 2002, il enseigne les voies d'exécution dans le cadre du CAPA universitaire. En 2005, il est nommé coordonnateur du programme. Pour de nombreux étudiants, il incarne un maître exigeant et passionné : ses cours ne se limitent pas à la technique juridique, mais exaltent la dignité et l'éthique de la robe. Plusieurs promotions témoignent que leur vocation s'est affirmée au contact de cet avocat remarquable.

L'homme d'institution

Son engagement ordinal est précoce. En 2004, il est élu membre du Conseil de l'Ordre, où il préside la Commission des lois et règlements. À ce titre, il contribue à l'élaboration de projets législatifs majeurs : le Code de procédure civile, commerciale, sociale et administrative, le Code de procédure pénale, ainsi que la loi sur le Barreau. Cette activité normative, souvent discrète, révèle un homme de coulisses, soucieux de donner à la profession des bases juridiques solides.

Le bâtonnat : fermeté, rayonnement et édification

Le 22 décembre 2012, il est élu Bâtonnier du Barreau du Bénin. Son double mandat, de 2013 à 2017, se caractérise par un style direct, tranchant, peu enclin aux compromis. Il revendique une gouvernance de fermeté, protège ses confrères contre les pressions et rappelle inlassablement que l'indépendance de l'avocat est inséparable de celle de la justice.

Son bâtonnat marque aussi un tournant diplomatique : en décembre 2015, Cotonou accueille le 30e Congrès de la Conférence internationale des barreaux (CIB). L'organisation, saluée comme « remarquable », confère au Barreau béninois un rayonnement continental.

C'est également sous son mandat que s'accélère la **construction de la Maison de l'Avocat**, projet attendu depuis des décennies. Conduit avec ténacité, le chantier est mené à bien et presque achevé à la fin de son bâtonnat, léguant à ses successeurs un édifice appelé à devenir le symbole de la permanence institutionnelle de l'Ordre.

Le combat contre le « Barreau OHADA »

Un autre épisode reste gravé dans les mémoires. En juin 2015, surgit le projet de création d'un « Barreau OHADA », porté par le Barreau de

Paris et soutenu par l'Organisation Internationale de la Francophonie, sans concertation avec les barreaux africains. Le Bâtonnier Djikui y voit une démarche néocoloniale de concurrence.

Il organise à Cotonou une marche des avocats béninois et tient une conférence de presse pour dénoncer l'initiative. Plus largement, il parvient à fédérer les barreaux africains concernés autour d'une résistance commune. Le 2 décembre 2015, toujours à Cotonou, se tient l'Assemblée constitutive de la Conférence des Barreaux des États parties à l'OHADA : une contre-initiative africaine qui scelle la défaite du projet parisien. Cet épisode consacre Djikui comme l'un des visages majeurs de la défense de la souveraineté des barreaux africains.

Héritage et mémoire

De son bâtonnat, on retient une double exigence : la science du droit, cultivée avec passion et transmise aux générations, et la souveraineté de la robe, défendue avec vigueur. Héritier spirituel de Séverin Anatole Hounnou, pédagogue marquant, praticien polyvalent, homme d'institution et chef combatif, Me Cyrille Yaovi Djikui a incarné un avocat pour qui la robe n'était pas seulement un métier, mais un destin.

Son nom demeure attaché à deux réalisations majeures : la résistance victorieuse au projet de Barreau OHADA et la construction de la Maison de l'Avocat. L'une incarne la souveraineté africaine, l'autre l'ancrage institutionnel du Barreau béninois. Ensemble, elles font de son bâtonnat une étape décisive dans l'histoire de la profession.

YVON DETCHENOU (2017-2019): L'ARTISAN DE L'HARMONISATION

ORIGINES ET FORMATION

Né en 1972, Yvon Détchénou suit des études supérieures de droit en France, notamment à l'Université du Havre, où il se forge une solide culture juridique comparée. De retour au pays, il est reçu au Barreau et prête serment à la Cour d'appel de Cotonou le 17 décembre 1998, devenant alors le plus jeune avocat de sa génération. Formé au cabinet de Me Alfred Pognon, il hérite d'une école marquée par la rigueur, la méthode et le respect scrupuleux des règles de la profession.

UNE PLUME ACÉRÉE

À peine inscrit, il s'impose par la netteté de son écriture et la rigueur de ses analyses. Cette réputation de « plume acérée » lui ouvre rapidement la reconnaissance de ses pairs et le distingue comme un praticien exigeant, attaché à la discipline et à l'éthique de la robe.

L'HOMME D'INSTITUTIONS ET DE RÉSEAUX

Au-delà du prétoire, Yvon Détchénou s'engage dans les chantiers collectifs. Juriste auprès de la Commission de l'UEMOA, il contribue avec discrétion et efficacité à l'élaboration et à l'application progressive du Règlement n° 5 de l'UEMOA sur l'harmonisation des règles régissant la profession d'avocat. Cette expérience l'inscrit dans une dimension régionale, où il joue un rôle actif dans la structuration des règles communes et dans la coopération entre barreaux.

LE BÂTONNAT : CONSOLIDER ET MODERNISER

Élu en 2017, Me Yvon Détchénou prend la tête du Barreau du Bénin dans un contexte de réformes nationales profondes et de mutations régionales. Son mandat, parfois qualifié de « chahuté », reflète la tension entre les attentes d'une posture plus combative dans la défense des libertés publiques et sa volonté assumée de concentrer son action sur la consolidation institutionnelle.

Il fut surtout le maître d'œuvre de la mise en application du Règlement n°5/CM/UEMOA du 25 septembre 2014, relatif à l'harmonisation de la profession d'avocat dans l'espace communautaire. C'est sous son bâtonnat que furent concrètement exécutées les principales dispositions de ce texte :

- La mise en place de la CARPA (Caisse Autonome de Règlements Pécuniaires des Avocats), garantissant la sécurité et la traçabilité des fonds confiés aux avocats ;

- L'instauration des droits de plaidoirie, ressource nouvelle affectée à l'autonomie financière du Barreau ;

- L'opérationnalisation de l'acte d'avocat, renforçant le rôle de l'avocat comme tiers de confiance ;

- La réforme du CAPA (Certificat d'Aptitude à la Profession d'Avocat) et de la formation initiale, en cohérence avec les standards régionaux ;

- Le renforcement de la formation continue, notamment par l'amplification de la coopération avec le Barreau de Bordeaux et les institutions francophones de formation.

Sous son mandat, la modernisation s'est aussi traduite par la dématérialisation des pratiques ordinales, avec l'introduction d'outils numériques destinés à moderniser la gestion des dossiers et la communication institutionnelle.

Il faut rappeler qu'avant son bâtonnat, comme secrétaire du Conseil de l'Ordre sous Me Cyrille Djikui, il s'était déjà illustré par son implication dans les réformes structurantes, préparant ainsi sa mission de chef d'orchestre des grandes transformations de la profession.

En définitive, son mandat fut celui de la mise en ordre normative et institutionnelle, donnant au Barreau du Bénin des outils durables et un cadre harmonisé conforme aux standards régionaux.

HÉRITAGE ET PROLONGEMENTS

En transmettant le bâton en janvier 2020, Yvon Détchénou laisse l'image d'un bâtonnier réformateur qui a donné au Barreau des instruments nouveaux et crédibles. Son parcours se poursuit ensuite dans la sphère publique : Président de l'Autorité de protection des données à caractère personnel (APDP), puis Ministre de la Justice et de la Législation depuis 2023.

PROSPER AHOUNOU (2020-2022) : LA PROVIDENCE DANS L'ÉPREUVE

L'ENTRÉE DANS LA ROBE : UN DESTIN PARTAGÉ

Le 17 décembre 1998, Prosper Ahounou prête serment à la Cour d'appel de Cotonou. Il entre ainsi dans la profession le même jour que son futur prédécesseur Yvon Détchénou, avec lequel il partagea ce premier pas, prélude à un destin parallèle. Cette coïncidence inscrira leurs trajectoires dans une continuité qui marquera la vie de l'Ordre.

Il fut formé à l'école du grand avocat Augustin Covi, figure magistrale de la plaidoirie, dont il reçut la discipline et la passion de la robe. De ce maître, Prosper Ahounou retint l'intransigeance morale et l'exigence de dignité, mais choisit un style différent : là où Covi déployait théâtralité et verbe flamboyant, Ahounou préféra la sobriété, l'économie de mots et la précision technique.

LA VOCATION D'UN AVOCAT DISCRET

Sans chercher la lumière, Prosper Ahounou s'affirme comme un avocat méthodique, rigoureux et percutant. Son style, « sans effets de manches », est celui d'un technicien qui plaide avec justesse et efficacité. C'est aussi cette réputation qui poussa, en 2019, un groupe de jeunes confrères à venir frapper à sa porte pour le convaincre de briguer le bâtonnat.

Il accepta cet appel presque à contre-cœur, mû par le sens du devoir plus que par l'ambition. Le 5 janvier 2019, il est élu Bâtonnier du Barreau du Bénin et prend officiellement ses fonctions le 6 janvier 2020, recevant les charges des mains de son compagnon de serment Yvon Détchénou.

LE BÂTONNAT DE LA PANDÉMIE

À peine installé, il est rattrapé par la pandémie mondiale de COVID-19. Dès mars 2020, le système judiciaire béninois, comme partout ailleurs, est frappé de plein fouet : audiences suspendues, cours ralentis, justiciables désorientés. Prosper Ahounou redéfinit alors ses priorités :

- protéger la santé des avocats et du personnel ordinal ;
- garantir la continuité de l'assistance juridique malgré les confinements;
- renforcer la solidarité envers les confrères en difficulté économique.

Il guide la profession avec calme et ténacité, transformant une situation de crise en une épreuve de cohésion et de résilience.

LA MAISON DE L'AVOCAT : UN RÊVE RÉALISÉ

Le projet de la Maison de l'Avocat trouve enfin son achèvement sous son bâtonnat. En 2020, il en relance la construction, convaincu qu'un Barreau fort doit s'incarner dans un lieu d'ancrage et de mémoire. Le 21 décembre 2021, le Bâtonnier Robert Dossou, représentant le Bâtonnier Alfred Pognon, en a coupé le ruban inaugural.

Ce geste relie les générations et scelle la transmission : la Maison de l'Avocat devient à la fois siège effectif, sanctuaire commun et symbole de l'indépendance de la profession.

UNE AVANCÉE SOCIALE : L'ASSURANCE MALADIE

Autre acquis majeur de son mandat : la mise en place effective d'une assurance maladie pour les avocats. Longtemps espérée, elle devient réalité en 2021, grâce à des négociations patientes et déterminées. Cet instrument inscrit la santé et le bien-être des avocats dans les priorités de l'Ordre, marquant un tournant social dans l'histoire du Barreau.

UNE ATTENTION À LA RELÈVE

Conscient que l'avenir de la robe dépend de la jeunesse, Prosper Ahounou intègre 38 stagiaires durant son mandat. au mentorat et à l'acquisition des réflexes déontologiques, tout en initiant leur adaptation au numérique. Pour lui, investir dans la relève, c'était assurer la pérennité et la modernité de la profession.

HÉRITAGE ET MÉMOIRE

De son bâtonnat, deux legs dominent :

- La Maison de l'Avocat, enfin réalisée, symbole de fraternité et d'indépendance.
- L'assurance maladie, qui inscrit la solidarité et le bien-être des confrères dans les acquis de l'Ordre.

À son actif, il faut ajouter l'acquisition d'un véhicule de fonction pour le Bâtonnier afin de garantir et de faciliter sa mission de représentation de l'Ordre.

Il a montré qu'en des temps d'incertitude, un Bâtonnier pouvait transformer l'épreuve en opportunité et laisser à la profession des repères durables.

Ce portrait serait incomplet s'il n'est fait état de l'importante activité déployée par Prosper Ahounou dans le registre de la solidarité à l'égard des confrères en difficultés de tous ordres, et ce en engageant régulièrement ses propres deniers.

Un admirateur a pu dire de lui qu'il fut le Saint Vincent de Paul du Barreau.

ANGELO A. HOUNKPATIN (2023–2025): LA FIGURE PATERNELLE

ORIGINES ET FORMATION

Avant de rejoindre le Barreau, Angelo A. Hounkpatin, fils d'un haut commis de l'Etat, fait ses armes dans le secteur public, à la SOBEMAP (Société béninoise de manutention portuaire), où il acquiert une première expérience professionnelle.

Il entre ensuite dans la profession par le serment prêté le 11 août 1988, le même jour que Me Arthur Ballé.

HÉRITAGE ET INFLUENCES

Me Angelo A. Hounkpatin se réclame de l'école de Me Grâce d'Almeida, dont il fut le disciple. De ce maître, il a retenu l'attachement intransigeant à l'éthique, la défense des principes au-delà des convenances et le refus de toute compromission.

Si Grâce d'Almeida incarnait la rigueur intellectuelle et la modernité du Barreau béninois, son « filleul», Angelo Hounkpatin, prolongera cette exigence dans un style plus tempéré, mais non moins ferme.

UN STYLE SINGULIER

Maître Angelo A. Hounkpatin est un avocat de contrastes. Disert mais introverti, il conjugue une réelle aisance oratoire à une réserve personnelle assumée. Nerveux dans l'intime, mais soucieux de retenue, il pratique la tempérance comme méthode : écouter longuement, parler avec sobriété, décider avec fermeté.

Au prétoire, son style se caractérise par une clarté sans emphase et une autorité qui ne tient pas à la force du ton, mais à la cohérence du raisonnement. Cette alliance paradoxale — énergie intérieure et calme apparent — compose une marque singulière : celle d'un avocat dont la force réside moins dans l'éclat que dans la rigueur et la maîtrise de soi.

UN MAITRE EN DÉONTOLOGIE

Très tôt, il s'impose comme référence en matière déontologique. Pour lui, l'avocat n'existe que par la confiance qu'il inspire, et cette confiance est inséparable de la probité. Il rappelle sans cesse que la robe est une discipline, non un privilège, et que l'indépendance de l'avocat se mesure à sa capacité de résister aux séductions du pouvoir ou de l'argent.

Cette stature de père en déontologie explique qu'il soit perçu par les jeunes générations comme un repère moral, au-delà même des fonctions qu'il occupe.

A LA TÊTE DE L'ORDRE

Élu dauphin en décembre 2021, il succède à Me Prosper Ahounou le 5 janvier 2023. Son installation coïncide avec l'entrée dans la Maison de l'Avocat, nouvellement achevée, symbole d'un Barreau qui a enfin son siège propre après trente ans d'attente.

Dès son installation, il annonce vouloir être « le bâtonnier de tous, sans exception aucune ». Cette devise se traduit par :

- un effort d'unité confraternelle,
- une consolidation des réformes (formation continue, couverture sociale, digitalisation),
- une ouverture accrue vers la coopération régionale, notamment avec les barreaux de l'espace UEMOA.

En avril 2025, il préside la célébration du 60e anniversaire du Barreau dans la Maison de l'Avocat. Ce jubilé est l'occasion de rappeler que l'indépendance et l'éthique, conquises au fil des générations, ne sont jamais acquises et doivent être défendues.

HÉRITAGE ET IMAGE

Plus qu'un gestionnaire, Me Angelo A. Hounkpatin est reconnu comme un homme de principes, qui conjugue tradition et modernité. Sa force réside moins dans l'éclat des réformes que dans la constance de son éthique.

Pour ses pairs, il restera :

- l'héritier spirituel de Grâce d'Almeida,
- le compagnon de serment d'Arthur Ballé,
- le père et le repère en déontologie d'une génération entière.

Conclusion : un héritage vivant et un horizon de responsabilité

Soixante années se sont écoulées depuis ce mois d'avril 1965 où fut créé l'Ordre des avocats du Bénin. En six décennies, le Barreau a parcouru un chemin d'exception : des fondations fragiles des premières années, dans un contexte politique instable, jusqu'à l'affirmation institutionnelle des années 1990, en passant par les réformes audacieuses des années 2000 et la modernisation numérique de la dernière décennie, le barreau a tout le temps été dans le combat. Chaque époque a vu émerger des figures qui, par leur rigueur, leur courage et leur sens du devoir, ont incarné l'idéal de l'avocat : François Amorin, pionnier de l'indépendance ; Joseph Adjignon Kèkè, symbole de l'autorité juridique ; Alfred Pognon, artisan du siège institutionnel et compagnon de la démocratie naissante ; Hélène Aholou Kèkè, première femme avocat puis bâtonnier, ouvrant la voie de l'inclusion; Robert Dossou, intellectuel intransigeant et gardien de l'État de droit ; puis, plus récemment, Yvon Détchénou et Prosper Ahounou, architectes de la modernisation et de la pérennisation matérielle de l'Ordre.

L'histoire de l'Ordre n'est pas une simple chronique d'événements : elle est une leçon de constance dans l'idéal et d'adaptation dans la pratique. À chaque génération, des défis nouveaux se sont imposés : la défense de l'indépendance sous la contrainte politique ; la refondation démocratique au lendemain de la Conférence nationale ; la modernisation numérique et sociale dans un monde globalisé. Demain, ces défis prendront la forme de l'intelligence artificielle, de la régulation des données, de l'éthique professionnelle dans un espace dématérialisé, mais aussi de la résilience face aux pressions économiques et géopolitiques.

Aux avocats de demain, il appartient de reprendre le flambeau avec lucidité et ferveur. La robe que vous portez n'est pas un simple habit : elle est le signe visible d'un serment invisible, celui de servir le droit avant soi-même, la justice avant tout intérêt, la dignité humaine avant toute complaisance. Vous entrez dans une profession qui se dresse comme un rempart contre l'arbitraire et un refuge pour la liberté ; ce rempart doit être entretenu, ce refuge ne doit jamais être déserté.

Vous devrez conjuguer rigueur et humanité, audace et prudence, tradition et innovation. Vous serez comptables de l'indépendance du Barreau, non seulement devant vos pairs, mais devant la société tout entière. Souvenez-vous que l'histoire ne se contente pas de commémorer : elle juge. Et elle jugera si, en ce XXIe siècle, vous aurez su protéger la vérité, sauvegarder l'État de droit et incarner la probité sans concession.

Que la Maison de l'avocat, désormais debout, ne soit pas seulement une architecture, mais un symbole vivant de votre unité et de votre vigilance. Que ce soixantième anniversaire ne soit pas une halte complaisante, mais un appel à la persévérance et à la grandeur.

« Défendre sans crainte, conseiller avec loyauté, agir avec honneur » : telle fut, telle reste, et telle doit demeurer la devise de cette profession.

SOURCES ET BIBLIOGRAPHIE INDICATIVE

4. A. SOURCES NORMATIVES ET INSTRUMENTS

- **A.O.F. – Organisation judiciaire** : décrets des 26-07-1894 ; 06-08-1901 ; 15-04-1902 ; **10-11-1903**(création/installation de la Cour d'appel de Dakar) ; 16-08-1912 ; 22-03-1924 ; **03-12-1931** ; **11-02-1941** (Code pénal indigène) ; **30-04-1946** (suppression de la justice pénale indigène) ; **11-04-1951** (n° 51-412, Cour d'appel d'Abidjan) ; **02-04-1955** (chambre à Cotonou) ; **19-12-1957** ; **28-08-1958**.

- **Indigénat** : décret du 30-09-1887 ; arrêté du 12-10-1888 ; Dahomey, 18-02-1905 ; A.O.F., 1907 ; A.E.F.–Congo, 01-04-1909 ; Côte d'Ivoire, 01-06-1905.

- **Coutumiers** : *Coutumier du Dahomey*, 1933 ; *Recueil général des coutumes de l'A.O.F.*, 1939.

- **UEMOA (profession / conformité)** : Règlement n° 05/CM/UEMOA relatif à l'harmonisation des règles régissant la profession d'avocat ; Directive n° 02/2015/CM/UEMOA relative à la LBC/FT (références BCEAO/UEMOA).

- **Bénin (textes de base)** : Loi n° 65-6 du 20 avril 1965 instituant le Barreau du Dahomey ; Décret n° 88-43 du 23 janvier 1988 portant organisation du Certificat d'aptitude à la profession d'avocat (CAPA).

- **Recueils officiels** : *Journal officiel de la République française* ; *Journal officiel de l'A.O.F.* ; *Bulletin officiel du Ministère des Colonies* (not. 1903).

- **Proclamation** : Général A. Dodds, 15 janvier 1892 (« Ceux de vous qui viendront à moi seront protégés… »).

- **Constitution du Bénin** : texte du 11 décembre 1990 (préambule et dispositions pertinentes).

5. B. ARCHIVES (FONDS ET COTES)

- **ANOM** (Aix-en-Provence) – Ministère des Colonies / Affaires politiques : Carton 530 (presse ; *L'Étoile du Dahomey*, 1er fév. 1936 ; TPI Cotonou, 10 juin 1936 ; carrière du juge M. Mattei) ; Carton 574 (inspection, 16 mars 1932, capitation & chefferies, Allada–Athiémé). Dossier « *La Voix du Dahomey* » : n° 91 (1–15 sept. 1934) ; n° 104–105 (1–15 mai 1935) ; n° 106–107 (1–15 juin 1935) ; n° 118 (1er mai 1937) ; n° 119 (1er juin 1937) ; n° 126 (oct. 1938). Rapport n° 353c (1934) du directeur-adjoint de police Henri Dubois, « Menées anti-françaises au Dahomey et au Togo ».

- **ANB** (Porto-Novo/Cotonou) : Fonds 1F44 (sécurité, 1931 : mention Pierre Johnson) ; Fonds 1F58 (dossier « *La Voix du Dahomey* » ; rapport Dubois n° 353c ; « association illégale ») ; Fonds 2M28 (correspondance Léo Antoine, 27 déc. 1934 ; 5 janv. 1935). Fonds Justice : « Dossier Léonce Combe » (1919) ; Tribunal criminel indigène d'Athiémé, jugement n° 1 du 16 janv. 1936 (*Pierre Johnson*). Collections de presse (microfilms) : *Ehuzu* (période 1975-1990), *La Nation* (à partir de 1990).

- **ANS** (Dakar) : 2 D 66 (rapport politique, cercle d'Allada, 1915) ; 2 D 67 (rapport d'inspection Kair–Bourgine, 1917) ; 2 E 23 (correspondance judiciaire, 1910–1918).

- **La Contemporaine** (ex-BDIC, Nanterre) – Fonds Ligue des droits de l'homme : Dossiers « colonies » ; Lettre de Pierre Johnson au gouverneur (17 mars 1937) ; « Dossier Athiémé » (transcriptions d'audience).

- **Collections numérisées (sélection)** : EAP/British Library – « Justice coloniale au Bénin » (séries et registres : références à préciser selon consultation).

6. C. PRESSE ET PÉRIODIQUES

- *La Dépêche coloniale* : 12, 19, 25 juin 1901 (correspondances Philippot, Ramot).

- *La Voix du Dahomey* (1927–1936) : nos 91–93, 96, 100–101, 104–107, 118, 119, 126 (capitation, justice indigène ; contentieux 1934–1936).

- *L'Étoile du Dahomey*, n° 41, 1er fév. 1936 (comptes rendus d'audience).

- *L'Observateur* (Guyane), 2 déc. 1936 (Auguste Elosel : éloge F. Eboué, mention Liontel).

- *La Vigie* (Cayenne), 7 août 1890 (notice Liontel).

- *L'Intermédiaire des chercheurs et curieux*, 1er déc. 1906 (réponse de M. Liontel).

- *Ehuzu* (1975–1990), quotidien du parti unique, devenu *La Nation* en 1990 (collections ANB ; microfilms 1975–1981).

- *Revue béninoise de sciences juridiques et administratives* (UAC) – articles de doctrine (sélection à préciser selon sommaires consultés).

7. D. OUVRAGES ET ÉTUDES (GÉNÉRAL ET CONTEXTES)

- Annet, Armand, *Je suis gouverneur d'Outre-Mer*, Paris, Éd. du Conquistador, 1957.

- Balandier, Georges, *Sociologie actuelle de l'Afrique noire*, Paris, PUF, éd. revue.

- Brunet, L., & L. Giethlen, *Dahomey et dépendances*, Paris, Challamel, 1900.

- Conklin, Alice L., *A Mission to Civilize: The Republican Idea of Empire in France and West Africa, 1895–1930*, Stanford, SUP, 1997.

- Cooper, Frederick, *L'Afrique dans le monde du travail*, Paris, Payot, 1996.

- Corre, Armand, *L'Ethnographie criminelle*, Paris, Alcan, 1894.

- Deschamps, Hubert, *Méthodes et doctrines coloniales de la France*, Paris, A. Colin, 1953.

- Huannou, Adrien, *La littérature béninoise de langue française*, Paris, Karthala, 1984.

- Mann, Gregory, *Native Sons: West African Veterans and France in the Twentieth Century*, Durham, Duke UP, 2006.

- Sarr, Dominique, *La Cour d'appel de l'A.O.F. Paris–Dakar*, Paris, L'Harmattan (« Harmattan Sénégal »), 2019.

- Suret-Canale, Jean, *Afrique noire occidentale et centrale : l'ère coloniale (1900–1945)*, Paris, Éditions Sociales, 1964.

- Vodouhé, C., *Étude et recueil de coupures de presse sur la mission Liontel (Dahomey, 1900–1901)*, s.l., s.d. [travail de compilation].

- Wilder, Gary, *The French Imperial Nation-State*, Chicago, University of Chicago Press, 2005.

- Banégas, Richard, *La démocratie à pas de caméléon. Transition et imaginaires politiques au Bénin*, Paris, Karthala, 2003.

8. E. THÈSES ET TRAVAUX UNIVERSITAIRES

- Brunet-La Ruche, Bénédicte, « "Crime et châtiment aux colonies" : poursuivre, juger, sanctionner au Dahomey (1894-1945) », Thèse de doctorat, Université Toulouse-II, 2013 (NNT 2013TOU20091 ; HAL : tel-00979289).

- Lokossou, Clément K., *La presse au Dahomey, 1894-1960* [référence éditoriale à préciser].

- Pliya, Jean, *Hunkanrin, le combattant de la liberté*, Cotonou, 1987 [éditeur à préciser].

- [Sélection complémentaire] Études de droit public béninois (Cour constitutionnelle ; séminaires UAC) : références à compléter selon consultation.

9. F. JURISPRUDENCE, PIÈCES JUDICIAIRES ET REGISTRES (EXTRAITS CITÉS)

- TPI Porto-Novo, 20 juillet 1903, « Affaire Adjovi (Logbozounkpa) ».

- TPI Cotonou, 24 juillet 1908, « Propriété privée précoloniale – Adjovi ».

- Cour d'appel de Dakar : 13 févr. 1911 (procuration spéciale) ; 2 juill. 1914 (mise en liberté provisoire) ; 5 mai 1916 (*Barboni c/ Colonie du Dahomey*).

- Cour d'appel de Dakar, Conseil de discipline, 11 févr. 1927 (Carpot).

- TPI Cotonou, 5–10 juin 1936 (*La Voix du Dahomey* ; attendus « atteinte au respect dû à l'autorité » et rapport Dubois).

- Tribunal criminel indigène d'Athiémé, 2–16 janv. 1936 (*Pierre Johnson*).

- Conférence nationale (février-mars 1990) – extraits et actes (recueils à préciser).

10. G. CORRESPONDANCES ET RAPPORTS ADMINISTRATIFS (CITÉS)

- Chef du service judiciaire (Procureur général) : lettres n° 131 (21 janv. 1927, Carpot) ; n° 662 G (6 oct. 1927, duel) ; n° 44 A.J. et 47 A.J. (13–14 janv. 1931, Guerillon) ; n° 1383 A.J. (21 déc. 1931, numerus clausus) ; n° 208 A.J. (18 févr. 1943, Cadore/Pinto Ignacio) ; n° 579 (12 sept. 1916, « immixtion des fonctionnaires »).

- Lieutenant-gouverneur du Dahomey : lettres n° 116 J (18 juin 1926) ; n° 80 S (30 juil. 1927).

- Président Vigneau (Cour de Dakar) : lettre du 16 avr. 1919 (taxe des honoraires) ; Avis du Procureur général, 13 mai 1919.

- Conseiller Claviers-Marius : lettre du 17 mars 1915 (affaire Widal).

- Directeur des Renseignements Léo Antoine : correspondances des 27 déc. 1934 et 5 janv. 1935.

11. H. NOTICES BIOGRAPHIQUES ET PROSOPOGRAPHIE (SÉLECTION)

- Dossiers de carrière : Mathieu Mattei (ANOM).

- Trajectoires : Germain Anne Henry Crespin (ANS 2 E 23) ; Alain Crespin (presse et annuaires judiciaires) ; Louis Ignacio-Pinto (presse, J.O., ONU/CIJ).

- Kojo Tovalou Houénou : presse coloniale, *Les Continents* (Paris), correspondances privées (à signaler si utilisées).

- **Adrien Houngbédji (avocat)** : — *D'un Perchoir à l'autre. Discours, plaidoyers...*, Paris, L'Archipel, 2018/2019. — *La liberté au cœur – Le temps des semailles (1960-1990)*, Paris, L'Archipel, 2019. — Dossiers de presse et présentations critiques (Bénin, 2019).

- **Auteurs béninois de référence (droit public & institutions)** : — Salami, Ibrahim D., & Gandonou, Diane O., *Droit constitutionnel et institutions du Bénin*, Abomey-Calavi, Éd. CeDAT, 2014. — Adjolohoun, Horace, *Droits de l'Homme et Justice constitutionnelle en Afrique : le modèle béninois*, Paris, L'Harmattan, 2011. — Djogbénou, Joseph (dir.), *Les fondations de la justice constitutionnelle au Bénin* [réf. à préciser]. — Zinsou, K. N. M., *Les grandes décisions de la Cour constitutionnelle du Bénin*, Paris, L'Harmattan, 2020.

12. I. INSTITUTIONS ET SOURCES OFFICIELLES (ACCÈS DOCUMENTAIRE)

- **Secrétariat général du Gouvernement (Bénin)** : base de données « Lois/Décrets/Ordonnances » (accès J.O. et textes consolidés).
- **Ministère de la Justice et de la Législation (Bénin)** : portail institutionnel (textes, juridictions, circulaires).
- **Journal Officiel du Bénin** : diffusion officielle des actes normatifs.
- **UEMOA – e-DocuCenter** : règlements/directives (dont Règlement n° 05/CM/UEMOA, Directive n° 02/2015/CM/UEMOA).
- **BCEAO** : corpus LBC/FT et textes d'application.

TABLE DES MATIÈRES

Structures éditoriales du groupe L'Harmattan

L'Harmattan Italie
Via degli Artisti, 15
10124 Torino
harmattan.italia@gmail.com

L'Harmattan Hongrie
Kossuth l. u. 14-16.
1053 Budapest
harmattan@harmattan.hu

L'Harmattan Sénégal
10 VDN SICAP AMITIE 3
BP 45034 Dakar-Fann
direction@senharmattan.com

L'Harmattan Cameroun
Tsinga/Derrière polyclinique FECAFOOT
BP 11486 Yaoundé
Jacques.koukam@harmattan.fr

L'Harmattan Burkina Faso
Villa 281, secteur 23 623, rue 14.32
Ouagadougou
zagbie@outlook.fr

L'Harmattan Guinée
Almamya, rue KA 028 OKB Agency
BP 3470 Conakry
harmattanguinee@yahoo.fr

L'Harmattan RDC
185, avenue Nyangwe
Commune de Lingwala – Kinshasa
matangilamusadila@yahoo.fr

L'Harmattan Congo
219, avenue Nelson Mandela
BP 2874 Brazzaville
deunovmikhael@gmail.com

L'Harmattan Mali
Immeuble Mgr Jean Marie Cissé
Aci Hamadallaye
BP 145 Bamako
syllaka@yahoo.fr

L'Harmattan Togo
Djidjole – Maison Amela
face EPP BATOME
02 BP 20680 Lomé
didieramela11@gmail.com

L'Harmattan Côte d'Ivoire
Résidence Karl – Cité des Arts
Abidjan-Cocody
03 BP 1588 Abidjan
harmattan.ivoire@gmail.com

L'Harmattan Bénin
Rue 604, (Immeuble à l'entrée
de la rue UCAO- Cite de Saint-Jean)
Cotonou
stepcorpus@gmail.com

Nos librairies en France

Librairie internationale
16, rue des Écoles
75005 Paris
librairie.internationale@harmattan.fr
01 40 46 79 11
www.librairieharmattan.com

Librairie des savoirs
21, rue des Écoles
75005 Paris
librairie.sh@harmattan.fr
01 46 34 13 71
www.librairieharmattansh.com

www.ingramcontent.com/pod-product-compliance
Lightning Source LLC
LaVergne TN
LVHW011154061026
849535LV00003B/730